Institut der deutschen Wirtschaft Köln (Hrsg.)

Reform des Sozialstaats
Vorschläge, Argumente, Modellrechnungen zur Alterssicherung

Institut der deutschen Wirtschaft Köln (Hrsg.)

Reform des Sozialstaats

Vorschläge, Argumente, Modellrechnungen
zur Alterssicherung

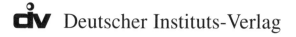
Deutscher Instituts-Verlag

Die Deutsche Bibliothek – CIP-Einheitsaufnahme

Reform des Sozialstaats : Vorschläge, Argumente, Modellrechnungen zur Alterssicherung / [Hrsg. Institut der deutschen Wirtschaft, Köln (IW)]
Köln : Dt. Inst.-Verl., 1997
(div-Sachbuchreihe : 62)
ISBN 3-602-34866-0

gefördert durch den Verband der Deutschen Versicherungswirtschaft

© 1997 Deutscher Instituts-Verlag GmbH
Gustav-Heinemann-Ufer 84–88, 50968 Köln
Postfach 51 06 70, 50942 Köln
Telefon (02 21) 49 81-4 52
Lektorat: Frauke Lill-Roemer
Druck: Bercker, Kevelaer

Vorwort

Rund ein Drittel des Sozialprodukts wird mittlerweile zur Finanzierung der vielfältigen Leistungen der sozialen Sicherungssysteme benötigt. Die gesamtwirtschaftliche Leistung, das Bruttoinlandsprodukt, konnte mit der Ausgabenexpansion im Sozialbereich nicht Schritt halten. Steigende Beitragssätze waren die unvermeidliche Folge. Sie haben nicht nur die Nettoeinkommen der Arbeitnehmer geschmälert, sondern vor allem auch die Kosten für die Unternehmen in die Höhe getrieben und damit ihre internationale Wettbewerbsfähigkeit beeinträchtigt. Zusätzlich wirkte die Überfrachtung der sozialen Sicherungssysteme mit versicherungsfremden Leistungen und ihre Finanzierung über Sozialbeiträge wie eine Sondersteuer auf den Faktor Arbeit. Beides zusammen hat mit dazu beigetragen, daß in großer Zahl Arbeitsplätze verlorengingen. Der Sozialstaat droht in einen Teufelskreis steigender Kosten, sinkender Wettbewerbsfähigkeit, zunehmender Sozialleistungen und damit erneut steigender Kosten zu geraten. Alle Prognosen zeigen, daß es künftig schon allein aufgrund der demographischen Entwicklung zu einem weiteren Anstieg der Beitragssätze kommt, wenn nicht entschieden gegengesteuert wird. Der Reformdruck und -bedarf wird sich also noch verstärken.

Vor diesem Hintergrund darf nicht übersehen werden, daß die privaten Haushalte noch nie so wohlhabend waren wie heute. Ihre verfügbaren Realeinkommen sind in den letzten Jahrzehnten enorm gestiegen. In breiten Schichten der Bevölkerung konnte Vermögen gebildet werden, sei es in Form von Geldvermögen oder als Haus- und Grundbesitz. Die Einkommensbasis der privaten Haushalte hat sich auch dadurch verbreitert. Die materiellen Voraussetzungen für die Übernahme von Eigenverantwortung bei der sozialen Absicherung sind also besser als jemals zuvor. Der erhöhte Spielraum für private Vorsorge ist Chance und Herausforderung zugleich, den Stellenwert von Eigenverantwortung und Eigeninitiative wieder stärker zu betonen, dem Subsidiaritätsgedanken wieder mehr Raum zu geben und das relative Gewicht staatlicher Zwangsvorsorge zu reduzieren. Dies ist in einer Zeit der Globalisierung nicht nur eine ökonomische Notwendigkeit, sondern entspricht darüber hinaus auch dem Leitbild einer sozialen Marktwirtschaft.

Die vorliegende Studie konzentriert sich auf die Alterssicherung. Die nach dem Umlageverfahren organisierte gesetzliche Rentenversicherung wird den demographischen Druck besonders deutlich zu spüren bekommen. Das Verhältnis von Rentnern zu Beitragszahlern wird sich dramatisch verschlechtern und zu einer Zerreißprobe für den Generationenvertrag werden. Um die Probleme zukünftiger Generationen beherrschbar zu halten und die Fundamente unseres Alterssicherungssystems dauerhaft zu stabilisieren, muß jetzt gehandelt werden, denn die Anpassung benötigt eine lange Zeit. Ziel dieses Buchs ist es, das Ausmaß der sich abzeichnenden Probleme zu analysieren und zu quantifizieren sowie gangbare Wege zur ihrer Bewältigung aufzuzeigen. Dazu wurde eigens ein Simulationsmodell zur langfristigen Entwicklung der Rentenversicherung entwickelt, das es erlaubt, konkrete Maßnahmen auf ihre Auswirkungen auf Beitragsatz, Rentenniveau und andere wichtige Eckwerte hin durchzurechnen.

Die Studie wurde gefördert vom Gesamtverband der Deutschen Versicherungswirtschaft (GDV).

Köln, im Februar 1997

Inhalt

I. Sozialstaat in der Krise 17

1. Vorbemerkungen 17
2. Sozialpolitische Entwicklung seit 1970 20
3. Reform der Rentenversicherung in der öffentlichen Diskussion 44
4. Exkurs: Perspektiven der gesetzlichen Krankenversicherung 57
5. Statistischer Anhang 62

Anmerkungen 67
Literatur 67

II. Mehr Spielraum für Eigenvorsorge durch wachsenden Wohlstand 70

1. Einkommensentwicklung 70
2. Vermögensbestände und ihre Entwicklung 74
   2.1 Geldvermögen 74
   2.2 Haus- und Grundbesitz 77
3. Fazit 80

Literatur 83

III. Alterssicherung im Umlageverfahren und im Kapitaldeckungsverfahren 84

1. Zur Aktualität dieser Alternativen 84
2. Das Grundprinzip des Kapitaldeckungsverfahrens 85
3. Vor- und Nachteile eines Kapitaldeckungsverfahrens 87
   3.1 Größere Effizienz des Kapitaldeckungsverfahrens 88
   3.2 Wachstumseffekte 91
   3.3 Akzeptanz und Eigenverantwortlichkeit 92

3.4	Mehr Verteilungsgerechtigkeit	93
3.5	Weniger staatliche Eingriffe	95
3.6	Gründe gegen ein Kapitaldeckungsverfahren	96
4.	Möglichkeiten der Ergänzung des Umlageverfahrens durch Kapitaldeckung	100

Anmerkungen	107
Literatur	108

IV. Reformbemühungen in anderen Ländern — 109

1.	Rentenreform: ein weltweites Anliegen	109
2.	Länderberichte	119
	2.1 Schweden	119
	2.2 Großbritannien	122
	2.3 Italien	123
	2.4 Schweiz	126
	2.5 Chile	128
3.	Fazit	133

Literatur — 134

V. Gesetzliche Rentenversicherung in der demographischen Klemme – Alternative Modellrechnungen für Deutschland bis 2040 – 135

1.	Annahmen zur Bevölkerungsentwicklung	136
	1.1 Geburtenentwicklung	137
	1.2 Lebenserwartung	137
	1.3 Wanderungen	140
2.	Ergebnisse der Bevölkerungsprognose	142
3.	Annahmen zum Erwerbsverhalten	146
4.	Ergebnisse der Erwerbspersonenprognose	149
5.	Annahmen zum ökonomischen Umfeld	154
6.	Ergebnisse zum ökonomischen Umfeld	156
7.	Grundzüge des Rentenmodells	161

8. Einnahmen und Ausgaben der gesetzlichen Rentenversicherung im Grundmodell	164
9. Reformmaßnahmen innerhalb des Systems	174
9.1 Erhöhung des Bundeszuschusses	174
9.2 Übernahme der Beiträge zur Kranken- und Pflegeversicherung durch die Rentner	178
9.3 Reduzierung des gesetzlich vorgeschriebenen Rentenanpassungssatzes	179
9.4 Einführung einer demographischen Komponente	191
9.5 Rückführung der Beitragsbemessungsgrenze	193
10. Reformperspektiven im Fortschrittsmodell	196
Literatur	201

VI. Schlußfolgerungen und Empfehlungen 203

1. Grenzen der Belastbarkeit	204
2. Für mehr Eigenverantwortung	207
3. Eckpunkte einer Reform der Alterssicherung	211
4. Reduzierte Rentenanpassung: Der Beitrag der Rentner	212
5. Zusätzliche private Altersvorsorge: Der Beitrag der Erwerbstätigen	217
6. Herausnahme versicherungsfremder Leistungen: Der Beitrag des Staates	225
7. Fazit	225
Literatur	228

Autoren der Kapitel sind:

I. *Achim Seffen,* Dipl.-Kfm., Jahrgang 1936; Studium der Betriebswirtschaft in Köln; 1963 bis 1971 wissenschaftlicher Mitarbeiter der Gesellschaft für Versicherungswirtschaft und -gestaltung e.V., Köln; seit 1971 im Institut der deutschen Wirtschaft Köln; Arbeitsbereich Sozial- und Gesundheitspolitik.

II. *Christoph Schröder,* Dipl.-Stat., geboren 1961 in Düsseldorf; Studium der Statistik in Dortmund und Sheffield; seit Oktober 1989 im Institut der deutschen Wirtschaft Köln; Arbeitsbereich internationale Arbeitskosten, Arbeitszeiten, Arbeitsproduktivität.

III. *Günter Buttler,* Dipl.-Kfm., Dr. rer. pol., geboren 1938 in Wanne-Eickel; Studium der Betriebswirtschaftslehre an den Universitäten Freiburg und Köln; seit 1978 Universität Erlangen-Nürnberg, Inhaber des Lehrstuhls für Statistik und empirische Wirtschaftsforschung; Arbeitsschwerpunkt: Angewandte Statistik mit den Bereichen Bevölkerung, Arbeitsmarkt, Soziale Sicherung.

IV. *Waltraut Peter,* Dipl.-Soz., geboren 1946 in Flensburg; Studium der Sozialwissenschaften in Göttingen; seit 1983 im Institut der deutschen Wirtschaft Köln; Leiterin des Statistischen Archivs.

V. *Bernd Hof,* Dr. rer. pol., geboren 1945 in Harbach/Sieg; Studium der Wirtschaftswissenschaften an der Universität zu Köln; seit 1973 im Institut der deutschen Wirtschaft Köln; Arbeitsbereiche: Analyse und Prognose globaler und struktureller Zusammenhänge zwischen Bevölkerung und Arbeitsmarkt, Wirtschaftswachstum, Produktivität und Arbeitszeit.

VI. *Rolf Kroker,* Dr. rer. pol., geboren 1952 in Bramsche/Niedersachsen; Studium der Wirtschaftswissenschaften in Münster; von 1977 bis 1981 wissenschaftlicher Assistent am Lehrstuhl für Finanzwissenschaft der Westfälischen Wilhelms-Universität Münster; seit August 1981 im Institut der deutschen Wirtschaft Köln und seit 1992 Geschäftsführer und Leiter der Hauptabteilung Wirtschafts- und Sozialwissenschaften.

Verzeichnis der Tabellen und Übersichten

Tabelle I-1:	Wachstum des Sozialbudgets	18
Tabelle I-2:	Beitragssätze der Sozialversicherung	21
Tabelle I-3:	Sozialpolitische Entwicklungsphasen seit 1970	22
Tabelle I-4:	Entwicklung der Schwankungsreserve und des Beitragssatzes der Rentenversicherung seit 1970	28
Tabelle I-5:	Entwicklung des Eckrentner-Quotienten	46
Tabelle I-6:	Beiträge und Leistungen in der GKV	60
Tabelle A-1:	Rentenbezugsdauer und Alter des Rentenwegfalls	62
Tabelle A-2:	Durchschnittliches Rentenzugangsalter	63
Tabelle A-3	Entwicklung des Standard-Rentenniveaus	64
Tabelle A-4:	GKV-Finanzentwicklung seit 1970	65
Tabelle A-5	Entwicklung der Pro-Kopf-Ausgaben in der gesetzlichen Krankenversicherung nach Altersklassen	66
Tabelle II-1:	Haus- und Grundbesitz je Haushalt nach dem Alter der Bezugsperson in Westdeutschland 1993	80
Tabelle II-2:	Haus- und Grundbesitz je Haushalt nach sozialer Stellung der Bezugsperson in Westdeutschland 1993	81
Tabelle III-1:	Zinsen, Einkommen und Renten 1970 bis 1995	89
Tabelle III-2:	Vermögen der Pensionsfonds in ausgewählten OECD-Ländern 1995	98
Tabelle III-3:	Beitragssatz und Kapitalstock, 2015 bis 2040	102
Tabelle III-4:	Renten, Beitragssatz und Kapitalstock	105

Übersicht IV-1:	System der Altersversorgung in der Europäischen Union	110
Übersicht IV-2:	Reformen im System	115
Übersicht IV-3:	Reformen am System	119
Tabelle V-1:	Entwicklung der Lebenserwartung in Deutschland bis 2040	140
Tabelle V-2:	Bevölkerungsentwicklung nach Altersgruppen bis 2040	143
Tabelle V-3:	Erwerbsverhalten von Männern und Frauen nach Altersgruppen in Deutschland 1995 und Prognose bis 2020	150
Tabelle V-4:	Effekte der Veränderungen des Erwerbspersonenpotentials	153
Tabelle V-5:	Entstehungsrechnung der gesamtwirtschaftlichen Produktion	157
Tabelle V-6:	Entwicklung des Arbeitsmarktes 1995 bis 2040	159
Tabelle V-7:	Die Entwicklung der Einnahmen und der Ausgaben sowie des erforderlichen Beitragssatzes in der Rentenversicherung der Arbeiter und der Angestellten von 1995 bis 2040	168
Tabelle V-8:	Beitragssätze zur Rentenversicherung unter Verwendung der Bevölkerungsstruktur Frankreichs	171
Tabelle V-9:	Erhöhung des Bundeszuschusses auf 75 oder 90 Prozent der versicherungsfremden Leistungen	177
Tabelle V-10:	Übernahme der Kranken- und Pflegeversicherungsbeiträge durch die Rentner	178
Tabelle V-11:	Beitragssätze zur Rentenversicherung mit reduzierten Rentenanpassungssätzen ab 2000	182
Tabelle V-12:	Die Verteilung der Renten wegen verminderter Erwerbsfähigkeit und wegen	

	Alters nach den angerechneten renten-rechtlichen Zeiten . . .	184
Tabelle V-13:	Beitragssätze und Rentenniveaus unter Berücksichtigung steigender Lebenserwartung der über 65jährigen ab 1995 – der demographische Korrekturfaktor	193
Tabelle V-14:	Dämpfung des Anstiegs der Beitragsbemessungsgrenze	194
Tabelle V-15:	Beitragssätze in Reformmodellen	200
Tabelle VI-1:	Private Rente über Lebensversicherungen	219
Tabelle VI-2:	Be- und Entlastung beim Übergang zum Mischsystem	220

Verzeichnis der Abbildungen

Abbildung I-1:	Nettoeinkommensquote der Arbeitnehmer	19
Abbildung II-1:	Entwicklung des Volkseinkommens und des verfügbaren Einkommens	72
Abbildung II-2:	Verfügbares Einkommen je Haushalt und je Verbrauchereinheit	73
Abbildung II-3:	Entwicklung des realen Geldvermögens	75
Abbildung II-4:	Nettogeldvermögen je Haushalt nach Altersklasse der Bezugsperson 1993	76
Abbildung II-5:	Nettogeldvermögen je Haushalt nach sozialer Stellung der Bezugsperson 1993	78
Abbildung V-1:	Geburtenziffern in Deutschland 1950 bis 2020	138
Abbildung V-2:	Altersstruktur der Bevölkerung 1994 bis 2040	145
Abbildung V-3:	Belastungsquoten im Vergleich 1995 bis 2040	147
Abbildung V-4:	Erwerbspersonen 1995 bis 2040	152
Abbildung V-5:	Arbeitsmarkt 1995 bis 2040	158
Abbildung V-6:	Rentnerquotienten 1995 bis 2040	166
Abbildung V-7:	Beitragssätze zur Sozialversicherung 1995 bis 2040	173
Abbildung V-8:	Sozialabgabenquote: Summe der Beitragssätze im Grundmodell	175
Abbildung V-9:	Rentenschichtung der westdeutschen Versichertenrenten 1995 – Renten insgesamt	188
Abbildung V-10:	Rentenschichtung der westdeutschen Versichertenrenten 1995 – Renten mit über 35 Versicherungsjahren	188
Abbildung V-11:	Absenkung des Versichertenrentenniveaus auf 60 Prozent – Renten insgesamt	189

Abbildung V-12:	Absenkung des Versichertenrentenniveaus auf 60 Prozent – Renten mit über 35 Versicherungsjahren	189
Abbildung VI-1:	Sozialleistungen und Investitionen	205
Abbildung VI-2:	Realer Produzenten- und Konsumentenlohn je Beschäftigten	206
Abbildung VI-3:	Rentenniveau in der Rentenversicherung	213

I. Sozialstaat in der Krise

1. Vorbemerkungen

Die Absicherung des Individuums gegen die Grundrisiken des Lebens ist – zumal nach Etablierung der Pflegeversicherung – in Deutschland praktisch lückenlos und auf hohem Niveau gewährleistet. Als Teil der Sozialen Marktwirtschaft leistet das System der sozialen Sicherung einen wesentlichen Beitrag zum allgemeinen Wohlstand und zum sozialen Frieden in unserem Land, was im Zuge der deutschen Vereinigung erneut eindrucksvoll unter Beweis gestellt worden ist.

Dieses positive Ergebnis sozialstaatlichen Wirkens hat allerdings auch eine Kehrseite: Seine Kosten sind außerordentlich hoch. Sie ohne Schaden für den Standort Deutschland zu erwirtschaften, fällt zunehmend schwerer. Gelingt dies nicht mehr, untergräbt der Sozialstaat sein finanzielles Fundament. Die Gefahr, daß es bereits in Kürze dazu kommt, ist akut.

In Deutschland wurden 1995 für Sozialleistungen insgesamt fast 1180 Milliarden DM ausgegeben (Tabelle I-1). Damit hat das Sozialleistungsvolumen den Rekordstand von 34,1 Prozent des Bruttoinlandsprodukts erreicht. Von dieser gigantischen Summe entfielen gut zwei Drittel auf die klassische Sozialversicherung einschließlich der neuen Pflegeversicherung. Dieser Kernbereich der sozialen Sicherung wird weit überwiegend durch Beiträge der Arbeitnehmer und Arbeitgeber finanziert. Die Beitragssätze der Sozialversicherungen addieren sich Anfang 1997 auf 41,7 Prozent. Damit ist auch hier eine neue Rekordmarke erreicht worden. Noch 1970 lag die Summe der Beitragssätze erst bei 26,5 Prozent, im Jahr vor der deutschen Einheit, 1989, war sie bereits bei 36 Prozent angekommen (Tabelle I-2).

Tabelle I-1: **Wachstum des Sozialbudgets**
(im Vergleich zum BIP)

Jahr	Sozialbudget	Bruttoinlandsprodukt	Sozialleistungsquote[2]
	Milliarden DM		Prozent
1969	157,1	597,0	26,3
1970	179,9	675,3	26,6
1975	347,8	1 026,6	33,9
1980	480,1	1 472,0	32,6
1985	578,6	1 823,2	31,5
1989	677,5	2 224,4	30,5
1990[1]	737,4	2 521,2	(29,3)
1991	889,1	2 853,6	31,2
1992	1 005,2	3 075,6	32,7
1993	1 063,5	3 158,1	33,7
1994	1 111,4	3 320,4	33,5
1995	1 179,3	3 457,4	34,1

1 Ab 2. Halbjahr 1990 einschl. neue Bundesländer
2 Sozialbudget in Prozent des BIP

Quelle: BMA, StBA

Diese Beitragssatzentwicklung hat entscheidend dazu beigetragen, daß sich die Personalzusatzkosten der Betriebe von 35,7 Prozent 1972 auf jetzt 44,5 Prozent der gesamten Personalkosten erhöht haben. Die anhaltende Investitions- und Beschäftigungsschwäche der deutschen Wirtschaft ist ganz wesentlich auf diese Verteuerung des Produktionsfaktors Arbeit zurückzuführen. Nicht aufgrund des Lohnniveaus, sondern wegen der überhöhten Personalzusatzkosten weist Westdeutschland die weltweit höchsten Arbeitskosten auf.

Aber nicht nur die Wettbewerbsfähigkeit leidet unter der Last der Sozialkosten, die Arbeitnehmer selbst sind doppelt negativ betroffen: zum einen durch die auf hohem Niveau verharrende Arbeitslosigkeit und zum anderen durch das kontinuierlich zunehmende Auseinanderklaffen von Brutto- und Nettoarbeitsentgelt. Konnten die Arbeitnehmer 1975 immerhin noch über 73,5 Prozent ihrer Verdienste selbst verfügen, so waren es zehn Jahre später nur noch 68,5 Prozent. Inzwischen ist diese „Nettoquote" bei 64,3 Prozent angelangt. Sinkt sie weiter, wird das Grundrecht des einzelnen, über die Gestaltung seines Lebens selbst zu bestimmen, noch mehr ausgehöhlt.

Abbildung I-1:

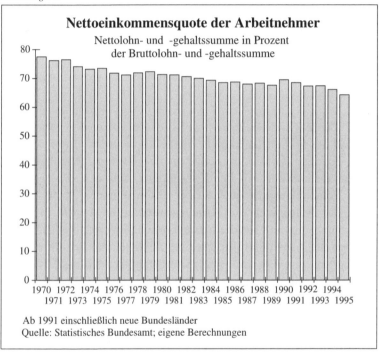

Ab 1991 einschließlich neue Bundesländer
Quelle: Statistisches Bundesamt; eigene Berechnungen

Dies ist die kritische Ausgangssituation am Vorabend einer massiven demographischen Umwälzung: Der Bevölkerungsanteil der Personen, die 60 Jahre und älter sind, klettert von heute 21 auf 34 Prozent im Jahr 2040. Gleichzeitig schrumpft der Anteil der 15- bis 59jährigen von knapp 63 auf 54 Prozent (siehe Kapitel V).

Für die Rentenversicherung resultieren aus dieser Entwicklung gravierende Finanzierungsprobleme, denn der zunehmenden Zahl von Leistungsempfängern steht ein rückläufiges Beitragszahlerpotential gegenüber. Auch die Pflege- und die Krankenversicherung sind betroffen, weil alte Menschen erheblich mehr Leistungen benötigen. Sie bleiben diesen beiden Sozialversicherungszweigen allerdings als Beitragszahler erhalten, wenn auch mit niedrigerer Bemessungsgrundlage. Profitieren wird von der Änderung der Bevölkerungsstruktur nur die Arbeitslosenversicherung, denn ein schrumpfendes Erwerbspersonenpotential verspricht rückläufige Arbeitslosenzahlen. Die Entlastung in diesem Sozialversicherungszweig vermag indes die in den anderen Sparten auftretende Steigerung der Belastungen bei weitem nicht auszugleichen.

Wenn demnach die teilweise bereits eingeleiteten Reformen zum Umbau des Sozialstaates nicht fortgeführt werden, droht ein weiterer Anstieg der Beitragssätze in der Renten-, Kranken- und Pflegeversicherung mit der Konsequenz, daß sich die betrieblichen Personalzusatzkosten weiter erhöhen und sich der Rückgang der Nettoquote der Arbeitnehmerverdienste fortsetzt. Ein Gesamtbeitragssatz für die Sozialversicherung von deutlich über 60 Prozent, wie er sich für das Jahr 2040 abzeichnet, wenn nicht rechtzeitig, und das heißt jetzt, Gegenmaßnahmen ergriffen werden, ist wirtschaftlich nicht tragbar – und wohl auch nicht verfassungskonform.

2. Sozialpolitische Entwicklung seit 1970

Trotz aller in den letzten Jahren unternommenen Sanierungs- und Konsolidierungsanstrengungen befindet sich die Sozialversicherung finanziell in äußerst schlechter Verfassung. Der Rentenversicherung fehlten am Jahresende 1996 rund 10 Milliarden DM an der vorgeschriebenen Schwankungsreserve von einer Monatsaus-

Tabelle I-2: **Beitragssätze der Sozialversicherung**

Jahr	Renten-	Kranken-	Pflege-	Arbeitslosen-	Insgesamt
		versicherung			
		in Prozent[1]			
1970	17,0	8,2	–	1,3	26,5
1975	18,0	10,5	–	2,0	30,5
1980	18,0	11,4	–	3,0	32,4
1981	18,5	11,8	–	3,0	33,3
1982	18,0	12,0	–	4,0	34,0
1983	18,2[2]	11,8	–	4,6	34,6[2]
1984	18,5	11,4	–	4,6	34,5
1985	19,0[2]	11,8	–	4,2[2]	35,0[2]
1986	19,2	12,2	–	4,0	35,4
1987	18,7	12,6	–	4,3	35,6
1988	18,7	13,0	–	4,3	36,0
1989	18,7	13,0	–	4,3	36,0
1990	18,7	12,6	–	4,3	35,6
1991	18,0[2]	12,2	–	6,2[2]	36,4[2]
1992	17,7	12,8	–	6,3	36,8
1993	17,5	13,4	–	6,5	37,4
1994	19,2	13,2	–	6,5	38,9
1995	18,6	13,2	1,0	6,5	39,3
1996	19,2	13,5	1,4[2]	6,5	40,6[2]
1997	20,3	13,2[3]	1,7	6,5	41,7[3]

1 des beitragspflichtigen Bruttoarbeitsentgelts bis zur jeweiligen Beitragsbemessungsgrenze (Krankenversicherung: West)
2 Jahresdurchschnitte (unterjährige Beitragssatzveränderungen)
3 Am 1. Januar 1997, geschätzt

Quelle: BMA

gabe (= 24,4 Milliarden DM). Dies hat die Bundesregierung dazu veranlaßt, den Beitragssatz für 1997 von bisher 19,2 auf 20,3 Prozent zu erhöhen. In der Krankenversicherung ist, nach einem Fehlbetrag von 7 Milliarden DM 1995, im vergangenen Jahr ein Defizit von etwa 10 Milliarden DM entstanden. Und auch die Bundesanstalt für Arbeit weist seit Jahren Unterdeckungen bis zu zweistelligen Milliardenbeträgen auf, die durch entsprechende

Zuschüsse des Bundes ausgeglichen werden müssen. Ohne finanzielle Probleme steht zur Zeit nur die junge Pflegeversicherung da; sie verfügt zum Jahresende 1996 – hauptsächlich infolge eines dreimonatigen Vorlaufs an Beitragseinnahmen vor den Leistungsausgaben in der Startphase – über ein Polster von rund 8 Milliarden DM zum Jahresende 1996.

Tabelle I-3: **Sozialpolitische Entwicklungsphasen seit 1970**

Zeitraum	Jahresdurchschnittliches Wachstum des	
	Sozialbudgets	Bruttoinlandsprodukts
	in Prozent	
	Expansive Phase	
1969 bis 1975	14,2	9,5
	Proportionale Phase	
1975 bis 1981	6,7	6,9
	Stabilisierungsphase	
1981 bis 1989	3,6	4,7
	Einigungsbedingte Phase	
1989 bis 1992[1]	13,8	11,4
	Beginnende Normalisierungsphase?	
1992 bis 1995	5,5	4,0

1 Übertragung des westdeutschen Sozialsystems auf die neuen Bundesländer
Quelle: BMA; IW-Berechnungen

1970 bis 1975

Der Grundstein für diese Situation ist in der ersten Hälfte der siebziger Jahre gelegt worden. Sie stand im Zeichen einer ungehemmten Expansion der Ausgaben für soziale Zwecke infolge quantitativer wie qualitativer Erweiterungen in allen Sozialversicherungszweigen. Die aus den Bundestagswahlen 1969 hervorgegangene sozial-liberale Regierungskoalition hatte sich die „Weiterentwicklung der Sozialpolitik" zum Ziel gesetzt (Zöllner,

1981, 113). Bei einem jahresdurchschnittlichen Wachstum des Bruttoinlandsprodukts von 9,5 Prozent in den Jahren 1970 bis 1975 betrug der Anstieg der Sozialausgaben je Jahr 14,2 Prozent, was einem Überhang von rund 50 Prozent entsprach.

In der Rentenversicherung waren im Gefolge der Rezession 1966/67 die Beitragssätze stufenweise von 14 Prozent in 1967 auf 18 Prozent ab 1973 erhöht worden, um Kürzungen des Bundeszuschusses aufzufangen und den für die Mitte der siebziger Jahre erwarteten „Rentenberg" finanzieren zu können. Im Wirtschaftsaufschwung der Jahre danach, vor allem im Boom von 1971 bis 1973, ergaben die fünfzehnjährigen Finanzvorausberechnungen für die Rentenversicherung wachsende Überschüsse.

Sie resultierten zum einen daraus, daß sich die vorgenommenen Beitragssatzanhebungen ex post als überdimensioniert erwiesen, und zum anderen durch die Fortschreibung der damaligen, inflatorisch aufgeblähten Lohnzuwächse in die Zukunft. So prognostizierte der Rentenanpassungsbericht 1971 für 1985 – das Endjahr der Vorausberechnung – eine Schwankungsreserve der Rentenversicherung von gut 132 Milliarden DM (Buttler/Seffen, 1975, 18). Getreu ihrer auf Ausbau der sozialen Sicherung gerichteten Politik entschied sich die Regierungskoalition, nicht zuletzt auch unter dem Druck der Opposition, dafür, großzügige Leistungsverbesserungen ins Werk zu setzen, statt den Beitragssatz nach unten anzupassen. Nicht einmal die noch ausstehende Beitragsanhebung von 17 auf 18 Prozent zum Jahresanfang 1973 wurde ausgesetzt. Vielmehr beschloß der Bundestag 1972 ein Rentenreformgesetz, das ab 1973 folgende Neuerungen in Kraft setzte (Zöllner, 1981, 116 f.):

– eine herabgesetzte, flexible Altersgrenze für langjährig Versicherte ohne versicherungsmathematische Abschläge

– eine Rente nach Mindesteinkommen zum Ausgleich niedriger Löhne in der Vergangenheit

- die Öffnung der Rentenversicherung für alle Bürger einschließlich großzügiger Beitragsnachentrichtungsmöglichkeiten

- die Vorverlegung der nächsten Rentenanpassung um ein halbes Jahr.

Von diesen Maßnahmen wirkten sich vor allem die flexible Altersgrenze und das Vorziehen der Rentenanpassung negativ auf die Entwicklung der Rentenfinanzen aus. Die Wirtschaft hatte in der jahrelangen Diskussion über die Einführung einer flexiblen Altersgrenze stets dafür plädiert, durch versicherungsmathematisch korrekte Abschläge zum Ausgleich der verkürzten Beitragszeit und des verlängerten Rentenbezugs dafür zu sorgen, daß der einzelne Versicherte die Inanspruchnahme der flexiblen Altersgrenze selbst finanziert und die Rentenversicherung und damit die Gemeinschaft aller Versicherten vor den finanziellen Folgelasten seiner individuellen Entscheidung bewahrt (Seffen, 1970, 44). Daß diesem Petitum nicht gefolgt wurde, kostet die Rentenversicherung heute rund 5 Milliarden DM im Jahr.[1]

Die mit dem Wachstums- und Beschäftigungsförderungsgesetz von 1996 vorgenommene Revision der gesetzgeberischen Fehlentscheidung von 1972 kommt ein Vierteljahrhundert zu spät.

Die zweite kostenträchtige Maßnahme war die Vorverlegung der turnusmäßig zum 1. Januar 1974 anstehenden Rentenanpassung auf den 1. Juli 1973. Sie war vor allem von der damaligen CDU/CSU-Opposition verlangt worden. Die Rentner erhielten so 1973 zwei Rentenerhöhungen: Um 6,3 Prozent am Jahresanfang und um 9,5 Prozent zur Jahresmitte. Dadurch wurden die Renten im Vergleich zum Vorjahr um 16,4 Prozent erhöht. In diesem Fall dauerte es nur fünf Jahre bis zur Revision; 1978 wurde die zur Jahresmitte fällige Rentenanpassung auf den 1. Januar 1979 verschoben.

Geblieben ist bis heute die Rente nach Mindesteinkommen. Zunächst nur für Versicherungszeiten bis 1972 konzipiert, wurde die Berechnung der Rente auf der Basis eines Mindesteinkommens von 75 Prozent des Durchschnitts im Falle tatsächlich geringerer Verdienste später verlängert. Der für die Rentenaufbesserung in Frage kommende Zeitraum reicht inzwischen bis 1992. Die Rentenversicherung wird dadurch gegenwärtig mit etwa 4,4 Milliarden DM im Jahr belastet.[2]

Auch in der Krankenversicherung kam es in der ersten Hälfte der siebziger Jahre zu erheblichen Leistungsausweitungen. Sie wurden begünstigt durch die finanzielle Entlastung der Krankenkassen, die mit der vollen Lohnfortzahlung durch die Arbeitgeber ab 1970 verbunden war. Das Ende desselben Jahres beschlossene Krankenversicherungs-Weiterentwicklungsgesetz führte unter anderem als neue Leistung den Anspruch auf Vorsorgeuntersuchungen zur Früherkennung von Krankheiten ein. Ein Leistungsverbesserungsgesetz von 1973 brachte den Anspruch auf Krankengeld und Freistellung von der Arbeit bei der Pflege eines erkrankten Kindes. Die Begrenzung der Krankenhauspflege auf längstens eineinhalb Jahre wurde aufgehoben; stationäre Versorgung wird seither unbegrenzt gewährt. Als weitere Leistung wurde die Haushaltshilfe eingeführt. Auch die Rechtsprechung veranlaßte Leistungsausweitungen. Zu nennen sind in diesem Zusammenhang die volle Kostenübernahme bei kieferorthopädischen Behandlungen ab 1973 und die ab 1974 erfolgte Einbeziehung des festsitzenden sowie des höherwertigen herausnehmbaren Zahnersatzes in die kassenzahnärztliche Versorgung (Seffen, 1976, 17 f.).

Nur der Vollständigkeit halber sei erwähnt, daß die Politik des Ausbaus der Sozialleistungen auch vor der Unfallversicherung – Einbeziehung der Schüler, Studenten und der Kinder in Kindergärten in den Versicherungsschutz – und vor der Arbeitslosenversicherung – Ausweitung der Ausbildungsförderung 1971 – nicht haltmachte. Ebenso wurden in vielen anderen Bereichen der sozialen Sicherung Leistungen ausgeweitet oder neue installiert (Zöllner, 1981, 113 ff.).

1975 bis 1981

Der expansiven sozialpolitischen Periode folgte eine bis einschließlich 1981 reichende Phase, in der die Sozialleistungen mit jahresdurchschnittlich 6,7 Prozent im gleichen Tempo wuchsen wie das – infolge der Ölkrisen – langsamer zunehmende Bruttoinlandsprodukt (+ 6,9 Prozent). In dieser Zeit wurden erste Konsolidierungsmaßnahmen in der Renten- und der Krankenversicherung notwendig. In beiden Sozialversicherungszweigen kletterten die Ausgaben deutlich rascher als die wegen der wirtschaftlichen Abschwächung langsamer als früher wachsenden Einnahmen.

In der Rentenversicherung wurde in dieser Zeit der Gipfel des „Rentenbergs" erreicht; die Zahl der Rentenempfänger belief sich 1978 auf 12 Millionen gegenüber 9,5 Millionen 1969. Außerdem wuchsen die Renten infolge des damals noch dreijährigen Time-lag zwischen Lohnentwicklung und Rentenanpassung mit den hohen Steigerungsraten der Boom-Jahre vor 1975: um rund 11 Prozent 1975 und 1976 sowie um knapp 10 Prozent 1977. Hinzu kamen die erheblichen Mehrkosten, die aus der Rentenreform von 1972 herrührten. So kostete allein die Vorverlegung der Rentenanpassung um ein halbes Jahr die Rentenversicherung von 1972 bis einschließlich 1977 insgesamt 28 Milliarden DM.

Schon 1975 mußte die Rentenversicherung ihrer Schwankungsreserve erstmals 1,4 Milliarden DM entnehmen, um die zwischen Einnahmen und Ausgaben aufgetretene Lücke zu schließen. Ein Jahr später betrug die Entnahme bereits 7,2 und 1977 sogar 10,4

Milliarden DM. Die Schwankungsreserve ging dadurch von 9,4 Monatsausgaben 1973 auf nur noch 3,3 Monatsausgaben 1977 zurück (Seffen, 1978, 9).

Die vor diesem Hintergrund 1977 und 1978 getroffenen Sanierungsmaßnahmen sahen neben der bereits erwähnten neuerlichen Verschiebung der nächsten Rentenanpassung – diesmal in die andere Richtung, das heißt von Mitte 1978 auf den 1. Januar 1979 – vor allem eine Abkoppelung der Rentenanpassungen von der Lohn- und Gehaltsentwicklung für die Dauer von drei Jahren (1979 bis 1981) vor. Die Anpassungsraten wurden diskretionär auf 4,5 und zweimal 4 Prozent festgesetzt (anstelle der sich aus der Rentenformel ergebenden 7, 6,3 und 5,8 Prozent). Außerdem wurde der Beitragssatz ab 1981 auf 18,5 Prozent erhöht (ein Jahr später allerdings wieder zurückgenommen, um eine Beitragssatzerhöhung in der Arbeitslosenversicherung teilweise zu kompensieren).

Auch in der Krankenversicherung zwangen rückläufige Einnahmensteigerungen bei expansiver Ausgabenentwicklung – damals kam das Schlagwort „Kostenexplosion" auf – zu Sparmaßnahmen. Mit dem Krankenversicherungs-Kostendämpfungsgesetz von 1977 wurden unter anderem Leistungseinschränkungen, Begrenzungen des Anstiegs der Arzthonorare und der Arzneimittelverordnungen vorgenommen. Weitere Gesetze mit kostendämpfender Zielsetzung folgten 1979 und 1981.

Den Sanierungsbemühungen waren allerdings sowohl in der Renten- als auch in der Krankenversicherung nur kurzzeitige Erfolge beschieden. Der Schwankungsreserve der Rentenversicherung konnten lediglich in den Jahren 1980 und 1981 Mittel zugeführt werden; sie belief sich Ende 1981 auf gerade noch 2,4 Monatsausgaben (Tabelle I-4). Nach einer Phase der Stabilität von 1977 bis 1980 zog der Durchschnittsbeitragssatz der Krankenversicherung 1981 bereits wieder deutlich an (von 11,4 auf 11,8 Prozent).

Tabelle I-4: **Entwicklung der Schwankungsreserve und des Beitragssatzes der Rentenversicherung seit 1970**

Jahresende	Schwankungsreserve		Beitragssatz
	Milliarden DM	MA[1]	Prozent
1970	24,0	8,1	17,0
1972	34,6	9,3	17,0
1974	44,3	8,6	18,0
1976	35,8	5,4	18,0
1978	18,2	2,2	18,0
1980	18,7	2,1	18,0
1982	20,5	2,1	18,0
1984	9,8	0,9	18,5
1986	17,8	1,6	19,2
1988	23,3	1,9	18,7
1989	25,8	2,0	18,7
1990	34,9	2,6	18,7
1991	42,8	2,6	17,7[2]
1992	49,1	2,6	17,7
1993	38,7	1,9	17,5
1994	33,5	1,5	19,2
1995	22,0	0,9	18,6
1996[3]	14,4	0,6	19,2

1 In Monatsausgaben zu eigenen Lasten
2 Ab 1. April 1991
3 Vorläufig

Quelle: BMA, VDR

1981 bis 1989

Die Jahre von 1981 bis einschließlich 1989 standen im Zeichen verstärkter Sanierungs- und Konsolidierungsversuche in zahlreichen Sozialleistungsbereichen. Insgesamt gesehen gelang es, das Wachstum des Sozialbudgets mit jahresdurchschnittlich 3,6 Prozent erstmals unter die Steigerung des Bruttoinlandsprodukts von 4,7 Prozent je Jahr zu drücken.

Für die Entwicklung der Rentenversicherung gilt dieses im ganzen positive Urteil indes nur in eingeschränktem Maße. Zwar wurden weitere Sparmaßnahmen getroffen, doch ihre Wirkungen teilweise durch Finanzverschiebungen zugunsten des Bundeshaushalts konterkariert. Erneut wurde die Rentenanpassung um ein halbes Jahr aufgeschoben, vom Jahresbeginn auf die Jahresmitte 1983. Mit zunächst 1 Prozent wurden die Rentner ab Mitte 1983 an den bis dahin allein von der Rentenversicherung getragenen Beiträgen zur Rentnerkrankenversicherung beteiligt (Mitte 1984 wurde dieser Eigenbeitrag der Rentner auf 3, Mitte 1984 auf 4,5 Prozent erhöht). Der Time-lag zwischen Lohnentwicklung und Rentenanpassungen wurde beseitigt; seitdem gilt die Lohnsteigerung des Vorjahres als Maßstab der Rentenanpassung. Jahre mit relativ hohen Lohnsteigerungsraten fielen damit schlagartig aus der Berechnung des Rentenanpassungssatzes heraus. Der Beitragssatz stieg zum 1. September 1983 erneut auf 18,5 Prozent und wurde zum Jahresbeginn 1985 auf 18,7 Prozent festgesetzt. Im Gegenzug mußte die Rentenversicherung allerdings auf einen Teil der Beitragszahlungen für Arbeitslose verzichten und Kürzungen des Bundeszuschusses sowie die Beendigung der Beitragszahlungen des Bundes für Versicherte im Mutterschaftsurlaub hinnehmen.

Nicht zuletzt diese Verquickung der Sanierungsmaßnahmen mit haushaltspolitischen Zwecken hat, zusammen mit ihrer Kurzatmigkeit, erneut eine Stabilisierung der Rentenfinanzen verhindert. Ende 1984 belief sich die Schwankungsreserve nur noch auf 0,9 Monatsausgaben, unterschritt also erstmals die gesetzlich vorgesehene Mindesthöhe von einer Monatsausgabe. Modellrechnungen der Rentenversicherungsträger ließen bis Ende 1989 ein Absacken auf 0,2 Monatsausgaben befürchten. Weitere Konsolidierungsmaßnahmen waren fällig. Sie bestanden in einer neuerlichen Erhöhung des Beitragssatzes auf 19,2 Prozent zur Jahresmitte 1985, befristet bis Ende 1986. Außerdem mußten sich die Rentner stärker an den Beiträgen zur Rentnerkrankenversicherung beteiligen; ihr Anteil wurde in zwei Schritten auf 5,9 Prozent ab Juli 1987 heraufgesetzt (Seffen, 1985, 6 ff.).

Unterdessen setzte sich die Erkenntnis durch, daß eine auf Dauer angelegte Sicherung der Rentenfinanzierung mit solch fallweisen Reparaturen nicht zu erreichen war. Zudem stellte sich die Aufgabe, die Rentenversicherung rechtzeitig auf die zunehmend thematisierte Veränderung der Altersstruktur der Bevölkerung mit wachsendem Rentneranteil bei abnehmender Erwerbstätigenzahl vorzubereiten. In diesem Zusammenhang gemachte radikale Vorschläge wie der, auf ein steuerfinanziertes Grundrentensystem überzugehen, fanden nur wenig Resonanz.

Auf breite Zustimmung stießen indes die Reformansätze, die von einer Kommission des Verbandes der Rentenversicherungsträger – auf der Grundlage eines Gutachtens der Prognos AG zur langfristigen Finanzierung der Rentenversicherung – 1987 vorgelegt wurden. Sie wurden umgesetzt im Rentenreformgesetz 1992, das im Herbst 1989 vom Bundestag verabschiedet worden ist. Seine wichtigsten Neuerungen waren:

– der Übergang von der Brutto- zur Nettolohnorientierung der Rentenanpassungen

– eine Erhöhung des Bundeszuschusses um 2,6 Milliarden DM und seine Fortschreibung nicht mehr nur nach Maßgabe der Einkommensentwicklung, sondern auch der Entwicklung des Beitragssatzes der Rentenversicherung

– die Einbeziehung der bisherigen Erstattungen für die Anrechnung von Kindererziehungszeiten auf die Rente in den Bundeszuschuß

– die stufenweise Heraufsetzung der vorgezogenen Altersgrenzen für Frauen und Arbeitslose (60 Jahre) sowie der flexiblen

Altersgrenze für langjährig Versicherte (63 Jahre) auf die Regelaltersgrenze von 65 Jahren.

Die Anhebung des Bundeszuschusses und seine Aufstockung um die Kindererziehungszeiten sollte in der Jahren 1990 bis 1992 erfolgen, der Übergang zur Nettoanpassung 1992 vollzogen werden. Der Beginn der Altersgrenzenerhöhung war für das Jahr 2001 vorgesehen und sollte für Frauen und Arbeitslose im Jahre 2012 und für die langjährig Versicherten im Jahre 2006 beendet sein (BMA, 1990, 12 ff.).

Kern der Neuregelungen war eine sich selbstregulierende Verknüpfung von Beitragssatz, Bundeszuschuß und Rentendynamik. Seit 1992 gilt: Werden Beitragssatzerhöhungen in der Rentenversicherung erforderlich – aus welchem Grund auch immer –, reduziert sich infolge ihrer Nettolohnorientierung automatisch die nächste Rentenanpassung und erhöht sich gleichzeitig der Bundeszuschuß. Entsprechend niedriger kann die notwendige Anhebung des Beitragssatzes kalkuliert werden. Damit werden auch demographisch bedingte Belastungen der Rentenversicherung in der Rentenformel berücksichtigt, sobald sie zu Beitragssatzerhöhungen führen.

Die langfristigen finanziellen Auswirkungen dieser Reform lassen sich dahingehend zusammenfassen, daß der nach einer Status-quo-Rechnung im Jahr 2030 erforderlich werdende Beitragssatz von gut 36 Prozent auf knapp 27 Prozent gedrückt werden würde. Anders gesagt:

Der von 1989 bis 2030 ohne Reform sich voraussichtlich ergebende Beitragssatzanstieg von annähernd 18 Prozentpunkten würde auf gut 8 Prozentpunkte reduziert, also mehr als halbiert. Zu diesem Ergebnis kam eine Modellrechnung des Sozialbeirats im Rahmen seiner Stellungnahme zur Rentenreform 1992 (Sozialbeirat, 1989, 15).

Der Sozialbeirat wies allerdings schon damals darauf hin, daß es unterschiedliche Auffassungen darüber geben kann, „ob ein Anstieg lohnbezogener Sozialversicherungsbeiträge um rund 8 Beitragspunkte allein zur Rentenversicherung in diesem Zeitraum als noch vertretbar angesehen wird oder ob – besonders unter Berücksichtigung des Tatbestandes, daß auch für andere (öffentliche) Ausgabenzwecke zusätzliche Finanzierungsmittel erforderlich sind – dies als ökonomisch zu negativ eingeschätzt wird" (Sozialbeirat, 1989, 15).

Von der Wirtschaft ist schon damals immer wieder erklärt worden, daß zu gegebener Zeit weitere Maßnahmen folgen müssen, um den Beitragssatzanstieg so gering wie möglich zu halten (BDA, 1988, 17).

Schließlich ist zu vermerken, daß die Rentenreform '92 nicht nur Entlastungen, sondern auch Belastungen für die Rentenversicherung mit sich brachte. So wurden die 1986 eingeführten Kindererziehungszeiten für Geburten ab 1992 von einem auf drei Jahre verlängert und die für die Rente nach Mindesteinkommen berücksichtigungsfähige Zeit, die bislang 1972 endete, bis 1992 ausgedehnt.

In der Krankenversicherung jagte in den Jahren 1981 bis 1989 sozusagen ein Kostendämpfungsversuch den anderen. Es begann mit dem Kostendämpfungs-Ergänzungsgesetz und dem Krankenhaus-Kostendämpfungsgesetz 1982, führte von Sparmaßnahmen im Haushaltsbegleitgesetz 1983 zur Neuordnung der Krankenhausfinanzierung 1984 und endete schließlich im Gesundheits-Reformgesetz 1989. Mit ihm, so glaubte die Bundesregierung, könnten die Finanzen der Krankenkassen bei stabilen Beitragssätzen dauerhaft stabilisiert werden (BMA, 1989, 10). Seine Grundausrichtung bestand darin, den Leistungskatalog der Kassen auf das notwendige und ausreichende Maß zu begrenzen. Es dauerte indes nur ein Jahr, bis die Wirkungen der Reform weitgehend verpufft waren und die Kassenausgaben wieder kräftig zu steigen begannen (Seffen, 1992, 62). Auch diese großangelegte Reform war somit ein Fehlschlag.

1989 bis 1992

Die sozialpolitische Entwicklung in den Jahren 1990 bis 1992 war atypisch und entzieht sich insofern einer eindeutigen Wertung. Bestimmend war die überraschend zustande gekommene deutsche Vereinigung. Der Sozialpolitik stellte sich die Aufgabe, das westdeutsche System sozialer Sicherung auf die neuen Bundesländer zu übertragen.

Sie wurde in mehreren Schritten und mit erheblichem Kostenaufwand sowohl für die Sozialversicherungsträger als auch für den Bund bewältigt. Daß das Sozialbudget in dieser Zeit um jahresdurchschnittlich 13,8 Prozent wuchs, hat darin seine Ursache. Gegenüber dem Zuwachs des Bruttoinlandsprodukts mit 11,4 Prozent je Jahr ergab sich ein Überhang von 2,4 Prozentpunkten. Er war immerhin nur halb so groß wie in der Phase extremer sozialpolitischer Expansion während der ersten Hälfte der siebziger Jahre (4,7 Prozentpunkte).

In der Rentenversicherung konnte die stufenweise Einbeziehung Ostdeutschlands in das westdeutsche System relativ problemlos bewerkstelligt werden, weil das einigungsbedingte konjunkturelle Hoch sich positiv auf ihre Einnahmen auswirkte. Den Abschluß dieses Prozesses bildete das Rentenüberleitungsgesetz von 1991: Das von der Rentenreform 1992 geschaffene neue Rentenrecht wurde zeitgleich mit seinem Inkrafttreten im Westen auf die neuen Bundesländer übertragen. Allerdings sind den ostdeutschen Rentnern dabei großzügige Bestandsschutzregelungen zugestanden worden. Alle Renten im Osten wurden neu berechnet, wobei durch Zuschläge und Auffüllbeträge dafür gesorgt wurde, daß der ausgezahlte Betrag in keinem Fall geringer ausfiel als zuvor. Die Kosten dieser eindeutig politisch motivierten, zwar verständlichen, aber mit dem Versicherungsprinzip nicht kompatiblen Maßnahme wurden gleichwohl der Rentenversicherung auferlegt. Sie belasten die Rentenversicherung gegenwärtig mit rund 6 Milliarden DM im Jahr.[3]

Abträglich war der Finanzentwicklung der Rentenversicherung, daß ihr Beitragssatz im April 1991 von 18,7 auf 17,7 Prozent und Anfang 1993 weiter auf 17,5 Prozent gesenkt worden war, um Erhöhungen des Beitragssatzes in der Arbeitslosenversicherung zu kompensieren. Die Schwankungsreserve verharrte dadurch in den Jahren 1990 bis 1992 bei 2,6 Monatsausgaben – mit Blick auf die Jahre danach wäre ein Reserveaufbau für Rentenfinanzen besser gewesen (Deutsche Bundesbank, 1995, 17 ff.).

Um der erneut aufgebrochenen Kostenexpansion in der Krankenversicherung Herr zu werden, verabschiedete der Bundestag Ende 1992 das Gesundheitsstrukturgesetz. Die Ausgaben für ambulante und stationäre Behandlung, für Arznei- und Heilmittel sowie für Kuren wurden budgetiert und mit der Entwicklung der beitragspflichtigen Einkommen verknüpft. Hinzu traten eine Absenkung der Arzneimittelpreise, der Preise und Honorare für Zahnersatzleistungen und anderes mehr. Diese Dirigismen sollten eine „Sofortbremsung" der Kassenausgaben bewirken. Strukturelle Reformmaßnahmen mit Blick auf die Zukunft galten der Krankenhausfinanzierung, dem Zugang zur kassenärztlichen und kassenzahnärztlichen Tätigkeit, den Honorierungssystemen und dem Vertragsrecht, vor allem aber der Organisationsstruktur der Krankenkassen. Wahlfreiheit der Versicherten und Kassenwettbewerb auf der Basis eines Risikostrukturausgleichs waren Ziele dieser Organisationsreform (BMG, 1993, 8 ff.).

Die aus der deutschen Einheit resultierenden Aufgaben haben die Krankenkassen im ganzen problemlos gemeistert, wobei sie durch die Bundeshilfen für den Aufbau der Kassenstrukturen im Osten unterstützt wurden.

Die Hauptlast der Einheit hatte die Arbeitslosenversicherung zu tragen, denn ihr oblag die soziale Absicherung und Flankierung der mit großen Arbeitsplatzverlusten verbundenen Umgestaltung der ostdeutschen Wirtschaft. Ihr Beitragssatz mußte deshalb zum 1. April 1991 von 4,3 auf 6,8 Prozent erhöht werden, wurde jedoch schon ein Jahr später wieder auf 6,3 Prozent zurückgenommen. Seit 1993 liegt er konstant bei 6,5 Prozent.

1992 bis 1995

In den Jahren nach 1992 ließ das Wachstum des Sozialbudgets zwar deutlich nach, es gelang aber nicht, auf den im ganzen moderaten Entwicklungspfad der achtziger Jahre zurückzukehren. Mit 5,5 Prozent im Jahresdurchschnitt wurde die Steigerungsrate des Bruttoinlandsprodukts, die auf 4 Prozent absackte, um 1,5 Prozentpunkte übertroffen. Nur zu einem geringeren Teil ist dieser Überhang auf die 1995 ins Leben gerufene Pflegeversicherung zurückzuführen, die im ersten Jahr ihres Bestehens Ausgaben von rund 10 Milliarden DM tätigte.

Die positive Finanzentwicklung der Rentenversicherung ging 1993 abrupt zu Ende. Nachdem 1992 noch einmal ein Einnahmenüberschuß von 5,8 Milliarden DM erzielt worden war, schloß das Jahr 1993 mit einem Defizit von 7,7 Milliarden DM ab. Es entstand zur Gänze in den neuen Bundesländern, wo die Ausgaben um 18, die Einnahmen aber nur um 12 Prozent gestiegen waren. Im Zuge der massiven wirtschaftlichen Abschwächung und des zu Jahresbeginn um 0,2 Prozentpunkte reduzierten Beitragssatzes konnte die Entwicklung der Rentenfinanzen im Westen das Ost-Defizit – anders als im Jahr zuvor – nicht ausgleichen oder gar überkompensieren. Der Fehlbetrag mußte der

Schwankungsreserve entnommen werden, die deshalb von 2,6 auf 1,9 Monatsausgaben zurückfiel. Der Beitragssatz wurde daraufhin für 1994 auf 19,2 Prozent heraufgesetzt. Dennoch konnte ein erneutes Defizit von 4,5 Milliarden DM nicht verhindert werden, und die Schwankungsreserve ging auf 1,5 Monatsausgaben zurück. Ursache war wiederum die verschärft defizitäre Entwicklung in Ostdeutschland.

Infolge einer Neuregelung der Beitragszahlungen für Arbeitslose – nicht mehr das Arbeitslosengeld oder die Arbeitslosenhilfe gelten seit 1995 als Bemessungsgrundlage, sondern 80 Prozent des diesen Leistungen zugrunde liegenden vorherigen Bruttoverdienstes – konnte die Rentenversicherung 1995 zusätzliche Einnahmen von rund 9 Milliarden DM erwarten. Im Vorgriff darauf und um die Beitragsbelastung durch die neue Pflegeversicherung teilweise auszugleichen wurde der Beitrag zu Jahresbeginn wieder gesenkt, und zwar auf 18,6 Prozent. Die Bundesregierung rechnete mit einer aus der Schwankungsreserve zu schließenden Finanzierungslücke von 8 bis 9 Milliarden DM (Deutsche Bundesbank, 1995, 26), tatsächlich ergab sich ein Fehlbetrag von 10,5 Milliarden DM. Die Schwankungsreserve rutschte dadurch unter das gesetzliche Soll auf 0,9 Monatsausgaben ab: Schuld daran war nicht zuletzt ein massiver Anstieg der Frührenten (Sozialbeirat, 1996, 215).

Erneut wurde an der Beitragsschraube gedreht, mit der Anhebung auf 19,2 Prozent für 1996 allerdings zu knapp kalkuliert. Als sich abzeichnete, daß die Talfahrt der Rentenfinanzen weiterging und Ende 1996 nur noch eine Reserve von 0,6 Monatsausgaben (14,4 Milliarden DM) vorhanden sein würde, reagierte die Regierungskoalition mit Sparmaßnahmen: Um den Trend zur Frühverrentung zu brechen, wurden mit dem Gesetz zur Förderung eines gleitenden Übergangs in den Ruhestand – in Kraft seit dem 1. August 1996 – einerseits arbeitsrechtliche Anreize für mehr Teilzeitbeschäftigung in den letzten Jahren vor Eintritt in den

Ruhestand eingeführt und andererseits darauf abgestimmte Änderungen im Rentenrecht vorgenommen. So wird die Altersgrenze für den Anspruch auf eine Rente wegen Arbeitslosigkeit oder nach Altersteilzeit ab 1997 stufenweise bis Ende 2001 von 60 auf 65 Jahre erhöht. Beginnend mit dem Jahr 2000 werden auch die Frauenaltersgrenze von 60 Jahren und die flexible Altersgrenze für langjährig Versicherte von 63 Jahren in Monatsschritten auf das 65. Lebensjahr angehoben, welches sie Ende 2005 beziehungsweise 2001 erreichen werden. Diese im Wachstums- und Beschäftigungsförderungsgesetz – in Kraft ab 1. Januar 1997 – getroffene Regelung bedeutet eine Vorverlegung des von der Rentenreform 1992 vorgesehenen Beginns der Erhöhung um ein Jahr sowie eine erhebliche Beschleunigung des Anhebungsprozesses. Ein vorzeitiger Rentenbezug ist danach nur noch möglich, wenn dafür mit einem Rentenabschlag von 0,3 Prozent je Monat bezahlt wird.

Flankiert werden diese mittel- und langfristig ausgerichteten Reformschritte durch eine Reihe kurzfristig wirksamer Sparmaßnahmen, darunter die Kürzung der Ausgaben für Rehabilitationsmaßnahmen der Rentenversicherung, die Anrechnung von nur noch drei statt bis zu sieben Jahre Schul- und Hochschulausbildung sowie Leistungsbegrenzungen im Fremdrentenrecht. Weitere Rechtsänderungen, die unter anderem den Verkauf von Vermögenswerten der Rentenversicherungsträger zum Ziel hatten, sind an der in diesem Fall gebotenen Zustimmung des Bundesrates, die verweigert wurde, gescheitert.

Für das Jahr 1997 kamen die Spargesetze zu spät. Die Wiederauffüllung der Schwankungsreserve auf die zum Jahresende gesetzlich vorgeschriebene Monatsausgabe (§ 158 Abs. 1 SGB VI) erforderte allein eine Beitragssatzerhöhung um 0,6 Prozentpunkte, weitere 0,5 Punkte wurden aufgrund der absehbaren Entwicklung der Einnahmen und Ausgaben der Rentenversicherung erforderlich. Die Anregung der Arbeitgeber-Bundesvereinigung, die Auffüllung der Schwankungsreserve über zwei Jahre zu erstrecken, um den Beitragssatz nicht über die 20-Prozent-Schwelle erhöhen zu müssen, fand kein Gehör. Ende November 1996 entschied sich die Bundesregierung dafür, den Beitragssatz für 1997 auf 20,3 Prozent festzusetzen. Damit erreicht der Rentenversicherungsbeitrag eine neue Rekordmarke. Ob er, wie von der Bundesregierung erwartet wird, 1998 wieder auf rund 20 Prozent zurückgenommen werden kann, hängt davon ab, ob der Schwankungsreserve die an einer Monatsausgabe fehlenden mehr als 10 Milliarden DM im Laufe des Jahres zugeführt werden können. Sicher ist das keineswegs.

In der Krankenversicherung verlief die Finanzentwicklung seit 1992 ähnlich ungünstig wie in der Rentenversicherung. Auch die Gesundheits-Strukturreform brachte die erhoffte Stabilisierung der Ausgaben nicht zustande (vgl. Tabelle A-4 im statistischen Anhang). Bereits 1994 expandierten die Krankheitskosten wieder um über 10 Prozent, und ein Jahr später gerieten die Krankenkassen erneut in eine defizitäre Entwicklung; am Jahresende betrug der Fehlbetrag 7 Milliarden DM. Die Bundesregierung antwortete mit Gesetzesinitiativen zur Fortführung der Gesundheitsstrukturreform, die jedoch, weil zustimmungspflichtig, am Nein des Bundesrates scheiterten. Nur eine strikte Budgetierung der Krankenhauskosten für das Jahr 1996 ließ der Bundesrat zu. Nicht verhindern konnte der Bundesrat das zusammen mit den Sparmaßnahmen in der Rentenversicherung beschlossene Beitragsentlastungsgesetz: Es setzt mit Jahresbeginn 1997 eine Reihe von Leistungseinschränkungen und -ausgrenzungen in Kraft, darunter die Absenkung des Krankengeldes von 80 auf 70 Prozent des Bruttoentgelts und die ersatzlose Streichung des Kassenzuschusses zum Zahnersatz für alle Versicherten, die am 1. Januar 1997 noch keine 18 Jahre alt sind. Außerdem wurden die Beitragssätze der Krankenkassen, von eng begrenzten Ausnahmen abgesehen, rückwirkend ab Mai 1996 eingefroren und ihre Reduzierung um 0,4 Prozentpunkte zum Jahreswechsel 1996/97 angeordnet. Mit diesem massiven Eingriff in die Selbstverwaltung der Krankenkassen sollte sichergestellt werden, daß das kalkulierte Sparvolumen des Beitragsentlastungsgesetzes von rund 7,5 Milliarden DM den Beitragszahlern zugute kommt. Über eine exzessive Nutzung der Ausnahmeregelungen beziehungsweise mit gleichzeitigen oder nachträglichen Beitragssatzanhebungen haben zahlreiche Krankenkassen das Gesetz jedoch unterlaufen. Im westdeutschen Durchschnitt ist deshalb der Beitragssatz der Krankenversicherung nur um schätzungsweise 0,1 Prozentpunkt zurückgegangen.

Die Regierungskoalition hat im übrigen im Herbst 1996 neue Vorschläge zu Strukturreformen in der Krankenversicherung vorgelegt, die durch zustimmungsfreie, vom Bundesrat nicht zu verhindernde Gesetze realisiert werden sollen. Sie greifen teilweise Maßnahmen wieder auf, die in den gescheiterten Gesetzesinitiativen enthalten waren, teilweise gehen sie darüber hinaus. So sollen Beitragssatzerhöhungen der Krankenkassen künftig, sofern sie nicht durch Zahlungsverpflichtungen im Rahmen des Risikostrukturausgleichs bedingt sind, mit einer automatischen Anhebung aller Zuzahlungen der Versicherten einhergehen. Dem Versicherten wird in diesem Fall das Recht eingeräumt, seine Mitgliedschaft bei der Kasse sofort zu kündigen und zu einer anderen Kasse zu wechseln. Die Kassen sollen so zu äußerster Sparsamkeit angehalten werden.

Größere Gestaltungsmöglichkeiten der Selbstverwaltungen im Leistungssektor und die Umwandlung einiger Leistungen von Pflicht- in Satzungsleistungen sind weitere Bestandteile der Entwürfe eines ersten und zweiten Krankenversicherungs-Neuordnungsgesetzes.

Die Finanzlage der Krankenversicherung hat sich unterdessen weiter verschlechtert. Das Defizit des Jahres 1996 beträgt schätzungsweise 10 Milliarden DM.

Sparmaßnahmen sind 1996 auch in der Arbeitslosenversicherung und im Bereich der Arbeitsförderungsmaßnahmen vorgenommen worden. Ihr vorrangiges Ziel, den Bund von Zuschüssen zur Bundesanstalt für Arbeit 1997 möglichst vollständig freizustellen, ist wegen der zwischenzeitlichen Entwicklungen auf dem Arbeitsmarkt allerdings nicht erreicht worden.

Fazit

Alle Sanierungs- und Konsolidierungsmaßnahmen seit 1975 haben sowohl in der Renten- als auch in der Krankenversicherung – wie auch in anderen Sozialleistungsbereichen – das Ziel verfehlt, die Versicherungssysteme langfristig zu wirtschaftlich tragbaren Kosten für Arbeitnehmer und Arbeitgeber zu sichern. Fast immer beschränkte sich der Gesetzgeber auf zu kurzfristig angelegte Reparaturen, zu häufig hoffte er darauf, eine Besserung der wirtschaftlichen Lage, vor allem eine positive Beschäftigungsentwicklung, würde weitergehende Reformen überflüssig machen. Eine Reform mit Langzeitwirkungen war lediglich die Rentenreform 1992; sie war auch die bislang einzige, die auf die bevorstehenden demographischen Belastungen eine – allerdings ergänzungsbedürftige – Antwort formuliert hat. Deren Folgen für die Finanzentwicklung der Kranken- und Pflegeversicherung sind bislang nicht einmal ausreichend problematisiert und analysiert worden.

Insgesamt zeigt die geschilderte Entwicklungs„geschichte" der sozialen Sicherungssysteme deutlich:

– Die Politik hat die Sozialsysteme immer auch und in steigendem Umfang als Instrumente genutzt, um Umverteilungsziele zu erreichen. Das Prinzip der Äquivalenz von Beiträgen und Leistungen ist dabei häufig aus dem Blickfeld geraten. Das Versicherungsprinzip wurde zugunsten des Versorgungsprinzips zurückgedrängt. Speziell in der Rentenversicherung wurde „die Umverteilung" von denen, die hohe Beiträge zahlen, zu denen, die niedrige Beiträge zahlen, verschärft. Ebenfalls deutlich angezogen wurde die Umverteilungsschraube zum Nachteil derjenigen, die relativ lange Zeit Beitragszahler waren, zugunsten derjenigen, die nur kurze Zeit in das System integriert waren (Glismann/Horn, 1995, 338).

– Finanzielle Spielräume, die sich in den einzelnen Versicherungszweigen zwischenzeitlich ergaben, wurden im allgemeinen nicht zur Senkung der Beitragssätze, sondern zu einer Ausweitung der Leistungskataloge genutzt. Dabei wurden die finanziellen Reserven auch als willkommene Gelegenheit angesehen, den sozialen Sicherungssystemen Aufgaben zuzuweisen, die eigentlich über den allgemeinen Staatshaushalt zu finanzieren wären (versicherungsfremde Leistungen).

– Auch Quer„subventionierungen" waren beliebt. Anstatt finanzielle Engpässe in den einzelnen Sicherungssystemen zum Anlaß für eine Überprüfung des Ausgabenspektrums zu nehmen, wurden immer wieder Überschüsse anderer Versichungszweige zur Defizitabdeckung verwendet (Verschiebebahnhof).

Im Ergebnis haben sich die Sozialsysteme auf diese Weise von ihrer ursprünglichen Funktion, nämlich die elementaren Lebensrisiken abzudecken, weit entfernt. Etabliert wurde eine staatliche Rundumversorgung auf hohem Niveau, verbunden mit einer zunehmenden Intransparenz über die tatsächlichen Verteilungswirkungen. Das Subsidiaritätsprinzip verlor mehr und mehr an Bedeutung, Eigenverantwortlichkeit und Selbstvorsorge traten in den Hintergrund, kollektive Versorgung wurde zum dominanten Prinzip.

Die Ausweitung der Leistungskataloge, die Überfrachtung mit systemfremden Umverteilungselementen und die Auflösung des Zusammenhangs zwischen individueller Beitragsleistung und Inanspruchnahme der Leistungen führen darüber hinaus, wie Herder-Dorneich es einmal ausdrückte, in die Rationalitätenfalle (Herder-Dorneich, 1982). Für den einzelnen ist es rational, eine Trittbrettfahrerposition einzunehmen: Eine erhöhte Inanspruchnahme der Leistungen beeinflußt seinen Beitrag nicht meßbar, was Anreize für ein Moral-hazard-Verhalten gibt. Einer Kosten-Anspruchs-Inflation wird Vorschub geleistet (Hoffmann, 1995, 15).

Es ist das erklärte Ziel der Bundesregierung, die Beitragssätze zur Sozialversicherung bis zum Jahr 2000 wieder unter die Marke von 40 Prozent zu senken. Gemessen am Beitragsniveau des Jahres 1997 bedeutet dies eine Reduktion um 1,7 Prozentpunkte. So richtig dieses Anliegen ist, kann es aber nur als ein erster Schritt in die richtige Richtung verstanden werden. Um nachhaltige Erfolge am Arbeitsmarkt zu erreichen, muß das Ziel weiter gesteckt werden. In einem wirtschaftspolitischen Strategiebündel zur mittelfristigen Halbierung der Arbeitslosigkeit, wie es vom Institut für Arbeitsmarkt- und Berufsforschung in die Diskussion gebracht wurde, ist neben anderen Maßnahmen eine stufenweise Senkung der Sozialbeitragssätze um insgesamt 3 Prozentpunkte bis zum Jahr 2000 vorgesehen. Man läge dann bei der Gesamtbelastung in etwa wieder in der Nähe des Niveaus vor der Wiedervereinigung. Zu berücksichtigen ist dabei, daß es 1989 noch keine Pflegeversicherung gab, die den Zeitvergleich etwas verzerrt.

Eine Reduktion genau auf die '89er Werte hieße für die drei großen Zweige der Sozialversicherung:

Rentenversicherung:	– 1,6 Prozentpunkte =	24 Milliarden DM
Krankenversicherung:	– 0,2 Prozentpunkte =	3 Milliarden DM
Arbeitslosenversicherung:	– 2,2 Prozentpunkte =	33 Milliarden DM
Insgesamt:	– 4,0 Prozentpunkte =	60 Milliarden DM

Die Rückführung der Gesamtbelastung auf das '89er Niveau – der Krankenversicherungsbeitrag müßte eigentlich noch stärker, nämlich um 1,2 Prozentpunkte gesenkt werden[4] – ist zweifellos eine sehr ehrgeizige Zielsetzung, zumal in der Renten- und Krankenversicherung langfristig gegen einen steigenden Trend der Beitragssätze anzukämpfen ist. Vor diesem Hintergrund ist Reformeile geboten. Ohne eine stärkere Betonung der privaten Vorsorge wird dieses Ziel kaum zu erreichen sein.

Finanzierungsverfahren im Wandel

Bis 1957 war in der Rentenversicherung das Kapitaldeckungsverfahren vorgeschrieben. Der gebildete Kapitalstock erreichte zwar zeitweise eine beachtliche Höhe – zwischen 1894 und 1914 betrug er jeweils etwa acht Jahresausgaben –, doch die nach dem Finanzierungsverfahren erforderliche Deckungssumme wurde nie erreicht. In der Inflation 1923 und bei der Währungsreform 1948 ging das vorhandene Vermögen (1948 rund 16 Milliarden RM) jeweils weitgehend verloren.

Mit der Rentenreform 1957 wurde das Finanzierungsverfahren geändert: Vorgeschrieben wurde nun ein Abschnittsdeckungsverfahren, wonach der Beitragssatz so festzusetzen war, daß unter Berücksichtigung des Bundeszuschusses und sonstiger Einnahmen alle in einem zehnjährigen Deckungsabschnitt entstehenden Aufwendungen finanziert werden konnten und darüber hinaus am Ende des 10. Jahres eine Rücklage in Höhe der letzten Jahresausgabe (zu eigenen Lasten der Rentenversicherung) vorhanden sein sollte. Als 1966 der erste Deckungsabschnitt zu Ende ging, war das Rücklage-Soll mit einem vorhandenen Bar- und Anlagevermögen von 27,5 Milliarden DM sogar übererfüllt (um etwa 2 Milliarden DM).

1969 wurde das Finanzierungsverfahren erneut geändert und dem Umlageverfahren weitgehend angeglichen. Mit dieser Umstellung sollten drastische Beitragssatzanhebungen vermieden werden, die sonst in den Folgejahren zur Auffüllung der Rücklage – sie war seit 1966 auf 20,8 Milliarden DM zurückgefallen – notwendig geworden wären. Nunmehr war lediglich noch eine Schwankungsreserve vorgesehen, die mindestens drei Monatsausgaben (zu eigenen Lasten der Rentenversicherung) betragen sollte. Wurde dieses Soll in drei aufeinanderfolgenden Jahren unterschritten, so war der Beitragssatz so weit zu erhöhen, daß die Erreichung des Rücklagesolls wieder gesichert war.

Seit 1977 schließlich basiert die Rentenversicherung auf dem reinen Umlageverfahren: Als Schwankungsreserve ist nur noch eine Monatsausgabe vorgeschrieben. Wegen der Verpflichtung der Bundesanstalt für Arbeit, Rentenversicherungsbeiträge für Arbeitslose abzuführen, wären die konjunkturellen Risiken für die Rentenfinanzen geringer geworden, lautete die Begründung. Eine Beitragserhöhung sollte nun erfolgen, wenn das Reserve-Soll in zwei aufeinanderfolgenden Jahren unterschritten worden war.

Mit der Rentenreform 1992 wurde das längst praktizierte Umlageverfahren endlich auch im Gesetz (§ 153 SGB VI) klar als solches definiert: Die Ausgaben eines Kalenderjahres werden durch die Einnahmen des gleichen Kalenderjahres und, soweit erforderlich, durch Entnahmen aus der Schwankungsreserve gedeckt. Der Beitragssatz ist nun jeweils so festzulegen, daß die Schwankungsreserve am Ende eines Kalenderjahres dem Betrag von einer Monatsausgabe „entspricht"; liegt er darunter, muß der Beitragssatz erhöht, liegt er darüber, muß der Beitragssatz ermäßigt werden. Damit ist ein jährliches Auf und Ab des Beitragssatzes möglich geworden.

3. Reform der Rentenversicherung in der öffentlichen Diskussion

Nach der letzten vom Sozialbeirat veröffentlichten Modellrechnung zur Entwicklung des Beitragssatzes der Rentenversicherung muß bis zum Jahr 2030 mit einem – bis 2010 langsamen, dann sich kräftig beschleunigenden – Anstieg auf 25,5 Prozent gerechnet werden. Die 1996 getroffenen Sparmaßnahmen sind dabei schon berücksichtigt worden. Sie haben eine Entlastung um 0,7 Prozentpunkte gebracht. Verglichen mit den Rechnungsergebnissen vor der Rentenreform 1992 ist die Beitragssatzentwicklung bis zum Jahr 2030 allerdings um rund 11 Prozentpunkte zurückgefahren worden (Sozialbeirat, 1996, 219).

Auf Veranlassung der Rentenversicherungsträger hat die Prognos AG ihr Gutachten von 1987 unter Berücksichtigung der Vereinigung Deutschlands und des Inkrafttretens der Rentenreform 1992 aktualisiert. Die im März 1995 vorgelegten Ergebnisse der Modellrechnungen lassen in einer oberen, auf etwas günstigeren demographischen und ökonomischen Annahmen beruhenden Variante den Beitragssatz auf 26,3 Prozent im Jahr 2030 klettern und im Jahr 2040 den gleichen Wert erreichen. Die ungünstigere Variante kommt für 2030 zu 28,5 und für 2040 zu 28,7 Prozent (VDR, 1995, 11). Werden die jüngsten Sparmaßnahmen mit einem Effekt von 0,7 Prozentpunkten in die Rechnung eingesetzt, dann ergibt sich für die obere Prognos-Variante mit 25,6 Prozent im Jahr 2030 praktisch der gleiche Beitragssatz wie beim Sozialbeirat. Ob daraus geschlossen werden kann, daß der Sozialbeirat eher einer optimistischen Einschätzung zuneigt, sei dahingestellt. Im Kapitel V dieser Untersuchung werden eigene Simulationsrechnungen zur Abschätzung der zukünftigen Entwicklung der Beitragssätze vorgenommen.

Vor welchen Problemen die Finanzierung der Rentenversicherung steht, zeigt sich beispielhaft an einer Hochrechnung des VDR zum sogenannten Eckrentner-Quotienten (Tabelle I-5) bis zum Jahr 2040: Kamen 1995 auf 100 Beitragszahler und Arbeitslose 39 Eckrentner, so werden es 2015 bereits 50 und 2040 schließlich 67 sein. Das ist ein Plus von über 70 Prozent.

In der Vergangenheit haben zu dieser Entwicklung – von 1991 bis 1995 hat sich der Eckrentner-Quotient von 34 auf 39 erhöht – neben Veränderungen der Bevölkerungsstruktur auch die seit der Rentenreform von 1972 gebotene Möglichkeit des vorzeitigen Rentenbezugs für langjährig Versicherte und die mit zunehmender Arbeitslosigkeit zeitweise gesetzlich geförderte (Vorruhestandsgesetz) Inanspruchnahme der vorgezogenen Altersrente für Arbeitslose beigetragen. Nicht nur die gestiegene Lebenserwartung hat dafür gesorgt, daß sich die Rentenbezugsdauer seit 1970 bei den Männern um fast vier, bei den Frauen sogar um fünf Jahre verlängert hat, sondern auch der immer frühere durchschnittliche

Tabelle I-5: **Entwicklung des Eckrentner-Quotienten**

Jahr	Eckrentner (in Millionen)	Beitragszahler und Arbeitslose (in Millionen)	Quotient (in Prozent)
1991	11,2	32,9	34,0
1992	11,6	32,8	35,5
1993	11,8	32,6	36,1
1994	12,1	32,5	37,2
1995	12,6	32,3	39,0
1996	12,8	32,4	39,5
1997	13,0	32,5	40,0
1998	13,2	32,6	40,5
1999	13,5	32,8	41,2
2000	13,8	32,8	42,2
2005	15,2	33,0	46,0
2010	15,8	33,2	47,7
2015	16,4	32,9	49,9
2020	17,2	31,9	53,9
2025	18,1	30,8	58,9
2030	18,9	29,5	64,2
2035	19,0	28,2	67,3
2040	18,2	27,1	67,4

Definition: Anzahl der Eckrentner (Rentenausgaben dividiert durch Standardrente) auf 100 Beitragszahler und Arbeitslose
Prämissen: Modellrechnung auf der Basis der Schätzung von Februar 1996
Quelle: VDR

Beginn des Rentenbezugs (vgl. Tabelle A-1und A-2 im statistischen Anhang). Lag er 1970 bei den Altersrenten noch für Männer bei 65 Jahren, für Frauen bei 64 Jahren, so gingen die Männer 1995 bereits mit weniger als 63, die Frauen mit 63 Jahren in Rente. Renten wegen verminderter Erwerbsfähigkeit wurden 1970 im Durchschnitt mit knapp 58 Jahren (Männer) und mit 59 Jahren (Frauen) bezogen, heute sind es in Westdeutschland wenig mehr als 53 und weniger als 52 Jahre. Mit der 1997 begonnenen Anhebung der Altersgrenze für Arbeitslose soll dieser Trend zur Frühverrentung gestoppt, mit den weiteren ab dem Jahr 2000 einsetzenden Erhöhungen der übrigen vorgezogenen Altersgrenzen soll er umgekehrt werden. Oder aber er wird durch die Rentenabschläge bei vorzeitigem Rentenbeginn neutralisiert. Würde sich die Mehrheit der künftigen Rentner mit der Abschlagsregelung abfinden, wäre dies – cum grano salis – sogar die ökonomisch günstigere Lösung des Problems der Frühverrentung, denn sie vermeidet die sonst mit großer Wahrscheinlichkeit auftretenden Anpassungsschwierigkeiten auf dem Arbeitsmarkt.

Inzwischen hat sich allgemein die Einsicht durchgesetzt, daß es weiterer Reformen bedarf, um die Beitragssatzentwicklung langfristig in vertretbaren Grenzen zu halten und die Rentenversicherung auf angemessenem Leistungsniveau zu konsolidieren. Eine Regierungskommission sowie verschiedene Parteikommissionen arbeiten zur Zeit an zukunftsweisenden Reformkonzeptionen. Dabei zeichnet sich ab, daß dem erneut von einigen Seiten geforderten vollständigen Umstieg von der umlagefinanzierten Rentenversicherung auf ein System kapitalgedeckter Alterssicherung wegen des damit verbundenen schwierigen und sich über Generationen hinziehenden Umstellungsprozesses und der für geraume Zeit sich ergebenden Zusatzbelastung der Erwerbstätigen keine Realisierungschancen eingeräumt werden. Das gilt auch für den schon einmal 1989 verworfenen, jetzt erneut vorgetragenen Vorschlag, die Rentenversicherung durch ein steuerfinanziertes Grundrentensystem zu ersetzen. Wohl aber gewinnt die Idee zunehmend an Boden, bei zukünftig retardierter Entwicklung der Renten das erforderliche Alterssicherungsniveau durch ergänzende, an Bedeutung zunehmende kapitalgedeckte Vorsorgeformen sicherzustellen (SVR, 1996, 142; Bundesverband deutscher Banken, 1996, 37; Husmann, 1996, 32 f.).

Was die notwendigen weiteren Maßnahmen zur Reform der Rentenversicherung angeht, so werden zur Zeit vor allem die folgenden Möglichkeiten diskutiert (SVR, 1996, 334 ff.; Storm, 1996, 3 ff.; BDA, 1997; Schmähl, 1996, 20):

- die Entlastung der Rentenversicherung von gesamtgesellschaftlich zu verantwortenden „versicherungsfremden" Leistungen

- die Beschränkung der Zugangsbedingungen bei den Erwerbsminderungsrenten durch Rückkehr zur „abstrakten Betrachtungsweise", bei der die medizinische Beurteilung den Ausschlag gibt und nicht die Lage am Arbeitsmarkt

- die stärkere Anrechnung eigener Rentenansprüche und Erwerbseinkommen auf die Witwen- oder Witwerrente

- die Ergänzung der Rentenformel um eine demographische Komponente, möglicherweise zusätzlich auch um eine Arbeitsmarktkomponente, um Rentenanpassungen und Rentenniveau bei entsprechenden Belastungssteigerungen regelgebunden sinken zu lassen

- die Verlangsamung des Anstiegs der Beitragsbemessungsgrenze und damit zugleich der Leistungsbemessungsgrenze durch Abkoppelung von der Einkommensentwicklung

- die Anhebung der Altersgrenze über das 65. Lebensjahr hinaus, wenn sich die durchschnittliche Lebenserwartung weiter erhöht und dadurch die Rentenlaufzeit verlängert würde

- der Aufbau eines Kapitalfonds, aus dessen Erträgen und – wenn erforderlich – durch dessen Verzehr die Finanzierung der Rentenversicherung alimentiert und der Beitragssatzanstieg begrenzt werden sollen.

Welche Maßnahmen im einzelnen auch immer realisiert werden, es sollten zwei Grundsätze dabei beachtet werden: 1. Die Systembeteiligten, das sind die Rentner, die Beitragszahler (Versicherte und Arbeitgeber) und der Staat, sind an der Finanzierung der aus der demographischen Entwicklung vor allem resultierenden Zukunftslasten sachadäquat und möglichst ausgewogen zu beteiligen (Sozialbeirat, 1996, 220). 2. Die Rentenversicherung muß auch künftig für einen Durchschnittsverdiener nach einem vollen Arbeitsleben ein Nettorentenniveau gewährleisten, das angemessen über dem Sozialhilfebedarf liegt (SVR, 1996, 342 f.; Schmähl, 1996, 20; BDA, 1994, 32).

Was den ersten Grundsatz betrifft, so muß darauf verwiesen werden, daß es im letzten Jahrzehnt vor allem die Beitragszahler waren, auf deren Schultern die wachsenden sozialen Lasten abgewälzt worden sind. Diese Feststellung kann nicht damit widerlegt werden, daß auf die relative Konstanz des Beitragssatzes der Rentenversicherung hingewiesen wird. Zwar blieb er, nachdem 1985/86 erstmals 19,2 Prozent erreicht worden waren, in den folgenden zehn Jahren – ausgenommen 1994 und 1996 – immer unter diesem Wert, teilweise sogar recht deutlich. Mit der Anhebung auf 20,3 Prozent wird er 1997 erstmalig übertroffen. Mit den zwischenzeitlich geringeren Sätzen war gleichwohl keine Entlastung der Beitragszahler verbunden, denn sie wurde stets, zum Teil bewußt geplant, durch Beitragssatzerhöhungen in den anderen Sozialversicherungen zunichte gemacht. So kletterte der Gesamtbeitragssatz der Sozialversicherung ununterbrochen – sieht man von den Jahren 1989/90 ab – von 35,4 Prozent 1986 auf 40,6 Prozent 1996. Mit 41,7 Prozent ist Anfang 1997 eine neue Höchstmarke erreicht worden.

Die Rentner werden vom Anstieg der gesamten Sozialbeiträge erst seit 1992 getroffen, weil sich ihre Renten seitdem im Gleichschritt mit den Nettoarbeitsentgelten verändern. Davor tangierte sie über die Rentnerkrankenversicherung lediglich die Entwicklung des Beitragssatzes der Krankenversicherung. Am besten ist der Bund davongekommen: Der Anteil seines Zuschusses an den Rentenausgaben hat sich von 18 Prozent 1985 bis auf 16,9 Prozent 1990 reduziert. Der anschließende Anstieg auf 19,6 Prozent

1992 ist im wesentlichen auf die Einrechnung der bis dahin vom Bund geleisteten Erstattungen für Kindererziehungszeiten und Kindererziehungsleistungen in den Bundeszuschuß zurückzuführen, bedeutet also insoweit keine Aufstockung der gesamten Leistungen des Bundes zur Mitfinanzierung der Rentenversicherung. Seitdem hat sich der Bundeszuschuß in etwa parallel zum Beitragssatz der Rentenversicherung verändert; 1995 lag er bei 20,2 Prozent der Rentenausgaben.[5]

Angesichts dieser Sachlage ist Ausgewogenheit über einen längeren Zeitraum und nicht punktuell anzustreben. Und deshalb ist es auch berechtigt, vom Bund im Hinblick auf die versicherungsfremden Leistungen eine gewisse Erhöhung seines Zuschusses zu verlangen. Unabhängig davon, ob bei der Definition dieser Leistungen eher großzügig (Ruland, 1994, 48 ff.; Schmähl, 1995, 604 ff.; Seffen, 1996, 39 ff.) oder eher nach strengen Maßstäben (SVR, 1996, Tz. 382 u. 397) verfahren wird, über den ordnungspolitischen Grundsatz, daß versicherungsfremde Leistungen nicht aus Versicherungsbeiträgen finanziert werden dürfen, besteht weithin Einigkeit.

Übereinstimmung ist auch dahingehend gegeben, daß die Folgelasten politischer Ereignisse wie Krieg, Vertreibung und Verfolgung, Wiedervereinigung, also die sogenannten Kriegs- und DDR-Folgelasten, auf jeden Fall versicherungsfremde Leistungen sind und aus allgemeinen Steuermitteln bezahlt werden müssen (so auch der SVR, 1996, Tz. 398). Nach Berechnungen der Rentenversicherungsträger schlugen die Kriegsfolgelasten 1995 mit 23,5 Milliarden DM, die DDR-Folgelasten mit 5,6 Milliarden DM zu Buche: Zusammen mit den darauf entfallenden Beiträgen zur Kranken- und Pflegeversicherung der Rentner ergibt sich eine Gesamtbelastung der Rentenversicherung von 31,2 Milliarden DM (Husmann, 1996, 49). Würde dieser Betrag der Rentenversicherung zusätzlich zum allgemeinen Bundeszuschuß erstattet, könnte der Beitragssatz um 2 Prozentpunkte gesenkt werden.

Was den zweiten Grundsatz, den Abstand zwischen Renten- und Sozialhilfeniveau, angeht, so werden sich die Rentner langfristig mit einem sinkenden Rentenniveau abfinden müssen. Gegenwärtig liegt die Nettorente eines Durchschnittsverdieners nach 45 Versicherungsjahren bei rund 70 Prozent des durchschnittlichen Nettoverdienstes der erwerbstätigen Versicherten. Das war nicht immer so: Von 1956 bis einschließlich 1975 belief sich das Nettorentenniveau im Schnitt auf 63 Prozent (vgl. Tabelle A-3 im statistischen Anhang). Wird zur Abstandsmessung das gegenwärtige Sozialhilfeniveau ermittelt, so ergeben sich für einen Alleinstehenden knapp 41, für ein Ehepaar rund 65 Prozent des durchschnittlichen Nettolohns. Wäre davon auszugehen, daß regelmäßig zwei Personen von einer Rente leben müßten, so wäre für eine Absenkung des Rentenniveaus nur wenig Raum.

Sozialhilfe und Rentenniveau (Westdeutschland)		
Sozialhilfe 1996	Hilfe zum Lebensunterhalt[1]	
Leistungsarten	DM/Monat	
	Alleinstehende	Ehepaar
Regelsätze	528	950
Einmalige Leistungen	84	157
Kosten der Unterkunft[2]	508	682
Durchschnittlicher Bedarf	1120	1789

[1] im Jahresdurchschnitt
[2] Laut BT-Drucks. 13/3339 in 1994 durchschnittlich 474 DM und 637 DM; für 1996 gemäß Lebenshaltungskostenindex um 7,1 Prozent erhöht

Einkommensvergleich

Die Netto-Standard-Rente nach 45 Versicherungsjahren mit Durchschnittsverdienst beträgt 1996
1937 DM/Monat.

Bei einer geschätzten Nettolohn- und -gehaltssumme je beschäftigten Arbeitnehmer von:

2770 DM/Monat

ergibt sich ein Netto-Rentenniveau 1996 von

69,9 Prozent.

Das Netto-Sozialhilfeniveau 1996 liegt bei einem Alleinstehenden bei

40,4 Prozent

bei einem Ehepaar (ohne Kinder) bei

64,6 Prozent.

Reduzierung des Rentenniveaus

Bei einem Netto-Rentenniveau von nur 60 Prozent beliefe sich die Rente auf

1662 DM/Monat.

Das sind zwar 542 DM mehr als der Sozialhilfebedarf eines Alleinstehenden, aber 127 DM weniger als der Sozialhilfebedarf eines Ehepaares (ohne Kinder). Dem steht allerdings je nach den individuellen Gegebenheiten (Mietstufe, Bezugsfertigkeit des Wohnraums) ein Wohngeldanspruch von 55 bis 91 DM monatlich gegenüber. Zudem ist davon auszugehen, daß überwiegend auch Rentnerehepaare nicht allein von nur einer Rente leben.

Bei einem Netto-Rentenniveau von 65 Prozent beliefe sich die Rente auf

1801 DM/Monat.

Das entspräche dem Sozialhilfebedarf eines Ehepaares (ohne Kinder). In diesem Fall beläuft sich der Wohngeldanspruch auf 11 bis 43 DM im Monat.

Zusätzlicher Alterssicherungsbedarf

Bei einer Reduktion des Rentenniveaus bedarf es einer zusätzlichen Absicherung, wenn davon ausgegangen wird, daß zur Beibehaltung des im Erwerbsleben erreichten Lebensstandards ein Netto-Rentenniveau von 70 Prozent erforderlich ist.

Bezogen auf das Jahr 1996 liegt der zusätzliche Sicherungsbedarf bei einem Renten-Niveau von 65 Prozent bei aufgerundet

140 DM/Monat.

> Liegt das Rentenniveau nur bei 60 Prozent, sind aufgerundet
>
> > 280 DM/Monat
>
> zusätzlich abzusichern. Dafür stehen sowohl mehrere kapitalfundierte Formen der individuellen Altersvorsorge als auch die Betriebliche Altersversorgung zur Verfügung.
>
> Auf die Zukunft bezogen, bedeutet dies, daß bei einem Rentenniveau von 65 Prozent knapp
>
> > 8 Prozent der zu erwartenden Monatsrente
>
> und bei einem Rentenniveau von 60 Prozent knapp
>
> > 17 Prozent der zu erwartenden Monatsrente
>
> als zusätzliches Alterseinkommen durch rechtzeitige Eigenvorsorge abgesichert werden müssen. (Diese Prozentsätze gelten auch für Ostdeutschland.)

In einer heute schon erheblichen, in Zukunft weiter steigenden Zahl von Fällen verfügen Rentnerehepaare jedoch über zwei Renten, daneben über weitere Einkünfte. Vor allem in den neuen Bundesländern sind zwei Renten eher die Regel als die Ausnahme. Nach einer vom Bundesarbeitsministerium veranlaßten Erhebung hatten ältere Ehepaare (55 Jahre und darüber) 1992 ein Nettogesamteinkommen von 3534 DM im Monat. Ein weiteres Ergebnis dieser Erhebung war, daß kleine Renten im Durchschnitt weniger als die Hälfte des jeweiligen Nettogesamteinkommens ausmachten (Bundesregierung, 1996, 37; siehe auch Seffen, 1994, 77).

Nicht das Sozialhilfeniveau eines Ehepaares, sondern das eines Alleinstehenden markiert deshalb die Untergrenze, der sich das Rentenniveau nur bis zu einem angemessenen Abstand nähern darf, wenn die Legitimation der mit Pflichtbeiträgen finanzierten Rentenversicherung nicht Schaden nehmen soll. Das von politischer Seite als Minimum ins Gespräch gebrachte Rentenniveau von 60 Prozent (Storm, 1996, 3) dürfte dem Erfordernis der Angemessenheit noch genügen.[6]

Wird allerdings die Forderung des Sachverständigenrats akzeptiert, daß bei einer Reduktion des Rentenniveaus gewährleistet sein muß, ,,daß auch in unteren Einkommensgruppen bei einem normalen Arbeitsleben eine Rente erreicht werden kann, die über dem durch Sozialhilfe definierten Existenzminimum liegt" (SVR, 1996, Tz. 401), dann ist der Spielraum für eine Absenkung deutlich geringer.

Bei einem Nettorentenniveau von 60 Prozent für den Durchschnittsverdiener würde derjenige, der während seines Arbeitslebens stets nur 75 Prozent des Durchschnittseinkommens erzielt hat, mit seiner Rente gerade noch 10 Prozent über dem Sozialhilfeniveau liegen. Bei nur 60 Prozent des Durchschnittseinkommens wäre das Sozialhilfeniveau praktisch erreicht. Die vom Sachverständigenrat aufgestellte Forderung erscheint deshalb mit seiner erklärten Absicht, die Renten auf ein Grundsicherungsniveau zu beschränken, nicht ganz kompatibel.

Wenn in den Reformdiskussionen von einer Absenkung des Rentenniveaus die Rede ist, wird dies gemeinhin als allmählicher Prozeß begriffen, der regelgebunden über eine Modifikation der Rentenformel oder eine sonstwie bestimmte Verringerung der Rentendynamik bewirkt wird und sich solange fortsetzt, bis die festgesetzte Untergrenze erreicht ist. Die Versicherten können rechtzeitig in Eigenvorsorge Maßnahmen treffen, um den Ausfall an Renteneinkommen ganz oder teilweise zu kompensieren und ihr individuell gewünschtes Alterssicherungsniveau zu realisieren. Dazu bieten sich auf dem Kapitaldeckungsverfahren beruhende und gegen demographische Risiken weniger empfindliche Vorsorgeformen an. Eine Verpflichtung zu zusätzlicher Altersvorsorge entfällt in dem Maße, wie das Rentenniveau in bezug zur Sozialhilfe angemessen hoch bleibt.

Von einer Verlangsamung der Rentendynamik sind auch diejenigen betroffen, die schon in Rente sind. Sie können, obwohl ihnen die Möglichkeit zu kompensierender Eigenvorsorge naturgemäß nicht mehr zur Verfügung steht, von der allmählichen Reduzierung des Rentenniveaus nicht ausgenommen werden, weil hier kurz- und mittelfristig das größte Einsparpotential aktiviert werden kann. Ihnen ist aber ein Ausgleich für die Einbußen an Rentenwachstum insofern gegeben, als sie früher in Rente gehen konnten und auch im Durchschnitt gegangen sind – was mit zur derzeitigen Finanzmisere in der Rentenversicherung beigetragen hat – und ihre Rente somit über einen längeren Zeitraum beziehen als die künftigen Rentner. Auch hat die heutigen Rentner ihre ungeschmälerte Rente deutlich weniger gekostet, als die gegenwärtigen und künftigen Beitragszahler dafür aufwenden müssen. Wollen diese ebenfalls möglichst früh in Rente gehen, müssen sie dafür zusätzlich mit Rentenabschlägen bezahlen.

Eine Variante der Senkung des Rentenniveaus besteht darin, durch eine Abbremsung des Anstiegs der Beitragsbemessungsgrenze – oder durch ihren zeitweiligen Stillstand – zusätzlich zur generellen Reduktion das Rentenniveau der höheren Einkommensgruppen stärker nach unten zu drücken (Sachverständigenrat, 1996, Tz 401). Dabei kommt es, was die Finanzierung der Rentenversicherung anlangt, jedoch zunächst zu einer erheblichen Abschwächung der Einnahmenentwicklung, die möglicherweise durch einen höheren Beitragssatz aufgefangen werden muß. Erst auf lange Sicht, bei Renteneintritt der heutigen Versicherten, beginnen sich die daraus resultierenden Einsparungen bemerkbar zu machen (siehe Kapitel V).

Als Alternative zur Senkung des Rentenniveaus ist die weitere Heraufsetzung der Altersgrenze über 65 Jahre hinaus zu sehen. Das Nettorentenniveau bliebe bei rund 70 Prozent, muß aber mit mehr Versicherungsjahren und damit auch mehr Beiträgen erkauft werden. Die Anhebung der Altersgrenze könnte der Entwicklung der Lebenserwartung in der Weise folgen, daß die durchschnittliche Rentenlaufzeit konstant bleibt. Wer früher Rente beantragt und so eine längere Rentenbezugsdauer anstrebt, muß dafür Abschläge hinnehmen. Schmähl gibt dieser Wahlmöglichkeit „zwischen individuell erreichbarem Rentenniveau und Rentenlaufzeit" den Vorzug vor einer generellen Niveausenkung für alle (Schmähl, 1996, 20; vgl. auch BDA, 1997, 3). Sie weist allerdings das Handicap auf, in erheblichem Maße von den Unwägbarkeiten der Entwicklung auf dem Arbeitsmarkt beeinflußt zu werden. Aus der Wahlmöglichkeit kann so, je nach Arbeitsmarktlage, eine Einbahnstraße in die eine oder andere Richtung werden.

Ergebnis aller Reformmaßnahmen zur Konsolidierung der Rentenversicherung und zur möglichst deutlichen Verlangsamung des demographisch bedingten Beitragssatzwachstums sollte ein Alterssicherungssystem sein, das sich zwar auf die umlagefinanzierte Rentenversicherung stützt, aber zur Sicherung des Lebensstandards im Alter der zusätzlichen Vorsorge über kapitalfundierte Sicherungsformen bedarf.

Das Leistungsniveau der Rentenversicherung sollte dabei eine gehobene, einen angemessenen Abstand zur Sozialhilfeschwelle haltende Grundsicherung darstellen, so daß demjenigen, der damit im Alter zufrieden ist, die Wahlfreiheit bleibt, auf zusätzliche Absicherungen verzichten zu können, ohne aufgrund dieses Entschlusses hinterher der Sozialhilfe zur Last zu fallen. Als Anreiz, ein höheres Sicherungsniveau im Alter anzustreben, wären angemessene steuerliche Vergünstigungen zu gewähren. Sie sollten nicht nur die individuelle, sondern auch die betriebliche Alterssicherung fördern (BDA, 1997, 5).

Die Politik sollte bald, wie vom Sachverständigenrat mit Recht gefordert, die Weichen in Richtung eines derartigen „gemischten Systems" stellen und damit „einen klaren Orientierungsrahmen setzen, auf den die Bürger sich mit ihren Erwartungen und Dispositionen einstellen können" (SVR, 1996, Tz. 399 und 400 ff.).

4. Exkurs: Perspektiven der gesetzlichen Krankenversicherung

Obwohl in dieser Untersuchung die Probleme der Alterssicherung im Vordergrund stehen, soll nicht unerwähnt bleiben, daß auch der gesetzlichen Krankenversicherung aus der demographischen Entwicklung erhebliche finanzielle Probleme erwachsen (ebenso der Pflegeversicherung). Allerdings wird die Entwicklung der Krankenversicherungsausgaben von einem ganzen Bündel interdependenter Einflußfaktoren bestimmt. Deshalb läßt sich nicht exakt isolieren, welches Gewicht welchem Faktor im einzelnen zukommt.

Zentrale Einflußgrößen neben der demographischen Komponente sind der medizinische und medizintechnische Fortschritt sowie die Entwicklung der Preise für Gesundheitsleistungen. Ihnen sind gleichermaßen kostentreibende Wirkungen immanent (SVR-KAiG, 1996, 23 f.)

Fest steht, daß die Inanspruchnahme von Krankenversicherungsleistungen mit steigendem Lebensalter zunimmt, die Krankheitskosten also altersabhängig sind. Dies belegen zum Beispiel die von der Privaten Krankenversicherung ermittelten Durchschnittsprofile der Rechnungsbeträge (Pro-Kopf-Werte) für verschiedene Leistungsarten 1994:[7]

– Die Krankenhauskosten der 71 bis 75 Jahre alten Privatversicherten betrugen bei den Männern das 6,3fache, bei den Frauen das 3,8fache der Beträge, die für die Altersgruppe der 41- bis 45jährigen männlichen oder weiblichen Versicherten aufgewendet werden mußten.

– Bei den Ausgaben für Arzneien und Verbandmittel lauteten die entsprechenden Vielfachen 5,9 bei den Männern und 3,7 bei den Frauen.

- Bei sämtlichen übrigen ambulanten Leistungen (ausgenommen Zahnbehandlung und Zahnersatz) lagen die Ausgaben für die betagten Versicherten beim 2,5fachen oder beim 1,5fachen der Kosten der Vergleichsgruppe.

In der höchsten Altersgruppe, bei den über 80 Jahre alten Versicherten, erhöhen sich die Rechnungsbeträge um bis zu zwei weitere Vielfache.

Gegenüber dem Beobachtungsjahr 1984 sind für alle Leistungsarten mehr oder weniger kräftige Ausweitungen der Abstände zu der Vergleichsgruppe festzustellen. Es besteht also nicht nur ein Trend zu höheren Krankheitskosten, je älter die Versicherten werden, sondern die in den höheren Altersstufen anfallenden Krankheitskosten nehmen im Durchschnitt auch rascher zu als die der jüngeren Altersgruppen (PKV-Verband, 1986, 122, 124).

Prognos ist für die gesetzliche Krankenversicherung zu gleichartigen Ergebnissen gelangt (VDR, 1996, 122 ff.):

- In den alten Bundesländern lagen die Ausgaben der Krankenkassen 1992 für Personen im Alter von 80 und darüber um den Faktor 7 höher als die Kosten der Kinder und Jugendlichen bis 20 Jahre; in Ostdeutschland belief sich der Faktor auf 8.

- In den Jahren 1974 bis 1992 haben die Pro-Kopf-Ausgaben für die über 70jährigen real um jahresdurchschnittlich fast 5 Prozent zugenommen, die Kosten der bis zu 20jährigen dagegen nur um weniger als 1 Prozent.

Die weitere Entwicklung der Krankheitskosten in Abhängigkeit vom Alter wird von Prognos dahingehend eingeschätzt, daß sich die Ausgabenintensitäten zwischen den Altersgruppen weiter auseinanderentwickeln werden: Bis zum Jahr 2040 wird für die über 80jährigen „mehr als das 12- bis 13fache" der Pro-Kopf-

Ausgaben erwartet, die für die bis zu 20jährigen aufgewendet werden müssen.

Beim Einfluß der demographischen Komponente spielt nicht nur die Zahl der älteren und alten Menschen, sondern ebenso die Altersstruktur dieses Personenkreises eine wichtige Rolle. Da die Ausgabenintensität etwa ab dem 60. Lebensjahr progressiv zunimmt, schlägt der wachsende Anteil Hochbetagter voraussichtlich besonders kostensteigernd zu Buche.

Prognos geht in seiner Modellrechnung (vgl. Tabelle A-5 im statistischen Anhang) bis zum Jahr 2040 davon aus, daß der reale Pro-Kopf-Ausgabenzuwachs in Westdeutschland bei den bis zu 20jährigen etwa bei einem Prozent, bei den über 80jährigen dagegen bei über 2 Prozent liegen wird. Bei den hochbetagten ostdeutschen Versicherten erwartet Prognos mit über 3 Prozent sogar ein um 50 Prozent stärkeres durchschnittliches Ausgabenwachstum als im Westen (VDR, 1996, 125 ff.).[8]

Mit dem demographisch bedingten erhöhten Bedarf an Krankenversicherungsleistungen – auch wenn er, wie der Gesundheits-Sachverständigenrat meint, „kurz- bis mittelfristig moderat" ausfallen sollte (SVR-KAiG, 1996, 29) – wird die private Krankenversicherung aufgrund ihrer am individuellen Risiko orientierten Prämienkalkulation und der Bildung von Alterungsrückstellungen voraussichtlich besser fertig werden als die gesetzliche Krankenversicherung. Bei ihr tritt zu den demographisch bedingten Kostensteigerungen erschwerend hinzu, daß die Beiträge ihrer Versicherten vom Einkommen abhängig sind, das bei den Rentnern niedriger ist als bei den erwerbstätigen Versicherten.

Eine Vergrößerung des Rentneranteils am Mitgliederbestand der Krankenkassen bedeutet für diese somit möglicherweise weniger, auf jeden Fall aber weniger stark steigende Einnahmen bei zunehmendem Ausgabenwachstum.

Tabelle I-6: **Beiträge und Leistungen in der GKV**
(bei Aktiven und Rentnern)

Jahr	Beitragseinnahmen		Leistungsausgaben		Deckungsgrad der Beiträge	
	Aktive	Rentner	Aktive	Rentner	Aktive	Rentner
	Milliarden DM				Prozent	
1973	33,2	8,9	28,6	12,4	116,1	71,8
1975	45,0	13,2	39,7	18,5	113,4	71,4
1980	69,2	14,4	56,5	29,5	122,5	48,8
1985	88,6	18,3	65,4	43,3	135,5	42,3
1990	116,4	25,5	79,1	55,2	147,2	46,2
1991[1]	143,4	29,8	101,7	71,9	141,0	41,4
1992	162,3	31,6	116,5	83,0	139,3	38,1
1993	179,0	35,8	115,7	84,4	154,7	42,4
1994	184,2	40,4	123,9	93,3	148,7	43,3
1995	184,5	41,4	131,7	96,4	140,1	42,9

1 Ab 1991 einschließlich neue Bundesländer

Quelle: BMA, BMG

Schon heute decken die Beiträge der Rentner weniger als 43 Prozent der von ihnen verursachten Ausgaben ab; Mitte der siebziger Jahre waren es noch fast 72 Prozent. Rentnerkosten im Umfang von 55 Milliarden DM mußten 1995 von den erwerbstätigen Versicherten finanziert werden, die deshalb 40 Prozent mehr an Beiträgen aufbringen mußten, als für die von ihnen selbst in Anspruch genommenen Leistungen erforderlich gewesen wäre. Der Deckungsgrad der Rentnerbeiträge wird nicht zuletzt auch deshalb weiter zurückgehen, weil sich das Rentenniveau infolge der Sanierungsmaßnahmen in der Rentenversicherung langfristig verringern wird.

Die gesetzliche Krankenversicherung wird also sozusagen „demographisch in die Zange genommen", durch steigende Ausgaben bei rückläufigem Einnahmenwachstum.

Wenn Prognos dennoch für das Jahr 2040 „nur" mit einem durchschnittlichen Beitragssatz von rund 16 Prozent in der gesetzlichen Krankenversicherung rechnet, dann deshalb, weil unterstellt worden ist, daß durch „politische Reaktionen auf unerwünschte Erhöhungen des GKV-Beitragssatzes" das Ausgabenwachstum und der Beitragssatzanstieg begrenzt werden. „Ansonsten", so Prognos, „wären durchaus auch Ausgabenszenarien denkbar, die deutlich höhere GKV-Beitragssätze als in unseren Berechnungen unterstellt zur Folge hätten" (VDR, 1996, 130 und 124). So wie es gegenwärtig aussieht – die Krankenkassen haben nach einem Defizit von 7 Milliarden DM in 1995 auch im vergangenen Jahr einen Fehlbetrag von rund 10 Milliarden DM verbuchen müssen – wird es weiterer massiver Reformen bedürfen, um den Durchschnittsbeitragssatz langfristig wenigstens unter 20 Prozent zu halten. Denn nach den in Kapitel V dargestellten Modellrechnungen kann, wenn nichts dagegen unternommen wird, der Krankenversicherungsbeitrag bis zu Jahr 2040 auf 25,7 Prozent klettern. Um dem vorzubeugen, sind die gegenwärtig im Gesetzgebungsverfahren behandelten Reformmaßnahmen (1. und 2. GKV-Neuordnungsgesetz) bei weitem nicht ausreichend.

Achim Seffen

5. Statistischer Anhang

Tabelle A-1: **Rentenbezugsdauer und Alter des Rentenwegfalls**
Renten wegen verminderter Erwerbsfähigkeit und
wegen Alters (nur alte Bundesländer)

Jahr	Durchschnittliche Rentenbezugsdauer (Jahre)			Durchschnittliches Wegfallsalter (Jahre)		
	Männer	Frauen	Insgesamt	Männer	Frauen	Insgesamt
1960	9,6	10,6	9,9	68,6	67,8	68,3
1965	10,1	11,6	10,7	69,9	69,8	69,9
1970	10,3	12,7	11,2	70,6	71,6	71,0
1975	10,6	13,2	11,6	71,6	72,9	72,1
1980[1]	11,0	13,8	12,1	72,1	73,6	72,7
1985	11,9	14,9	13,2	72,3	75,3	73,6
1990	13,9	17,2	15,4	73,2	77,7	75,2
1991	13,9	17,5	15,5	73,1	77,9	75,2
1992	14,2	17,7	15,8	73,5	78,3	75,6
1993	14,0	17,6	15,7	73,1	78,1	75,4
1994[2]	–	–	–	73,0	78,2	75,4
1995	14,0	17,8	15,7	73,1	78,5	75,7

1 Ab 1980 einschließlich Knappschaft
2 Fallgruppen nicht exakt erfaßt

Quelle: VDR

Tabelle A-2: **Durchschnittliches Rentenzugangsalter**[1] (in Jahren)

Jahr	Renten wegen verminderter Erwerbsfähigkeit und wegen Alters			davon Renten wegen					
				verminderter Erwerbsfähigkeit			Alters		
	Männer	Frauen	Insgesamt	Männer	Frauen	Insgesamt	Männer	Frauen	Insgesamt
Alte Bundesländer									
1960	59,4	58,8	59,2	55,8	56,2	56,0	65,2	63,9	64,7
1965	61,4	60,7	61,1	57,1	57,6	57,3	65,4	63,9	64,8
1970	61,6	61,3	61,5	57,7	59,0	58,3	65,2	63,3	64,3
1975	61,2	61,2	61,2	56,3	59,2	57,8	64,1	63,0	63,6
1980[2]	58,5	59,8	59,2	54,5	57,7	56,2	62,2	61,9	62,1
1985	58,7	60,4	59,5	53,7	54,3	53,9	62,5	62,9	62,7
1990	59,5	61,6	60,6	53,8	52,7	53,4	62,7	63,5	63,1
1991	59,6	61,5	60,5	54,1	52,8	53,7	62,7	63,5	63,2
1992	59,7	61,6	60,6	54,0	52,6	53,6	63,1	63,6	63,4
1993	59,9	61,5	60,6	53,9	52,2	53,4	62,9	63,6	63,3
1994	59,9	61,4	60,6	53,8	52,0	53,2	62,8	63,5	63,1
1995	59,6	61,1	60,3	53,4	51,5	52,8	62,6	63,3	63,0
Neue Bundesländer									
1993	60,7	57,6	59,2	49,5	49,3	49,4	63,6	60,6	62,1
1994	60,3	57,4	59,2	49,6	49,2	49,4	62,5	60,6	61,9
1995	60,2	58,1	59,4	49,8	49,7	49,7	61,8	60,4	61,3
Deutschland insgesamt									
1993	60,1	60,6	60,3	53,3	51,2	52,5	63,0	62,9	63,0
1994	60,0	60,4	60,2	53,0	51,0	52,3	62,7	62,9	62,8
1995	59,8	60,3	60,0	52,7	50,9	52,0	62,3	62,5	62,4

1 Die durchschnittlichen Zugangsalter sind für jedes Jahr als Querschnitt berechnet und durch Rechtsänderungen (zum Beispiel Einführung des flexiblen Altersruhegeldes) und sich im Zeitlauf ändernde Altersstrukturen beeinflußt.
2 ab 1980 einschließlich Knappschaft

Quelle: VDR

Tabelle A-3: **Entwicklung des Standard-Rentenniveaus**

Jahr	Durchschnittliches Jahresarbeitsentgelt (in DM)		Durchschnittliche Jahresstandardrente[1] (in DM)		Standard-Rentenniveau[2] (in Prozent)	
	brutto	netto[3]	brutto	netto[3]	brutto	netto
1965	9 229	7 647	4 535	4 535	49,1	59,3
1966	9 893	8 092	4 912	4 912	49,6	60,7
1967	10 219	8 322	5 304	5 304	51,9	63,7
1968	10 842	8 713	5 731	5 616	52,9	64,5
1969	11 838	9 365	6 208	6 084	52,4	65,0
1970	13 343	10 340	6 602	6 602	49,5	63,9
1971	14 931	11 372	6 965	6 965	46,6	61,2
1972	16 335	12 497	7 754	8 001	47,5	64,0
1973	18 295	13 560	8 566	8 566	46,8	63,2
1974	20 381	14 925	9 532	9 532	46,8	64,9
1975	21 808	16 027	10 595	10 595	48,6	66,1
1976	23 335	16 763	11 765	11 765	50,4	70,2
1977	24 945	17 755	12 994	12 994	52,1	73,2
1978	26 242	18 866	13 609	13 609	51,9	72,1
1979	27 685	20 009	14 221	14 221	51,4	71,1
1980	29 485	21 037	14 790	14 790	50,2	70,3
1981	30 900	22 009	15 382	15 382	49,8	69,9
1982	32 198	22 744	16 267	16 267	50,5	71,5
1983	33 293	23 322	16 721	16 636	50,2	71,3
1984	34 292	23 763	17 468	17 116	50,9	72,0
1985	35 286	24 164	18 026	17 348	51,1	71,8
1986	36 627	25 169	18 558	17 657	50,7	70,2
1987	37 726	25 671	19 181	18 115	50,8	70,6
1988	38 896	26 554	19 832	18 662	51,0	70,3
1989	40 063	27 100	20 427	19 165	51,0	70,7
1990	41 946	29 157	21 050	19 698	50,2	67,6
1991	44 421	29 966	21 874	20 508	49,2	68,4
1992	46 820	31 201	22 698	21 297	48,5	68,3
1993	48 178	32 140	23 522	21 998	48,8	68,4
1994	49 142	32 114	24 432	22 795	49,7	71,0
1995	50 813	32 292	24 902	23 122	49,0	71,6

1 Rente nach 45 Versicherungsjahren mit Durchschnittsverdienst
2 Quotient aus Jahres-Standardrente und Jahresarbeitsentgelt
3 Entgelt nach Abzug von Steuern und Sozialabgaben, Rente nach Abzug des Krankenversicherungs- und seit 1995 auch des Pflegeversicherungsbeitrags der Rentner

Quelle: VDR

Tabelle A-4: **GKV-Finanzentwicklung seit 1970**

Jahr	Einnahmen	Ausgaben	Saldo
	Milliarden DM		
1970	26,1	25,2	+ 0,9
1975	60,7	61,0	− 0,3
1980	88,5	89,8	− 1,3
1985	111,8	114,1	− 2,3
1990	147,8	141,7	+ 6,1
1991[1]	180,2	183,0	− 2,8
1992	201,1	210,5	− 9,4
1993	222,2	211,8	+ 10,4
1994	236,4	234,3	+ 2,1
1995	252,7	259,7	− 7,0

1 Ab 1991 einschließlich neue Bundesländer

Quelle: BMG

Tabelle A-5: **Entwicklung der Pro-Kopf-Ausgaben in der gesetzlichen Krankenversicherung nach Altersklassen**

	Alte Bundesländer			Neue Bundesländer		
	reale jahresdurchschnittliche Zuwächse in Prozent					
	1992 bis 2010	2010 bis 2040	1992 bis 2040	1992 bis 2010	2010 bis 2040	1992 bis 2040
Obere Variante						
Ausgaben pro 0- bis 19jährige	1,2	1,1	1,1	1,9	0,6	1,1
Ausgaben pro 20- bis 59jährige	1,4	1,4	1,4	3,0	1,1	1,8
Ausgaben pro 60- bis 69jährige	2,0	1,5	1,7	3,6	1,4	2,2
Ausgaben pro 70- bis 79jährige	2,3	2,3	2,3	4,7	2,4	3,3
Ausgaben pro 80jährige u. älter	2,1	2,6	2,4	4,7	2,7	3,5
Insgesamt	2,1	2,3	2,2	4,2	2,2	3,0
Untere Variante						
Ausgaben pro 0- bis 19jährige	1,1	0,7	0,8	1,8	0,5	1,0
Ausgaben pro 20- bis 59jährige	1,3	0,7	1,0	2,9	0,7	1,5
Ausgaben pro 60- bis 69jährige	1,9	0,8	1,2	3,5	0,7	1,7
Ausgaben pro 70- bis 79jährige	2,2	1,7	1,9	4,6	1,7	2,8
Ausgaben pro 80jährige u. älter	2,1	1,9	1,9	4,6	2,0	2,9
Insgesamt	2,1	1,8	1,9	4,1	1,7	2,6

Quelle: Prognos; VDR

Anmerkungen

[1] Geschätzt; die Kosten der fehlenden Abschläge bei allen vorgezogenen Renten belaufen sich mit anteiligen KVdR- und PVdR-Beiträgen auf 20 Milliarden DM; vgl. Husmann, 1996, 49.

[2] Mit anteiligen KVdR- und PVdR-Beiträgen; vgl. Husmann, 1996, 49.

[3] Einschließlich anteilige KVdR- und PVdR-Beiträge; vgl. Husmann, 1996, 49.

[4] Vgl. Hansen, 1996, 1, der darauf hinweist, daß „nach Einschätzung zahlreicher Sachverständiger aus Medizin, Wissenschaft und Selbstverwaltung ein Beitragssatzniveau von 12 Prozent (ausreicht), alle medizinisch notwendigen Leistungen zu finanzieren".

[5] Errechnet aus VDR, 1996, 16 f.

[6] Skeptisch äußert sich zur Senkung des Rentenniveaus Schmähl, 1996.

[7] Vom PKV-Verband, 1997, übermittelte Werte (Korrektur der Tabellen im Rechenschaftsbericht 1995 des PKV-Verbandes, Seite 150 und 152).

[8] Der Gesundheits-Sachverständigenrat ist neuerdings der Meinung, daß „die Versorgungskosten für Ältere . . . aufgrund linearer Hochrechnungen herkömmlicher Daten bislang überschätzt" wurden (vgl. SVR–KAiG, 1996, 26).

Literatur

BDA – Bundesvereinigung der Deutschen Arbeitgeberverbände, 1988, Grundsätze der Arbeitgeber zur Rentenreform, Köln

BDA – Bundesvereinigung der Deutschen Arbeitgeberverbände, 1994, Sozialstaat vor dem Umbau – Leistungsfähigkeit und Finanzierbarkeit sichern, Köln

BDA – Bundesvereinigung der Deutschen Arbeitgeberverbände, 1997, Grundsatzpositionen der Bundesvereinigung der Deutschen Arbeitgeberverbände zur Rentenreform, Köln

BMA – Der Bundesminister für Arbeit und Sozialordnung, 1989, Die Gesundheitsreform, Bonn

BMA – Der Bundesminister für Arbeit und Sozialordnung (Hrsg.), 1990, Rentenreform '92, Bonn

BMG – Bundesministerium für Gesundheit, 1993, Die gesetzliche Krankenversicherung, Bonn

Bundesregierung, 1996, Rentenversicherungsbericht 1996, BT-Drucks. 13/5370, Bonn

Bundesverband Deutscher Banken, 1996, Stärkung der privaten Altersvorsorge – Zur Reform der Alterssicherung, Köln

Buttler, Günter/Seffen, Achim, 1975, Modellrechnungen zur Rentenfinanzierung, Beiträge, Nr. 17, Institut der deutschen Wirtschaft Köln

Deutsche Bundesbank, 1995, Zur Finanzentwicklung der gesetzlichen Rentenversicherung seit Beginn der neunziger Jahre, in: Monatsberichte der Deutschen Bundesbank, 47. Jg., Nr. 3, Frankfurt a.M., Seite 17 bis 31

Glismann, Hans H./Horn, Ernst-Jürgen, 1995, Die Krise des deutschen Systems der staatlichen Alterssicherung, in: ORDO, Jahrbuch für die Ordnung von Wirtschaft und Gesellschaft, Band 46, Seite 309 bis 344

Hansen, Volker, 1996, Gesundheitsreform. Gut, aber nicht gut genug, in: KND – Kurz-Nachrichten-Dienst, hrsg. von der Bundesvereinigung der Deutschen Arbeitgeberverbände, Nr. 96, Köln, Seite 1 bis 2

Herder-Dorneich, Philipp, 1982, Der Sozialstaat in der Rationalitätenfalle, Grundfragen der sozialen Sicherung, Mainz

Hoffmann, Horst, 1995, Eigenverantwortliche Vorsorge im Sozialstaat, Schriften des Ausschusses Volkswirtschaft des Gesamtverbandes der Deutschen Versicherungswirtschaft, Bonn

Husmann, Jürgen, 1996, Anmerkungen zur aktuellen Diskussion über die Zukunft der gesetzlichen Rentenversicherung, in: Verband Deutscher Rentenversicherungsträger, Aktuelles Presseseminar des VDR, 18./19.11.1996 in Würzburg, Frankfurt a.M., Seite 21 bis 50

PKV-Verband – Verband der privaten Krankenversicherung, 1986, Die private Krankenversicherung – Rechenschaftsbericht 1985, Köln

PKV-Verband – Verband der privaten Krankenversicherung, 1997, Korrektur der Tabellen im Rechenschaftsbericht 1995 (Seite 150, 152), Fax-Mitteilung vom 8.1.1997

Ruland, Franz, 1994, Versicherungsfremde Leistungen in der Gesetzlichen Rentenversicherung, in: Verband Deutscher Rentenversicherungsträger, Aktuelles Presseseminar des VDR, 21./22. 11. 1994 in Würzburg, Frankfurt a.M., Seite 47 bis 65

Schmähl, Winfried, 1995, Funktionsgerechte Finanzierung der Sozialversicherung: ein zentrales Element einer Entwicklungsstrategie für den deutschen Sozialstaat – Begründungen und quantitative Dimensionen, in: Deutsche Rentenversicherung, Nr. 10–11, Frankfurt a.M., Seite 601 bis 618

Schmähl, Winfried, 1996, Fragwürdige Schrumpfkur – Ein weiteres Absenken des Rentenniveaus würde viele Ruheständler in die Nähe der Sozialhilfe bringen, in: Die Zeit, Nr. 52, Hamburg

Seffen, Achim, 1976, Krankheitskosten – Entwicklung und Begrenzungsmöglichkeiten, Beiträge zur Wirtschafts- und Sozialpolitik, Nr. 37, Institut der deutschen Wirtschaft Köln

Seffen, Achim, 1978, Rentensanierung, Rentenanpassung und Rentenniveau, Beiträge zur Wirtschafts- und Sozialpolitik, Nr. 57, Institut der deutschen Wirtschaft Köln

Seffen, Achim, 1985, Hauptprobleme der Rentenpolitik, Beiträge zur Wirtschafts- und Sozialpolitik, Nr. 131, Institut der deutschen Wirtschaft Köln

Seffen, Achim, 1992, Bilanz der Gesundheitsreform, in: iw-trends, 19. Jg., Nr. 1, Köln

Seffen, Achim, 1994, Einkommenslage der Rentnerhaushalte, in: iw-trends, 21. Jg., Nr. 3, Köln

Seffen, Achim, 1996, Versicherungsfremde Leistungen 1994, in: iw-trends, 23. Jg., Nr. 1, Köln

Sozialbeirat, 1989, Stellungnahme des Sozialbeirats zum Entwurf des Rentenreformgesetzes 1992, BT-Drucks. 11/4334, Bonn

Sozialbeirat, 1996, Gutachten des Sozialbeirats zum Rentenversicherungsbericht 1996, BT-Drucks. 13/5370, Bonn

Storm, Andreas, 1996, Hat der Generationenvertrag Bestand? Für eine belastungsgerechte Erneuerung des Generationenvertrages, Vortrag auf dem Zukunftsforum Soziale Sicherung der CDU am 5. und 6. September 1996, Manuskript, Bonn

SVR – Sachverständigenrat zur Begutachtung der gesamtwirtschaftlichen Entwicklung, Jahresgutachten, 1996/97, Wiesbaden, Textziffern 376 bis 424

SVR–KAiG – Sachverständigenrat für die Konzertierte Aktion im Gesundheitswesen, 1996, Gesundheitswesen in Deutschland – Kostenfaktor und Zukunftsbranche, Band I, Sondergutachten 1996, Kurzfassung, Bonn

VDR – Verband Deutscher Rentenversicherungsträger (Hrsg.), 1995, Prognos-Gutachten 1995 – Perspektiven der gesetzlichen Rentenversicherung für Gesamtdeutschland vor dem Hintergrund veränderter politischer und ökonomischer Rahmenbedingungen, DRV-Schriften, Band 4, Frankfurt a.M.

VDR – Verband Deutscher Rentenversicherungsträger, 1996, Rentenversicherung in Zahlen 1996, Frankfurt a.M.

Zöllner, Detlev, 1981, Ein Jahrhundert Sozialversicherung in Deutschland, Schriftenreihe für Internationales und Vergleichendes Sozialrecht, Band 6a, Berlin

II. Mehr Spielraum für Eigenvorsorge durch wachsenden Wohlstand

Die Schwierigkeiten in der gesetzlichen Rentenversicherung, die sich aus der zukünftigen demographischen Entwicklung ergeben, lassen sich nur durch eine Verstärkung der Eigenvorsorge ökonomisch sinnvoll lösen. Die Stärkung des Subsidiaritätsprinzips fällt um so leichter, je größer die finanziellen Ressourcen sind, die den privaten Haushalten zur Verfügung stehen.

Die Fähigkeit zur verstärkten Eigenvorsorge wächst mit dem realen Einkommensniveau und den finanziellen Rücklagen, die, wenn nötig, zur Lebensstandssicherung eingesetzt werden können. Im folgenden soll daher die längerfristige Entwicklung von Einkommen und Vermögen untersucht werden.

1. Einkommensentwicklung

Das Volkseinkommen und das verfügbare Einkommen sind in Westdeutschland langfristig, wenngleich mit konjunkturellen Schwankungen, stark gewachsen. Dies gilt keinesfalls nur für die absoluten nominalen Werte, sondern trifft auch für die realen Größen bei einer Betrachtung je Kopf oder je Haushalt zu. Der Anstieg des Volkseinkommens, also der gesamten verteilbaren Masse, war dabei stärker als der des verfügbaren Einkommens der privaten Haushalte.

Dies liegt weniger an einer Zunahme der Unternehmensgewinne als vielmehr an dem verstärkten Zugriff des Staates auf die Einkommen vor allem in den siebziger, aber auch bereits in den sechziger Jahren und nun wieder in den neunziger Jahren.

Das reale verfügbare Einkommen je Einwohner nahm zwischen 1960 und 1994 um 120 Prozent zu. Der Anstieg des Volkseinkommens betrug sogar 150 Prozent. Beide Größen legten in den sechziger Jahren mit Abstand am schnellsten zu – die Wachstumsrate war mit über 4 Prozent pro Jahr fast doppelt so hoch wie in den siebziger und achtziger Jahren.

Die Entwicklung je Haushalt fällt wegen des Trends zu immer kleineren Haushalten weniger dynamisch aus. Dennoch verbleibt ein noch immer beachtlicher realer Anstieg von über 70 Prozent beim verfügbaren Einkommen und von sogar 90 Prozent beim Volkseinkommen. Die Unterschiede im Entwicklungstempo zwischen den sechziger Jahren einerseits und dem restlichen Untersuchungszeitraum andererseits sind dabei noch krasser als bei der Betrachtung je Einwohner, da die Haushaltsgröße in den sechziger Jahren noch nicht so schnell abnahm wie in den späteren Jahrzehnten (Abbildung II-1).

Für eine differenziertere Analyse nach Haushaltsgruppen muß der Untersuchungszeitraum auf die Periode 1972 bis 1993 eingegrenzt werden. In dieser Zeitspanne sind die verfügbaren Einkommen der privaten Haushalte im Durchschnitt um real 15 Prozent gestiegen. Doppelt so hoch war der Zuwachs bei Rentnern und Pensionären. Dieser Wachstumsvorsprung der Haushalte von Ruheständlern ergibt sich überwiegend aus der besseren Performance in den siebziger Jahren. Während der langandauernden Aufschwungphase in den achtziger Jahren wuchsen die weniger konjunkturreagiblen Senioreneinkommen dagegen unterdurchschnittlich schnell.

Auch bei diesem Vergleich gilt es zu berücksichtigen, daß die Haushalte merklich kleiner geworden sind. Die Zahl der Personen je Haushalt ist zwischen 1972 und 1993 von 2,66 auf 2,21, also um 17 Prozent, zurückgegangen. Die durchschnittliche Zahl der Verbrauchereinheiten, diese Größe gewichtet Erwachsene

Abbildung II-1:

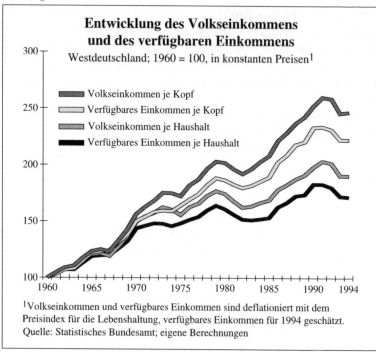

und Kinder unterschiedlich, um Haushalte verschiedener Struktur vergleichbar zu machen, ist im selben Zeitraum immerhin noch um reichlich 13 Prozent geschrumpft. Damit hat sich das Realeinkommen je Verbrauchereinheit zwischen 1972 und 1993 um 32 Prozent erhöht – fast so schnell wie bei den von Ruheständlern geführten Haushalten, denen 1993 im Mittel 36 Prozent mehr Einkommen je Verbrauchereinheit zur Verfügung standen als 1972. Denn bei den Rentnern und Senioren blieb die Haushaltsgröße fast unverändert. Auch wenn sich seit der deutschen Einheit die Realeinkommen in Westdeutschland nicht mehr erhöht haben, ist im Vergleich zu 1972 insgesamt also noch ein deutlicher Anstieg des verfügbaren Einkommens festzustellen (Abbildung II-2).

Bei der Betrachtung von Verbrauchereinheiten relativieren sich auch die Unterschiede im Einkommensniveau zwischen den Senioren-Haushalten und dem Durchschnitt aller Haushalte. Im Mittel lag das verfügbare Einkommen aller Haushalte 1993 bei gut 55 000 DM gegenüber gut 41 000 DM bei Rentnern und Pensionären – der Einkommensnachteil der Ruheständler betrug demnach 25 Prozent. Auf die Verbrauchereinheit gerechnet, standen den von Senioren geführten Haushalten dagegen nur 8 Prozent weniger Einkommen zur Verfügung als im Mittel aller Haushalte. Ihr Lebensstandard lag damit nur geringfügig unter dem Durchschnitt.

Abbildung II-2:

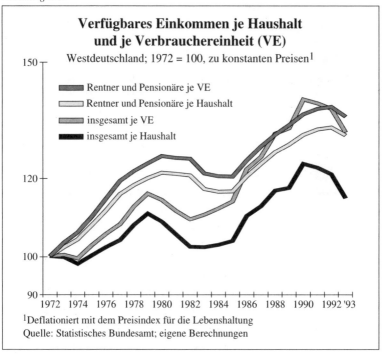

2. Vermögensbestände und ihre Entwicklung

Wesentliches Fundament der privaten Altersvorsorge sind die Vermögensbestände: Wird während der Erwerbstätigkeit ein hinreichend großes Vermögen aufgebaut, läßt sich davon im Alter zehren, oder es kann mit dem Vermögenseinkommen die Rente aufgebessert werden. Steigt das durchschnittliche Geldvermögen stark an, entstehen daher Spielräume, um das Subsidiaritätsprinzip in der gesetzlichen Rentenversicherung zu stärken.

2.1 Geldvermögen

Diese Spielräume sind in der Tat entstanden, denn die Vermögensbestände sind mit noch weit größerer Dynamik gewachsen als die Einkommen: Zwischen 1960 und 1995 verfünffachte sich in Westdeutschland das reale Geldvermögen je Haushalt (Abbildung II-3). (Unter Geldvermögen fallen: Guthaben auf Sparkonten, Wertpapiere zu Tageskursen, Bausparguthaben und Rückkaufwerte von Lebensvesicherungen und ähnliches; Bargeld und Sichteinlagen gehören nicht dazu.) Dabei macht es für die Wachstumsdynamik keinen nennenswerten Unterschied, ob man die Konsumentenkredite abzieht (Nettovermögen) oder nicht (Bruttovermögen).

Ähnlich wie beim Einkommen war auch beim Geldvermögen die Wachstumsrate in den sechziger Jahren mit 7,5 Prozent etwa doppelt so hoch wie in den späteren Jahrzehnten. Aber selbst bei dem verminderten Wachstumstempo stiegen die Vermögensbestände noch beträchtlich an: Allein zwischen 1980 und 1995 wuchs das reale Nettogeldvermögen je Haushalt um 64 Prozent. Ende 1995 hatten die westdeutschen Haushalte netto 4 Billionen DM auf der hohen Kante. Pro Haushalt sind dies etwa 134 000 DM. In dieser Summe ist allerdings auch das Vermögen der privaten Organisationen ohne Erwerbszweck und der Personen in Gemeinschaftsunterkünften enthalten. Versucht man diese

Abbildung II-3:

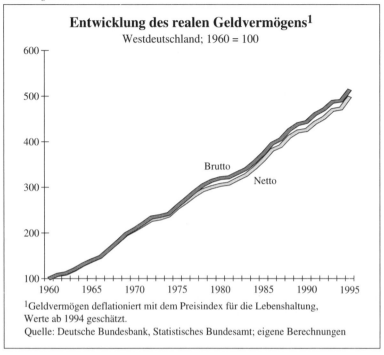

Vermögen herauszuschätzen, kommt man auf einen Betrag von etwa 125 000 DM.

Auch den Senioren stand noch ein beträchtliches Geldvermögen zur Verfügung. Dies zeigen die Ergebnisse der Einkommens- und Verbrauchsstichproben (EVS): Haushalte mit einer Bezugsperson im Alter von 55 bis 65 Jahren haben insgesamt das höchste Nettogeldvermögen aller Altersgruppen. Aber auch in der Altersklasse zwischen 65 und 70 Jahren liegt das Geldvermögen noch klar über dem Durchschnitt. Selbst die Haushalte mit einem über 70jährigen Vorstand erreichen noch 80 Prozent des durchschnittlichen Geldvermögens (Abbildung II-4).

Abbildung II-4:

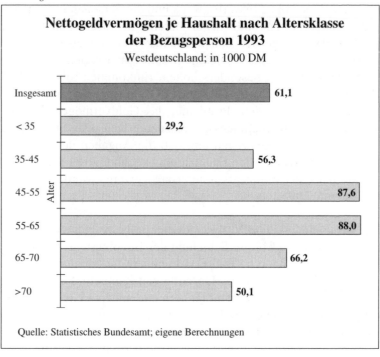

Der Vergleich mit der EVS 1983 macht zudem deutlich, daß die Vermögensbestände bei den Senioren überdurchschnittlich schnell gewachsen sind. So erreichten die 65- bis 70jährigen und die Altersklasse der über 70jährigen mit Zuwächsen von 114 und 98 gegenüber 85 Prozent im Durchschnitt aller Haushalte die höchste Vermögensdynamik. Vergleichbar ist allerdings nur das Geldvermögen ohne die Rückkaufwerte von Lebensversicherungen.

Zu berücksichtigen ist, daß die in der EVS ausgewiesenen Werte weit unter den oben gemachten Angaben der Deutschen Bundesbank liegen: Für 1993 weist die Bundesbank ein Nettogeldvermögen von deutlich über 110 000 DM je Haushalt aus – die Organisationen ohne Erwerbszweck und die Personen in Gemeinschaftsunterkünften sind dabei bereits herausgerechnet. Laut EVS 1993 beträgt der entsprechende Wert dagegen nur gut 60 000 DM je Haushalt. Dies liegt zum einen daran, daß in der EVS Haushalte mit besonders hohem Einkommen (über 35 000 DM je Monat) nicht erfaßt werden. Zum anderen gibt es bei Selbständigenhaushalten Probleme, das Geldvermögen der Privat- oder der Unternehmenssphäre zuzuordnen. Das Statistische Bundesamt räumt deswegen ein, daß die Angaben der EVS gegenüber den Werten der Finanzierungsrechnung der Deutschen Bundesbank insgesamt als untererfaßt gewertet werden müssen (Guttmann, 1995).

Die Einkommens- und Verbrauchsstichprobe zeigt auch, daß das Geldvermögen auf breite Schichten der Bevölkerung verteilt ist. Mit im Mittel knapp 52 000 DM kommen die Nichterwerbstätigenhaushalte, das sind alle Haushalte von Rentnern, Pensionären, aber auch von Sozialhilfeempfängern und anderen Nichterwerbstätigen (zum Beispiel Studenten), auf immerhin 84 Prozent des durchschnittlichen Nettogeldvermögens. Weit hinten liegen als einzige Gruppe die Haushalte von Arbeitslosen. Sie verfügen im Schnitt nur über die Hälfte des Geldvermögens wie der Durchschnitt aller Haushalte. Aber selbst das sind noch immer 30 000 DM. Wegen der oben aufgeführten Erfassungsprobleme sind allerdings auch die im Rahmen der EVS ermittelten Vermögensunterschiede nach sozialer Stellung möglicherweise nur eingeschränkt repräsentativ für die Gesamtbevölkerung (Abbildung II-5).

2.2 Haus- und Grundbesitz

Noch größere Bedeutung als das Geldvermögen hat der Haus- und Grundbesitz. Nach den Angaben der EVS betrug der Ver-

Abbildung II-5:

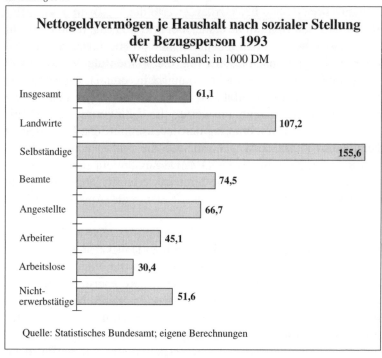

kehrswert des Haus- und Grundbesitzes Ende 1993 6,3 Billionen DM. Rechnet man die seit 1993 eingetretene Wertsteigerung, den Wert der neugebauten Wohnungen und das Vermögen der Haushalte mit hohem Einkommen hinzu, dürfte das Nettogrundvermögen nach Abzug der Baudarlehen in Höhe von rund 1,2 Billionen DM in Westdeutschland zum Jahresende 1996 bei gut 6 Billionen DM liegen – das sind rund 200 000 DM je Haushalt. Das Nettogeldvermögen der westdeutschen Haushalte beläuft sich dagegen „nur" auf 4 Billionen DM.

Zur Entwicklung des Grundvermögens gibt es keine exakten Angaben, da in früheren Einkommens- und Verbrauchsstichproben nur die Einheitswerte erfaßt wurden. Es läßt sich jedoch vermuten, daß der Anstieg der Verkehrswerte des Haus- und Grundbesitzes langfristig zumindest nicht deutlich hinter dem Zuwachs des Geldvermögens zurückgeblieben ist. Hierfür sprechen die rege Bautätigkeit nach dem Krieg, die erst Anfang der siebziger Jahre spürbar nachließ, und die langfristig drastisch gestiegenen Baulandpreise. Feststellbar ist auch ein starker Anstieg der durchschnittlichen Einheitswerte im Zeitraum 1973 bis 1993. Nach der EVS 1993 lag der durchschnittliche Einheitswert bei knapp 24 000 DM – zwanzig Jahre früher waren es noch deutlich weniger als 10 000 DM. Daraus errechnet sich ein Anstieg von 150 Prozent. Da die Einheitswerte seit langer Zeit nicht mehr angepaßt worden sind, dürfte der reale Anstieg der Verkehrswerte mindestens ebenso hoch sein.

Das durchschnittliche Nettovermögen an Haus- und Grundbesitz, das ist der Verkehrswert abzüglich der Restschuld, lag laut EVS 1993 bei über 182 000 DM je Haushalt. Die Haushalte der Älteren können hier gut mithalten: Die Gruppe der 55- bis 65jährigen bringt es im Durchschnitt auf eine Viertelmillion DM – gleichauf mit der nächstjüngeren Altersgruppe der höchste Wert. Die 65- bis 70jährigen übertreffen den Durchschnittswert aller Haushalte mit einem Grundvermögen, das um 20 000 DM unter dem Spitzenwert liegt, noch um fast 30 Prozent. Die Haushalte der ältesten Altersgruppe kommen auf ein Nettovermögen von gut 160 000 DM – das sind immerhin 90 Prozent des Durchschnittsniveaus. Hintergrund des günstigen Abschneidens ist der gestiegene Eigentümeranteil der Senioren. 1993 hatten noch 46 Prozent der Haushalte mit über 70jähriger Bezugsperson Haus- und Grundbesitz. Nur zehn Jahre früher waren es lediglich 33 Prozent (Tabelle II-1).

Wie das Geldvermögen, so ist auch der Haus- und Grundbesitz auf weite Teile der Bevölkerung verteilt. Die Nichterwerbstätigen hatten 1993 mit 170 000 DM im Mittel ein nur 7 Prozent

Tabelle II-1: **Haus- und Grundbesitz je Haushalt nach dem Alter der Bezugsperson in Westdeutschland 1993**

Alter in Jahren	Anteil der Eigentümerhaushalte in Prozent	Nettovermögen in 1000 DM[1]	Nachrichtlich: Gesamtvermögen in 1000 DM[2]
Insgesamt	50,5	182,4	243,5
< 35	25,1	61,7	90,9
35–45	55,3	179,2	235,5
45–55	64,1	257,0	344,6
55–65	63,3	253,9	341,9
65–70	57,7	234,7	300,9
> 70	46,1	163,1	213,3

1 Verkehrswerte abzüglich Bauschulden
2 Nettogeldvermögen plus Nettovermögen an Haus- und Grundbesitz

Quelle: Statistisches Bundesamt, eigene Berechnungen

niedrigeres Grundvermögen als der Durchschnitt aller Privathaushalte. Ähnlich wie beim Geldvermögen belief sich das Grundvermögen der Arbeitslosen-Haushalte nur auf knapp die Hälfte des Durchschnittswerts – immerhin aber noch auf fast 90 000 DM. Nicht übersehen werden darf allerdings, daß das Vermögen innerhalb der verschiedenen Haushaltsgruppen keineswegs gleichmäßig verteilt ist: Fast die Hälfte aller Haushalte ist ohne Haus- und Grundbesitz, bei den Arbeitslosen sind es sogar mehr als 70 Prozent (Tabelle II-2).

3. Fazit

Insgesamt waren die privaten Haushalte also noch nie so wohlhabend wie heute. Das gilt wie gezeigt im besonderen Maße für die Haushalte von Rentnern und Pensionären. Daraus folgert auch Issing, daß die materiellen Voraussetzungen für die Übernahme von Eigenverantwortung bei der Altersversorgung insgesamt besser seien als jemals zuvor (Issing, 1996).

Tabelle II-2: **Haus- und Grundbesitz je Haushalt nach sozialer Stellung der Bezugsperson in Westdeutschland 1993**

	Anteil der Eigentümerhaushalte in Prozent	Nettovermögen in 1000 DM[1]	Nachrichtlich: Gesamtvermögen in 1000 DM[2]
Insgesamt	50,5	182,4	243,5
Landwirte	88,3	506,4	613,6
Selbständige	71,2	406,7	562,4
Beamte	63,9	218,3	292,8
Angestellte	51,2	171,9	238,6
Arbeiter	48,6	146,9	195,0
Arbeitslose	28,4	88,0	118,4
Nichterwerbstätige	47,1	169,9	221,5

1 Verkehrswerte abzüglich Bauschulden
2 Nettogeldvermögen plus Nettovermögen an Haus- und Grundbesitz
Quelle: Statistisches Bundesamt, eigene Berechnungen

Die Vermögensbestände sind mittlerweile so hoch, daß die daraus erzielten Einkünfte zu einer wichtigen Stütze des verfügbaren Einkommens geworden sind. 1993 lag das Einkommen aus dem Geldvermögen (abzüglich der Zinsen auf Konsumentenkrediten) der Haushalte von Rentnern und Pensionären im Schnitt bei rund 5000 DM. Das verfügbare Einkommen betrug im Vergleich dazu reichlich 41 000 DM. Selbst wenn man berücksichtigt, daß von den Vermögenseinkünften bei den Rentnern noch in vermutlich sehr geringem Maße Steuern abzuziehen sind, dürften die Einkünfte aus dem Geldvermögen deutlich mehr als ein Zehntel des verfügbaren Einkommens ausmachen. 1972 trugen die Einkünfte aus Vermögen mit etwa 6 Prozent nur gut halb so stark zum Einkommen bei.

Im Mittel aller Haushalte lagen die Einkünfte aus Geldvermögen 1993 ebenfalls bei rund 5000 DM. Insgesamt stand den Haushalten aber mit 55 000 DM deutlich mehr Geld zur Verfügung als den Seniorenhaushalten. Der Beitrag des Vermögenseinkommens macht daher nur knapp 9 Prozent des verfügbaren Einkommens aus – Steuern auf die Vermögenseinkünfte sind hierbei noch nicht berücksichtigt. 1972 lag die entsprechende Quote jedoch erst bei 4,4 Prozent, war damit nur halb so hoch.

Hinzu kommen noch die Einkommen aus den gleichfalls schnell gewachsenen Grundvermögen wie etwa Mieteinnahmen oder, bei selbstgenutztem Wohneigentum, der Mietwert der eigenen Wohnung. Da das Grundvermögen etwa 1,5mal so groß wie das Geldvermögen ist, dürften die Einkünfte daraus selbst bei geringerer Rendite denen aus Geldvermögen nicht nachstehen. Insgesamt dürften die Einkünfte aus Vermögen bei den Rentnerhaushalten daher inzwischen ungefähr ein Viertel des verfügbaren Einkommens ausmachen.

Der Staat hat die sich aus dieser Entwicklung ergebenden Spielräume bisher nicht genutzt. Die Ausgaben der gesetzlichen Rentenversicherung sind zwischen 1970 und 1995 in Westdeutschland um 480 Prozent gestiegen – weit stärker als etwa das verfügbare Einkommen der Privathaushalte insgesamt. Besonders stark war der Anstieg in den siebziger Jahren. In dieser Zeit ist auch das Nettorentenniveau – das ist das Verhältnis von Standardrente und durchschnittlichem Nettoarbeitsentgelt – von 64 auf 70 Prozent erhöht worden.

Mehr Weitblick für die zukünftigen Probleme der Rentenversicherung beweisen dagegen die Bürger selbst. Dies zeigt sich an der steigenden Bedeutung von Lebensversicherungen. Der Anteil dieser Anlageform an der gesamten Geldvermögensbildung der privaten Haushalte erhöhte sich zwischen 1970 und 1993 von 8,7 auf 21,4 Prozent (Hoffmann, 1995, 73). Etwa 75 bis 80 Prozent aller Erwerbstätigenhaushalte verfügen über mindestens eine Lebensversicherung (Hoffmann, 1995, 34). Die Bereitschaft, auch selbst zur Altersvorsorge beizutragen, ist also anscheinend durchaus vorhanden.

Christoph Schröder

Literatur

Guttmann, Edeltraud, 1995, Geldvermögen und Schulden privater Haushalte Ende 1993 – Ergebnis der Einkommens- und Verbrauchsstichprobe, in: Statistisches Bundesamt, Einkommens- und Verbrauchsstichprobe 1993, Heft 2, Vermögensbestände und Schulden privater Haushalte, Seite 10 bis 18

Hoffmann, Horst, 1995, Eigenverantwortliche Vorsorge im Sozialstaat, Schriften des Ausschusses Volkswirtschaft des Gesamtverbandes der Deutschen Versicherungswirtschaft e.V., Bonn

Issing, Otmar, 1996, Private Altersvorsorge – auf dem Fundament stabilen Geldes, in: Deutsche Bundesbank, Auszüge aus Presseartikeln, Nr. 72, Seite 6 bis 10

III. Alterssicherung im Umlageverfahren und im Kapitaldeckungsverfahren

1. Zur Aktualität dieser Alternativen

In der Diskussion um die Reform der gesetzlichen Alterssicherung taucht – wieder – der Vorschlag auf, das Umlageverfahren ganz oder teilweise durch ein Kapitaldeckungsverfahren zu ersetzen. Diese Möglichkeit wurde bereits in den achtziger Jahren intensiver erörtert, geriet dann aber angesichts der scheinbaren Konsolidierung der Rentenfinanzen rasch wieder in Vergessenheit.

Während seinerzeit entsprechende Vorstöße fast ausschließlich von Wissenschaftlern vorgebracht wurden (Buttler/Winterstein, 1984; Neumann 1986), kommen Forderungen nach Kapitaldeckungsverfahren inzwischen schon aus der Wirtschaft (Bräuninger/Nürk, 1996) und vereinzelt auch aus Kreisen der Politik (Storm, 1996; Junge Union Bayern, 1996).

Letzteres ist erstaunlich, da ein Kapitaldeckungsverfahren bei allen sonstigen Vorteilen den für Politiker gravierenden Nachteil hat, zunächst Belastungen für die Wähler zu bringen, lange bevor die Erträge spürbar werden. Offenbar wächst aber die Einsicht in die Notwendigkeit, daß in längeren Zeiträumen gedacht werden muß.

Inzwischen wird die demographische Entwicklung, vor allem die Überalterung der Bevölkerung, kaum noch bestritten, so daß die daraus resultierenden Probleme, etwa für die Alterssicherung, aktueller und mithin leichter erfaßbar werden. Insofern wachsen auch die Chancen, daß neben den notwendigen Reformen im

Rahmen des Umlageverfahrens, von denen einige Möglichkeiten im Kapitel V diskutiert und durchgerechnet wurden, auch eine Ergänzung des Umlageverfahrens durch Kapitaldeckung erfolgen könnte. Das würde, wie noch zu zeigen ist, den in etwa 20 Jahren drohenden starken Anstieg der Beitragssätze deutlich abschwächen. Zusätzlich wäre es ein wichtiger Schritt in Richtung auf mehr Wahlfreiheit und Eigenverantwortlichkeit auch bei der Alterssicherung, eine Forderung, die in unserem Gesellschaftssystem ständig erhoben wird, während durch das konkrete politische Handeln genau das Gegenteil erreicht wird.[1]

2. Das Grundprinzip des Kapitaldeckungsverfahrens

Das Grundprinzip eines Kapitaldeckungsverfahrens besteht darin, daß die laufenden Rentenzahlungen nicht aus den aktuellen Beitragseinnahmen erfolgen, sondern aus einem vorab angesammelten Kapitalvermögen. Die Zuführungen zum Kapitalstock können, je nach Ausgestaltung des Verfahrens, aus allgemeinen Haushaltsmitteln oder aus individuellen Beiträgen der Versicherten bestehen.

Der Umstand, daß zunächst Kapital akkumuliert werden muß, bevor Renten gezahlt werden können, wird oft so interpretiert, als sei dies ein entscheidender Nachteil für den einzelnen Versicherten. Beim Umlageverfahren ist es aber genauso. Grundsätzlich muß jemand für längere Zeit Beiträge leisten, bevor er im Alter eine – beitragsabhängige – Rente erhält. Insofern sind beide Verfahren, stellt man auf den laufenden Betrieb ab, gleichwertig.

Unterschiede ergeben sich jedoch für die Anlaufphase. Hier hat das Umlageverfahren Vorteile. Da die Einnahmen nicht thesauriert werden müssen, sondern sofort zur Verfügung stehen, können auch sofort Renten an Personen gezahlt werden, die bislang keine eigenen Beiträge aufgebracht haben. Demgegenüber können beim Kapitaldeckungsverfahren nennenswerte Renten erst nach einer längeren Versicherungszeit finanziert werden.

Da die Versicherten jedoch durch ihre Beitragszahlungen Ansprüche, wenn auch in ungewisser Höhe, auf spätere Rentenzahlungen erwerben, für die letztlich der Staat einzustehen hat, entsteht eine entsprechende Staatsschuld. Im Prinzip bedeutet das Umlageverfahren folglich, daß die Renten an Empfänger, die selbst noch keine vollständigen Beiträge gezahlt haben, auf Kredit erfolgen. Diese Staatsschuld ist jedoch nicht verbrieft, das heißt, sie erhöht nicht das staatliche Schuldenkonto. Zinszahlungen sind offiziell nicht erforderlich. Sofern die Renten mit den Erwerbseinkommen steigen, werden faktisch jedoch auch Zinsen gezahlt.

Besonders schwierig ist der Versuch, von einem bestehenden Umlageverfahren auf Kapitaldeckung umzusteigen. Hier sind für einen längeren Zeitraum Doppelbelastungen unvermeidlich, da neben den aus dem Umlageverfahren erworbenen Rentenansprüchen auch noch Zahlungen zum Aufbau des Kapitalstocks erforderlich sind. Dies ist die aktuelle Situation.

Während beim Kapitaldeckungsverfahren den Rentenansprüchen ein entsprechendes Vermögen gegenübersteht, das sogar individuelle Eigentumsansprüche wie bei einer privaten Lebensversicherung beinhalten kann, gibt es beim Umlageverfahren kein materielles Äquivalent. Zur besseren Akzeptanz hat die Politik daher den Begriff des Generationenvertrages geschaffen, so als bestünde ein privatrechtlicher Vertrag, daß die jeweils aktiven Generationen die Beiträge für die Rentnergenerationen aufbringen. Um allzu gravierende Eingriffe in einem solchen nicht kodifizierten „Vertrag" zu verhindern, hat das Bundesverfassungsgericht den durch Beiträge erworbenen Rentenansprüchen Eigentumscharakter zugebilligt derart, daß Äquivalenz zwischen Beiträgen und Renten bestehen soll. Diese Äquivalenz betrifft allerdings weniger die absolute Rentenhöhe als vielmehr die Relationen zu anderen Renten.

Da also die Höhe der aus den Beitragszahlungen entstandenen staatlichen Verbindlichkeiten nicht exakt festliegt, hat der Staat gewisse Gestaltungsmöglichkeiten, indem er die Renten nach der aktuellen Finanzlage modifiziert.

Wenn sich das zahlenmäßige Verhältnis zwischen Beitragszahlern und Rentnern als Folge der Alterung der Bevölkerung verschlechtert, kann der Staat das Rentenniveau senken, um zu verhindern, daß die Beitragsbelastung für die Erwerbstätigen unerträglich wird. Damit würde zwar nicht die Zahlung der Renten insgesamt unsicher, wohl aber ihre Höhe. Die Rentner könnten nicht mehr sicher sein, daß sie in gleicher Weise am wirtschaftlichen Fortschritt partizipieren wie die Erwerbstätigen. Ihr Lebensstandard würde relativ, möglicherweise sogar absolut sinken.[2]

Beim Kapitaldeckungsverfahren ist die relative Einkommenssituation der Rentner in – einigermaßen – normalen wirtschaftlichen Zeiten dagegen sehr viel sicherer. Die Verzinsung des Kapitalstocks gewährleistet eine Dynamisierung analog zum Umlageverfahren. Dabei entscheidet die Höhe der Zinsen, wie das Kapitaldeckungsverfahren im Vergleich zum Umlageverfahren abschneidet.

3. Vor- und Nachteile eines Kapitaldeckungsverfahrens

Es ist verständlich, daß die Diskussion Kapitaldeckungs- versus Umlageverfahren je nach Interessenlage kontrovers geführt wird. Hier soll versucht werden, die verschiedenen Vorzüge und Nachteile gegeneinander abzuwägen. Dabei wird von der aktuellen Situation ausgegangen: Seit Jahren wird das Umlageverfahren mit Erfolg praktiziert. Infolge der absehbaren Bevölkerungsentwicklung muß jedoch die Umlage deutlich erhöht und/oder das bisherige Rentenniveau herabgesetzt werden. Mit anderen Worten, die Akzeptanz des Systems bei Versicherten wie bei Rentnern erscheint stark gefährdet.

3.1 Größere Effizienz des Kapitaldeckungsverfahrens

Befürworter des Kapitaldeckungsverfahrens, zu denen u. a. der Sachverständigenrat zur Begutachtung der gesamtwirtschaftlichen Entwicklung gehört, vertreten die Ansicht, daß das Kapitaldeckungsverfahren eine größere Effizienz aufweise als das Umlageverfahren (Sachverständigenrat, 1996, Tz. 404 ff.). Gemeint ist, daß bei gleicher Beitragsbelastung höhere Renten gezahlt werden können oder daß umgekehrt ein bestimmtes Rentenniveau mit niedrigeren Beträgen zu realisieren sei.

Dieser Effekt tritt dann ein, wenn die Verzinsung des Kapitalstocks höher ist als die Rentenanpassung. Diese entsprach bis zur Rentenreform von 1992 in etwa der Bruttoeinkommenssteigerung der Arbeitnehmer. Tatsächlich stiegen die Renten jedoch seit etwa Mitte der achtziger Jahre, bedingt durch die sukzessiv erhöhten Beiträge der Rentner zu ihrer Krankenversicherung, langsamer als die Bruttoeinkommen. Durch den Übergang zur Nettoanpassung liegen die Rentenzuwächse seit 1992, in Zeiten steigender Abgabenbelastungen der Erwerbseinkommen, noch niedriger.

Die Vergangenheitsentwicklung zeigt, daß die Rendite vergleichbarer Kapitalanlagen in der Mehrzahl der Jahre über der Einkommensveränderung lag.

Lediglich in den Anfangsjahren lag die Veränderung der Bruttoeinkommen wie der Renten über der Rendite der Wertpapiere. Ab 1976 war es dagegen umgekehrt. Insgesamt erbrachten festverzinsliche Wertpapiere eine jahresdurchschnittliche Verzinsung

Tabelle III-1: **Zinsen, Einkommen und Renten 1970 bis 1995**
(in Prozent)

Jahr	Rendite im Umlauf befindlicher festverzinslicher Wertpapiere	Veränderung des durchschnittlichen Bruttoarbeitsentgelts	Rentenanpassung (netto)[1]
1970	8,2	12,7	6,35
1971	8,2	11,9	5,5
1972	8,2	9,4	6,3/9,5
1973	9,5	12,0	11,35
1974	10,6	11,4	11,2
1975	8,7	7,0	11,1
1976	8,0	7,0	11,0
1977	6,4	6,9	9,9
1978	6,1	5,2	–
1979	7,6	5,5	4,5[2]
1980	8,6	6,5	4,0[2]
1981	10,6	4,8	4,0[2]
1982	9,1	4,2	5,76[2]
1983	8,0	3,4	4,53
1984	7,8	3,0	1,31
1985	7,0	2,9	1,41
1986	6,1	3,8	2,15
1987	5,9	3,0	3,03
1988	6,1	3,1	3,0
1989	7,2	3,0	2,4
1990	9,0	4,7	3,16
1991	8,7	5,9	5,04
1992	8,1	5,4	2,71
1993	6,4	2,9	3,86
1994	6,7	2,0	3,39
1995	6,5	3,3	0,07
durchschnittliche Veränderung	7,9	6,0	5,5

1 Bis 1982 einschließlich war netto gleich brutto.
2 Anpassung zum Jahresbeginn, sonst zur Jahresmitte.

Quelle: Deutsche Bundesbank, Statistisches Bundesamt

von 7,9 Prozent, während die Bruttoarbeitseinkommen um 6 und die Renten um 5,5 Prozent erhöht wurden. Seit 1992 die Nettoanpassung der Renten in Kraft getreten ist, bleiben die Renten generell noch deutlicher hinter den Bruttoeinkommen des Vorjahres zurück, es sei denn, die Netto-Erwerbseinkommen seien stärker gestiegen als die Bruttoentgelte.[3]

Der Sachverständigenrat zur Begutachtung der gesamtwirtschaftlichen Entwicklung verwendet als Maß für die Kapitalverzinsung eine sog. Sachanlagenrendite, definiert als das „im Inland entstandene Bruttoeinkommen aus Unternehmertätigkeit und Vermögen der Unternehmen zuzüglich des Saldos der Zinsen und Nettopachten mit den übrigen Sektoren der Volkswirtschaft und der übrigen Welt abzüglich kalkulatorischer Unternehmerlohn ... in Relation zum jahresdurchschnittlichen Nettoanlagevermögen zu Wiederbeschaffungspreisen" (Sachverständigenrat, 1996, Tz. 407). Da es sich hier um eine generell preisbereinigte Größe handelt, sind die Einkommen für einen Vergleich ebenfalls zu deflationieren. Hierfür bietet sich der Preisindex für die Lebenshaltung an.

Der Unterschied zwischen Kapitalverzinsung und Einkommensveränderung fällt nach diesem Konzept noch deutlicher aus. Während die durchschnittliche Sachanlagenrendite von 1970 bis 1994 4,7 Prozent betrug, ergab sich bei den Bruttoarbeitseinkommen ein realer durchschnittlicher Zuwachs von 2,4 Prozent, bei den Renten von 1,8 Prozent. Hier gibt es zwischen Renten und Rendite sogar eine reale Differenz von fast 3 Prozentpunkten. Bei nominaler Betrachtung wird der Unterschied sogar noch größer.

Allerdings muß man bei den Zinsen einen Abschlag machen für Verwaltungskosten sowie Sicherungsmaßnahmen gegenüber Kapitalverlusten. Auch der Kapitalstock muß verwaltet werden. Außerdem sollten Versicherungen abgeschlossen werden, um

Kapitaleinbußen durch Konkurs der Kreditnehmer und bei Anlagen im Ausland durch sinkende Wechselkurse aufzufangen.

Dennoch ist es nicht unrealistisch anzunehmen, daß zwischen Nettozinsen und Nettoanpassung der Renten immer noch eine positive Differenz verbleibt, die zur Rentenzahlung verwendet werden kann. Das bedeutet aber, daß man bei gegebenem Rentenniveau mit geringeren Beitragszahlungen auskommt als beim Umlageverfahren.

Ob durch die Anlage des Kapitalvermögens das Zinsniveau insgesamt sinkt, so daß ein Teil oder gar die ganze positive Zinsdifferenz verschwindet, läßt sich ex ante nicht beurteilen. Eine Rolle spielt dabei, in welchem Umfang der Aufbau des Kapitalstocks durch zusätzliches Sparen erfolgt, so daß sich das Kapitalangebot erhöht. Auch der Ort der Investition, Inland oder Ausland, ist von Bedeutung. Angesichts der gewaltigen Finanztransaktionen, die schon heute die Wechselkurse beeinflussen, dürfte ein zusätzlicher Kapitalexport dagegen nicht ins Gewicht fallen.

3.2 Wachstumseffekte

Unter wachstumstheoretischem Aspekt führt der Aufbau eines – zusätzlichen – Kapitalstocks zu mehr Wirtschaftswachstum und folglich zu höherem Einkommen, so daß sich die Beiträge zum Teil selbst finanzieren würden.[4]

Ob es tatsächlich dazu kommt, hängt in erster Linie davon ab, ob die Beiträge zum Kapitalstock durch zusätzliches Sparen aufgebracht werden oder aber ob es lediglich zu einer Verlagerung zwischen den verschiedenen Sparformen kommt. Wahrscheinlich ist, daß beide Effekte eintreten, so daß der zusätzliche Spareffekt kleiner ist als die Bruttobeiträge zum Kapitalstock.

Allerdings dürfte es die Versicherten wenig überzeugen, wenn man ihnen vorrechnet, daß ein Teil der Mehrbelastung durch den Aufbau eines Kapitalvermögens sie im Vergleich zum Status quo ante gar nicht betrifft. Sie sehen nur ihr tatsächliches Einkommen und die darauf entfallenden Abgaben. Immerhin werden höhere Abgaben bei stärker steigenden Einkommen leichter toleriert als bei nur mäßigen Verbesserungen.

3.3 Akzeptanz und Eigenverantwortlichkeit

Das Kapitaldeckungsverfahren wird im Rahmen privater Altersversorgung wie der Lebensversicherung, der betrieblichen Altersversorgung und berufsständischer Versorgungswerke seit jeher praktiziert. In der aktuellen Diskussion befinden sich Vorschläge, auch die umlagefinanzierte Rentenversicherung durch Kapitalansammlung finanziell zu flankieren.

Die Akzeptanz des Kapitaldeckungsverfahrens dürfte generell größer sein als beim Umlageverfahren. Zunächst einmal gibt der Kapitalstock den Versicherten einen anschaulichen Eindruck davon, wohin ihre Beiträge geflossen sind. So etwas ist wesentlich überzeugender als der bloße Erwerb irgendwelcher abstrakter Rentenansprüche aus dem Generationenvertrag.

Auch die Rentner haben ein Gefühl größerer Versorgungssicherheit, wenn ihre Renten nicht von der Zahlungsbereitschaft der Erwerbstätigen abhängen, sondern durch Vermögen gedeckt sind.

Die Akzeptanz des Kapitaldeckungsverfahrens läßt sich steigern, indem man jedem Versicherten einen Eigentumsanspruch am Kapitalstock gibt, der seinen Einzahlungen samt Verzinsung entspricht. Wenn man überdies die Versicherten jährlich über den Stand ihres Kapitalkontos und die daraus bereits zahlbaren Renten informiert, dürfte auch der Zwangscharakter der Beiträge nicht mehr so belastend wirken.

Möglicherweise wäre ein solcher Kapitalstock sogar der Einstieg in eine freiwillige Zusatzvorsorge zur durch das Umlageverfahren finanzierten Basisrente. Schon jetzt werden von breiten Bevölkerungsschichten große Beträge für eine zusätzliche Alterssicherung freiwillig gespart. Es erscheint nicht unrealistisch, daß durch eine anfänglich obligatorische kapitalgedeckte Versicherung weitere Personengruppen für eine individuelle Vorsorge gewonnen werden können. Der Grundsatz, soviel staatlicher Zwang wie nötig, soviel Eigenverantwortlichkeit wie möglich, würde endlich einmal auch in der Altersversorgung berücksichtigt.

Angesichts dieser Perspektiven ist es nicht ohne Reiz, zu diskutieren, ob die Einführung des Teilkapitaldeckungsverfahrens nicht von vornherein auf freiwilliger Basis erfolgen sollte. Zweifel sind allerdings angebracht, ob allein der Hinweis auf ein in Zukunft sinkendes Rentenniveau die Mehrzahl der Versicherten zum Abschluß entsprechender Verträge veranlassen würde. Um den Menschen klarzumachen, was ein sinkendes Rentenniveau im Alter konkret für sie bedeutet, müßte schon massiv Aufklärung betrieben werden. Dabei besteht jedoch die Gefahr zu überziehen, das heißt das Vertrauen in die Alterssicherung generell zu untergraben. Zu bedenken ist ja auch, daß der kapitalgedeckte Teil der Rente keine Zusatzversorgung bedeutet, sondern lediglich dazu beitragen soll, das Rentenniveau, also den relativen Lebensstandard, einigermaßen stabil zu halten.

3.4 Mehr Verteilungsgerechtigkeit

Man kann darüber streiten, wie ein Alterssicherungssystem aussehen soll, das der Forderung nach Verteilungsgerechtigkeit zwischen Erwerbstätigen und Rentnern am besten Rechnung trägt.

Orientierung bieten dabei das Umlageverfahren und das Kapitaldeckungsverfahren in idealtypischer Gestalt.

1) Jeder erhält die Rente, die seinen früheren Beiträgen entspricht. Eine Umverteilung findet nicht statt. Jeder sorgt also für sich selbst.

2) Erwerbstätige und Rentner partizipieren in gleicher Weise am wirtschaftlichen Fortschritt. Jede Erwerbstätigengeneration sorgt für die zur selben Zeit lebenden Rentner.

Während das Kapitaldeckungsverfahren von direkten Einflüssen der demographischen Entwicklung unabhängig ist, führt beim Umlageverfahren eine Zunahme des Altenquotienten sofort zu steigenden Beitragssätzen. Im ungünstigen Fall kann es passieren, daß den Erwerbstätigen trotz Wirtschaftswachstum keine Erhöhung vom Nettoeinkommen verbleibt. Aber auch die Rentner gehen leer aus. Beiden Personengruppen geht es gleich schlecht. Aus neutraler Sicht mag man diesen Umstand als gerecht bezeichnen. Zumindest die Erwerbstätigen werden dies jedoch nicht so sehen.

Wesentlich gerechter erscheint da das Kapitaldeckungsverfahren, vor allem wenn man den wirtschaftlich schwächeren Gruppen aus allgemeinen Haushaltsmitteln eine Zusatzrente gibt. Die Altersrente hängt nicht von demographischen Veränderungen ab, sondern richtet sich nach den eigenen früheren Beiträgen.

Allerdings ist es nicht einfach, von einem praktizierten Umlageverfahren auf ein Kapitaldeckungsverfahren umzuschwenken. Für die Dauer eines Erwerbslebens müssen Doppelbelastungen in Kauf genommen werden, gilt es doch, neben dem Aufbau des Kapitalstocks auch noch die früher erworbenen Rentenansprüche aus dem Umlageverfahren nach Renteneintritt der Berechtigten zu befriedigen. Erst wenn niemand aus der Generation mehr lebt, die vor Einführung der Kapitaldeckung Beiträge gezahlt hat, ist der Übergang vollständig abgeschlossen.

Dennoch sorgt eine zumindest partielle Umstellung für mehr Verteilungsgerechtigkeit zwischen den Generationen. Die zu erwartende Rentenmisere ist Folge der jahrzehntelang zu niedrigen Geburtenzahlen. Dafür sind die jetzt lebenden Erwerbstätigen verantwortlich, denen die geringen Kinderzahlen u. a. auch wirtschaftliche Vorteile gebracht haben. Wenn sich in Zukunft der Altenquotient ungefähr verdoppelt, so würde das beim Umlageverfahren die Generationen treffen, die keine Schuld an der Ursache dieser Entwicklung haben. Würde man dagegen jetzt mit dem Aufbau eines Kapitalstocks beginnen, müßten die Kohorten Konsumverzicht leisten, die durch ihr generatives Verhalten für die drohende Überalterung verantwortlich sind.

Überdies wird es wohl kaum so weit kommen, daß man die Kosten der Zukunft ganz auf die Gegenwart vorverlagert. Ziel sollte es vielmehr sein, einen Teil des zukünftigen Rentenbergs vorzuverlagern, um so eine gleichmäßigere Beanspruchung über mehrere Generationen hinweg zu erreichen. Es hängt von der Ausgestaltung des Systems ab, in welchem Umfang das geschieht.

3.5 Weniger staatliche Eingriffe

Es wird immer wieder beklagt, daß der Staat durch diskretionäre Einflüsse in das Rentensystem je nach tagespolitischen Opportunitäten für Unruhe und Unsicherheit bei Versicherten wie Rentnern sorgt. Da werden Beiträge erhöht oder gesenkt, Leistungen erweitert oder eingeschränkt, vor allem aber immer wieder neue versicherungsfremde Leistungen aufgebürdet und Gelder zwischen den verschiedenen Versicherungszweigen hin- und hergeschoben.

Ein Kapitaldeckungsverfahren könnte für mehr Unabhängigkeit gegenüber derartigen Manipulationen und damit für mehr Stetigkeit sorgen. Allerdings muß dafür der politische Wille vorhanden sein. Ein Kapitalstock in staatlicher Hand ist allein keine Garantie für politische Abstinenz. Ganz im Gegenteil, gerade ein unmittelbar nicht benötigtes Vermögen reizt zu aktuellen politischen Manövern. Der Kapitalstock muß also von vornherein der staatlichen Einflußnahme entzogen werden, das heißt, er ist in privater Trägerschaft zu verwalten.

3.6 Gründe gegen ein Kapitaldeckungsverfahren

Selbstverständlich hat die Einführung eines Kapitaldeckungsverfahrens nicht nur Vorteile. Die Einwände dagegen sind durchaus ernst zu nehmen. Es spricht jedoch einiges dafür, daß sie nicht unüberwindbar sind und sich durch eine entsprechende Ausgestaltung des Systems abschwächen lassen.

Das Problem der Doppelbelastung in der Aufbauphase wurde bereits angesprochen. Gewiß werden gegenwärtige Abgaben stets als drückender empfunden als zukünftige, zumal wenn man sich ausrechnen kann, daß man selbst sie nicht zu bezahlen hat. Wenn man die Zusatzzahlungen jedoch mit Eigentumscharakter ausstattet und überdies den Versicherten klarmacht, daß damit ihre ansonsten unsichere Versorgung im Alter verbessert wird, dürften die Widerstände abnehmen.

Gefahren für die wirtschaftliche Stabilität werden beim Aufbau durch das zusätzliche Sparen wie auch beim Abschmelzen zur Rentenzahlung gesehen (Neifer-Dichmann, 1996, 726 ff.). Im ungünstigen Fall könnten zunächst deflatorische, später inflatorische Effekte auftreten: Dabei ist klar, daß das Risiko einer solchen Entwicklung dann am größten ist, wenn man vollständig auf das Kapitaldeckungsverfahren umwechseln möchte. Wenn dagegen nur eine Teilumstellung beabsichtigt ist, reduziert sich das Risiko entsprechend. Hinzu kommt, daß ohnehin nicht damit zu rechnen ist, daß die Beiträge zum Kapitalstock voll aus zusätzlichem Sparen kommen. Es dürfte regelmäßig zumindest eine teilweise Umschichtung in den Sparformen erfolgen. Schließlich zeigt die gesamtwirtschaftliche Sparquote der Vergangenheit schon erhebliche Schwankungen zwischen 7 und 16 Prozent, wobei nach derzeitigem Stand 1 Prozentpunkt Sparquote circa 30 Milliarden DM ausmacht. Bei realistischen Größenordnungen sind nennenswerte deflatorische Effekte also kaum zu erwarten. Überdies ist damit zu rechnen, daß ein Teil der Ersparnis bei den Investitionsgütern wieder nachfragewirksam werden dürfte.

Ob es später, wenn aus dem Kapitalstock Renten gezahlt werden, zu inflatorischen Wirkungen kommen kann, hängt ebenfalls von der Ausgestaltung des Verfahrens ab. Verbraucht man das Vermögen, um innerhalb kurzer Zeit den Beitragssatz des Umlageverfahrens zu stabilisieren oder gar zu senken, kämen entsprechend größere nachfragewirksame Geldmengen in den Verkehr. Je länger man jedoch die Auszahlungsphase streckt, und das erscheint angesichts der demographischen Entwicklung sinnvoll, desto geringer ist die Gefahr einer inflatorischen Wirkung. Wird die Verwendung des Kapitalstocks dagegen nach versicherungsmathematischen Gesichtspunkten vorgenommen, kommt es, wie frühere Berechnungen gezeigt haben, gar nicht einmal zu einem Abbau des Kapitalstocks (Buttler/Jäger, 1988, 398 ff.; Jäger, 1990). Beitragszahlungen und Zinsen reichen aus, das steigende Rentenvolumen zu bezahlen.

Auch die Größe des erforderlichen Kapitalstocks sowie seine Investition in der Volkswirtschaft wird als problematisch angesehen. So errechnete Grohmann (Grohmann, 1987, 76) in den achtziger Jahren den Wert aller damals bestehenden Rentenansprüche von Versicherten und Rentnern auf 5 bis 5,4 Billionen DM. Das entsprach ungefähr dem in der bundesdeutschen Volkswirtschaft eingesetzten Nettosachkapital. Tendenziell bestätigt wurden die Berechnungen Grohmanns durch Müller/Roppel, die bei aktualisiertem Erhebungszeitraum auf einen Betrag von 6,7 bis 7 Billionen DM kamen (Müller/Roppel, 1990, 437 f.). Übertragen auf die Gegenwart ergibt sich ein Volumen von 9 Billionen DM.

Ein solcher Betrag könnte in den nächsten 30 bis 40 Jahren weder – zusätzlich – aufgebracht noch sinnvoll investiert werden. Zum Vergleich: 1994 betrugen die Beitragseinnahmen der gesetzlichen Rentenversicherung 260 Milliarden DM. Ungefähr der gleiche Betrag müßte zusätzlich zum Aufbau des Kapitalstocks beschafft werden.

Daß eine Akkumulation größerer Kapitalvolumina zum Zwecke der Altersversorgung ohne offenkundige Probleme möglich ist, zeigt ein Blick auf die Tabelle III-2:

Tabelle III-2: **Vermögen der Pensionsfonds in ausgewählten OECD-Ländern 1995**

	Summe in Milliarden US-Dollar	in Prozent des Bruttoinlandsprodukts
Großbritannien	879	79,9
Niederlande	327	82,4
Schweiz	280	91,5
USA (Vereinigte Staaten)	4 258	61,0

Quelle: InterSEC Research Corp., Stanford, zitiert nach Bräuninger/Nürk

Die Aufstellung läßt allerdings nicht die Schlußfolgerung zu, daß Länder mit einem relativ hohen Rentenkapitalstock auch ein vergleichsweise hohes Inlandsprodukt aufweisen. Die Frage, ob ein Kapitaldeckungsverfahren wachstumsfördernde Wirkung hat, läßt sich allein anhand dieser Zahlen nicht beantworten, da wirtschaftliches Wachstum immer das Ergebnis eines ganzen Bündels von Einflußfaktoren ist. Ob die erhöhte Kapitalbildung die

Investitionsquote im Inland erhöht und damit die Wachstumschancen vergrößert, hängt maßgeblich auch davon ab, ob die gesamtwirtschaftlichen Rahmenbedingungen ein im internationalen Vergleich günstiges Investitionsklima bieten.

Geht man davon aus, daß das Nettokapital einer Volkswirtschaft etwa viermal so hoch ist wie das Bruttoinlandsprodukt, erkennt man, daß der Anteil der Pensionsfonds in der Schweiz, den Niederlanden und Großbritannien etwa 20 Prozent des volkswirtschaftlichen Produktivvermögens beträgt. In den übrigen Ländern, so auch in Deutschland, in denen Pensionsfonds weniger verbreitet sind, ist der Anteil noch deutlich niedriger.

Die Tabelle entkräftet zwei weitere Argumente gegen das Kapitaldeckungsverfahren, nämlich das der unerträglichen Machtkonzentration bei den Verwaltern des Kapitalstocks sowie die Furcht vor massiven Kapitalverlusten durch Insolvenzen oder Inflation.

Die Länder mit hohen Kapitalfonds konnten damit bisher offenbar ganz gut leben. Entscheidend für die Vermeidung von Machtkonzentration ist, daß die Verwaltung des Vermögens möglichst breit gestreut wird und überdies nicht in staatlicher Hand liegt. Würde man das Vermögen bei den Rentenversicherungsträgern belassen, die unmittelbarer staatlicher Kontrolle und Einflußnahme unterliegen, käme es quasi zu einer indirekten Verstaatlichung großer Teile unserer Wirtschaft.

Würde man in Deutschland ein Teilkapitaldeckungsverfahren zusätzlich zur weiterhin umlagefinanzierten Rente einführen, käme trotzdem im Laufe der Zeit ein beachtliches Rentenvermögen zusammen. Würde beispielsweise ein Kapitalstock von 12 Prozent des volkswirtschaftlichen Nettokapitals, nach derzeitigem Stand also 1 Billion DM angespart, so entspräche das immerhin 30 Prozent, gemessen am Bruttoinlandsprodukt. Rechnet man das Vermögen der existierenden Pensionsfonds hinzu, ergibt sich ein relatives Rentenkapital, das mit 36 Prozent vom Bruttoinlandsprodukt dem aktuellen Stand in Schweden entspricht.

Gemessen an der relativen Bedeutung von Kapitalfonds in den erwähnten anderen Ländern ist dies allerdings ein moderater Wert. Wirtschaftliche Gefahren dürften davon nicht ausgehen, vor allem wenn man berücksichtigt, daß sich der Aufbauprozeß über mehrere Jahrzehnte erstreckt.

4. Möglichkeiten der Ergänzung des Umlageverfahrens durch Kapitaldeckung

Wie bereits angedeutet, gibt es vielfältige Möglichkeiten zur Ausgestaltung eines Teilkapitaldeckungsverfahrens.

Teilkapitaldeckung innerhalb der Rentenversicherung

Zunächst einmal ist die Frage zu beantworten, ob nur eine zeitlich befristete Kapitalrücklage gebildet werden soll, deren Aufgabe es ist, den Anstieg des Beitragssatzes in den Zeiten der größten demographischen Belastung zu dämpfen. Dies Vorgehen liegt nahe, da der Altenquotient etwa ab 2015 stärker ansteigt, sein Maximum zwischen 2030 und 2035 erreicht, um danach wieder – leicht – zurückzugehen. Etwa ab 2040 stabilisiert sich der Beitragssatz auf hohem Niveau. Man könnte also einen Kapitalstock bilden, der unter Berücksichtigung eventueller Zinsüberschüsse ausreicht, den Beitragssatz langsam bis zu seinem endgültigen Niveau im Jahre 2040 ansteigen zu lassen. Das würde bedeuten, daß der Kapitalstock im wesentlichen in den Jahren vor 2015 gebildet wird. Bildlich gesprochen wird der Beitragsberg nach 2015 abgeflacht. Das Belastungsniveau vor 2015 wird erhöht, das Niveau danach reduziert, allerdings nur so weit, daß sich insgesamt bis 2040 ein stetiger Anstieg ergibt. Inwieweit das möglich ist, soll anhand einer Modellrechnung überprüft werden.

Modellrechnungen zur Einführung eines Teilkapitaldeckungsverfahrens I

– Zeitlich befristete Rücklagenbildung –

Wenn nur beabsichtigt ist, den demographischen Lastenberg etwa zwischen 2020 und 2040 zu nivellieren, bietet es sich an, für eine begrenzte Zeit Kapitalreserven anzusammeln, die dann im fraglichen Zeitraum voll zur Senkung der Beitragssätze verwendet werden. Über mögliche Größenordnungen informiert eine Modellrechnung, die mit den neuesten Daten erstellt wurde. Ihre wichtigsten Ergebnisse werden im folgenden kurz wiedergegeben.

Ab 1998 wird ein Kapitalstock aufgebaut, aus dem von 2015 an Mittel entnommen werden, um den Anstieg des Beitragssatzes zu dämpfen. Wenn diese Rücklagen nur begrenzten Umfang haben, reichen sie auch nur für eine begrenzte Zeit. Danach wird ein Niveau des Beitragssatzes erreicht, das deutlich über dem heutigen Stand liegt. Der Grund liegt darin, daß die Relation zwischen Rentnern und Beitragszahlern in Zukunft wesentlich ungünstiger sein wird als gegenwärtig.

Um den Beitragssatz langsam auf das spätere Niveau anzuheben, wird ein jährlicher Anstieg von 0,5 Prozent vorgegeben. Die damit erzielbaren Beitragseinnahmen reichen jedoch nicht aus, bei gleichbleibendem Rentenniveau die Ausgaben zu decken. Der erforderliche Differenzbetrag wird aus dem Kapitalstock entnommen. Die jährliche Einzahlung in den Kapitalstock beginnt 1998 mit 30 Milliarden DM. Dieser Betrag wird jährlich proportional zu den Bruttoeinkommen erhöht. Der Kapitalstock wird mit 5 Prozent verzinst, das sind im konkreten Fall 2 Prozent mehr, als für die Zunahme der Bruttoeinkommen angesetzt wurde. Der Kapitalstock wächst trotz der 2015 einsetzenden Entnahmen noch bis 2028 auf 2,28 Billionen DM. Danach nimmt er ab und reicht nach 2040 nur noch für drei Jahre. Der Beitragssatz müßte folglich deutlich erhöht werden.

Die unterstellte Erhöhung des Beitragssatzes um 0,5 Prozent führt bis 2040 zu einem Anstieg um insgesamt 14 Prozent beziehungsweise von 21,5 Prozent (2015) auf 24,3 Prozent (2040).

Detailliertere Ergebnisse präsentiert die Tabelle III-3:

Tabelle III-3: **Beitragssatz und Kapitalstock, 2015 bis 2040**

Jahr	Beitragssatz		Kapitalstock	Einzahlung	nachrichtlich: Einzahlung/ Beitragseinnahmen
	ohne Rücklagenbildung	mit Rücklagenbildung			
	in Prozent	in Prozent	Milliarden DM	Milliarden DM	in Prozent
2015	21,5	21,5	1 144	52	9,6
2020	22,5	22,0	1 705	62	9,5
2025	24,3	22,5	2 172	73	9,2
2028	25,6	22,9	2 278	79	9,0
2030	26,4	23,1	2 222	83	9,0
2035	27,7	23,7	1 658	93	8,7
2040	27,7	24,3	649	106	8,5

Quelle: Eigene Berechnungen

Wegen der Anbindung an die Bruttoeinkommen steigen die Einzahlungen in den Kapitalstock im Laufe der Jahre kräftig an. Aus den ursprünglichen 30 Milliarden DM werden so bis 2040 106 Milliarden DM. Bezogen auf die Beitragseinnahmen betragen die Einzahlungen im Jahre 2015 9,6 Prozent. Die Relation sinkt bis auf 8,5 Prozent, da die Beitragseinnahmen wegen des Beitragssatzanstiegs stärker als die Bruttoeinkommen wachsen.

Nach der anfänglichen Mehrbelastung profitieren in späteren Jahren alle Beteiligten. Der schwächere Betragssatzanstieg entlastet die Lohnkosten und führt zu höheren Nettoeinkommen. Dadurch können auch die Renten stärker steigen. Im Jahr 2030 ist der Abstand von Nettoeinkommen und Renten im Modell mit Rücklagenbildung zu denen im Modell ohne Rücklagenbildung sogar schon größer als die Einzahlung in den Kapitalstock. Aber auch der Staat wird entlastet. Wegen der Anbindung an den Beitragssatz steigt der Bundeszuschuß bei Rücklagenbildung weniger stark an. Im Jahr 2040 beträgt die Ersparnis für den Staat schon 124 Milliarden DM, das sind Minderausgaben von 38 Prozent.

Wenn die Rücklage erschöpft ist, müßte allerdings der Bundeszuschuß kräftig erhöht werden, um einen abrupten Anstieg des Beitragssatzes zu verhindern. Während die positive Wirkung der Rücklage endet, bleibt die ungünstige demographische Situation bestehen. Dieser Umstand spricht eindeutig für die Einführung einer dauerhaften Kapitaldeckung.

Man mag darüber streiten, ob es sich bei diesem Verfahren überhaupt um ein Kapitaldeckungsverfahren handelt. In der Tat war etwas Vergleichbares vor Jahren bereits unter dem Namen Abschnittsdeckungsverfahren in Anwendung, bis die Politiker die dabei gebildeten Rücklagen als Goldgrube für zusätzliche Leistungen entdeckten.

Die geringe Widerstandsfähigkeit gegenüber politischen Begehrlichkeiten spricht nicht dafür, ein derartiges Modell noch einmal in Zukunft auszuprobieren. Statt dessen sollte ein echtes, dauerhaftes Kapitaldeckungsverfahren aufgebaut werden, bei dem individuelle Eigentumsansprüche einen besseren Schutz gegenüber staatlichen Eingriffen darstellen.

Teilkapitaldeckung außerhalb der Rentenversicherung

Jeder Versicherte sollte folglich ein eigenes Kapitalkonto erhalten, auf dem seine Beiträge und die darauf entfallenden Zinsen bis zum Renteneintritt akkumuliert werden. Vom Rentenbeginn an wird eine monatliche Rente gezahlt, die so bemessen ist, daß das Kapital für die erwartete fernere Lebensdauer ausreicht. Erhält nur der Versicherte einen Rentenanspruch, ohne daß das im Todesfall noch vorhandene Kapital an die Hinterbliebenen zu vererben ist, ist gewährleistet, daß sich längere und kürzere Rentenzeiten ausgleichen. Das erlaubt insgesamt großzügigere Rentenzahlungen.

Um den Eigentumscharakter noch weiter zu unterstützen, sollten die Kapitalkonten auch nicht bei staatlichen Institutionen, etwa bei den Trägern der gesetzlichen Rentenversicherung, geführt werden, sondern bei privaten Institutionen, also Versicherungen oder Pensionsfonds, wie sie in anderen Ländern, zum Teil aber auch bei uns, etwa für Freie Berufe, erfolgreich arbeiten. Es ist also nicht so, als ob mit der Einführung eines Kapitaldeckungsverfahrens völliges Neuland beschritten werden müßte.

Die ersten Rentenzahlungen könnten theoretisch bereits einen Monat nach Beginn der Einzahlungen erfolgen. Sinnvoller erscheint es jedoch, erst einige Karenzjahre verstreichen zu lassen, um den Kapitalstock zu schonen. Würden die Rentenzahlungen erst mit dem Jahr 2015 aufgenommen, erhielten Versicherte, die vorher in Rente gehen, auch erst ab dann eine Zusatzrente. In dem Maße, wie Zusatzrenten aus Kapitalvermögen gezahlt werden, wird das Umlageverfahren entlastet. Der Beitragssatzanstieg wird gebremst, ein ansonsten notwendiger Rückgang des individuellen Rentenniveaus ebenfalls.

Wegen des angestrebten Eigentumscharakters am Vermögen sollten die Beiträge direkt von den Versicherten kommen. Dafür könnte oder sollte jedoch der Staat seinen Zuschuß zur gesetzlichen Rentenversicherung erhöhen, zum Beispiel einen größeren Teil als bisher von den versicherungsfremden Leistungen übernehmen. Das, was dadurch an Beiträgen der Versicherten frei wird, könnte über private Vorsorge in den Kapitalstock fließen.

**Modellrechnungen zur Einführung
eines Teilkapitaldeckungsverfahrens II**

– Dauerhafte Kapitalbildung –

Wenn ein Teil der Renten dauerhaft aus vorheriger Kapitalbildung gezahlt werden soll, müssen diese Renten nach versicherungsmathematischen Gesichtspunkten berechnet werden. Die Entnahmen aus dem Kapitalstock richten sich dann nicht, wie im Modell I, nach dem jeweiligen Defizit der Rentenversicherungsträger, sondern nach den früheren Einzahlungen der einzelnen Rentner unter Berücksichtigung ihrer ferneren Lebensdauer. Da die jeweils Erwerbstätigen fortlaufend Einzahlungen leisten, wird der Kapitalstock niemals ganz aufgebraucht. Es kann lediglich vorkommen, daß er absolut abnimmt, falls das Verhältnis zwischen Rentnern und Beitragszahlern allzu ungünstig wird.

Für dieses Modell liegen noch keine aktuellen Berechnungen vor. Es können hier lediglich ältere Resultate referiert werden, die die Auswirkungen des Rentenreformgesetzes von 1992 sowie die jüngsten Reformmaßnahmen noch nicht berücksichtigen.[5] Insofern sind die absoluten Werte auch nicht mehr gültig, die Veränderungen dürften aber tendenziell noch aussagefähig sein.

Unter der Annahme, daß ab 1990 – Berechnungsjahr war 1987 – jährlich 3 Prozent vom Bruttoeinkommen thesauriert werden und das Kapital mit 4 Prozent verzinst wird, lassen sich folgende Aussagen über die Renten, den Beitragssatz und den Kapitalstock machen.

Tabelle III-4: **Renten, Beitragssatz und Kapitalstock**
(in Prozent)

Jahr	Anteil der teilkapitalgedeckten Rente	Veränderung des Beitragssatzes[1] gegenüber Umlageverfahren	Anteil des Rentenkapitalstocks am gesamtwirtschaftlichen Kapitalstock
2015	7,2	+ 4,4	8
2020	9,9	0,0	10
2025	12,6	– 3,7	11
2030	14,7	– 7,0	12
2035	15,9	– 8,2	12
2040	16,0	– 8,5	12

1 einschließlich Zahlungen zum Kapitalstock

Quelle: Buttler/Jäger, 1988

Bei dieser Regelung wird langfristig etwa 1/6 der Renten aus Kapitalvermögen gezahlt. Vom Jahr 2020 an ergibt sich c. p. eine Entlastung des Sicherungssystems, da von da ab die Gesamtbeiträge niedriger sind als beim reinen Umlageverfahren. Der Kapitalstock erreicht einen Umfang, der 12 Prozent des volkswirtschaftlichen Kapitals ausmacht. Inflatorische Wirkungen treten nicht auf, da der Kapitalstock auch in den Jahren der stärksten Belastung weiter wächst. Einzahlungen und Zinsen sind zusammen größer als die notwendigen Rentenzahlungen.

Auch hier gilt, daß die Vorverlagerung von Beiträgen, d. h die Einzahlungen in den Kapitalstock, den späteren Beitragssatzanstieg dämpfen. Dabei fällt die Entlastungswirkung um so größer aus, je größer die Differenz zwischen Zinsen und Rentenanpassung ist.

In diesem Zusammenhang ist ein Vorschlag zu erwähnen, der auf den amerikanischen Nobelpreisträger Buchanan (1968) zurückgeht und der später verschiedentlich wieder aufgegriffen wurde (Buchanan, 1968, 368 ff.; Neumann, 1986, 65 ff.). Auch der Sachverständigenrat nimmt in seinem Jahresgutachten 1996/97 kurz darauf Bezug. Es wird empfohlen, den Übergang zum Kapitaldeckungsverfahren durch die Ausgabe von Staatsanleihen zu finanzieren. Von einem bestimmten Zeitpunkt an fließen alle Versicherungsbeiträge in den Kapitalstock, während die Altansprüche „entweder aus dem laufenden Steueraufkommen oder durch Verschuldung am Kapitalmarkt" (Sachverständigenrat, 1996, Tz. 421) bezahlt werden. Als Vorteil führt der Sachverständigenrat an, daß dadurch die Belastung in die Zukunft verlagert und die Rückzahlung sogar über einen längeren Zeitraum gestreckt werden kann.

Das scheint auf den ersten Blick das Ei des Kolumbus zu sein, nämlich zukünftige Generationen noch mehr als bisher für die Altersversorgung der heutigen Rentner aufkommen zu lassen. Wenn man überdies berücksichtigt, daß nach den bisherigen Erfahrungen Staatsschulden kaum jemals zurückgezahlt, sondern bestenfalls umgeschichtet werden, könnte man auf die Rückzahlung ganz verzichten und hätte für einen längeren Zeitraum eine Altersversorgung, die bis auf die Zinsen der Staatskredite scheinbar niemand etwas kostet.

So ganz wohl scheint dem Sachverständigenrat bei seinem Vorschlag jedoch nicht zu sein, denn er weist darauf hin, daß gegenwärtig erst die öffentliche Verschuldung und die Steuerlasten reduziert werden müßten. „Zunächst muß die Haushaltskonsolidierung in beachtlichem Maß, quantitativ und qualitativ, vorangebracht sein" (Sachverständigenrat, 1996, Tz. 421). Selbst wenn den gegenwärtigen Bemühungen der Bundesregierung ein dauerhafter Erfolg beschieden sein sollte, fragt sich, ob dieser Erfolg anschließend durch eine gewaltige Neuverschuldung – 1995 betrugen die Gesamtausgaben der gesetzlichen Rentenversicherung 361 Milliarden DM – wieder aufs Spiel gesetzt werden sollte. Ein vollständiger Übergang zur Kapitaldeckung dürfte daher in den nächsten Jahren, und erst recht später, wenn die demographische Entwicklung starke zusätzliche Belastungen bringt, auf Dauer ausgeschlossen sein. Es wäre jedoch schon viel gewonnen, wenn das Umlageverfahren durch eine verstärkte Kapitalbildung außerhalb des staatlichen Systems entlastet würde.

So positiv die Einführung einer Teilkapitaldeckung für die Alterssicherung ist, sie allein reicht nicht aus, die zukünftigen Probleme zu lösen, wie die Berechnungen in Kapitel V belegen. Um den Beitragssatz der Rentenversicherung möglichst langfristig stabil zu halten, sind daher flankierende Maßnahmen im bestehenden Umlagesystem erforderlich, zum Beispiel Abstriche bei der Hinterbliebenenversorgung, bei den Berufs- und Erwerbsunfähigkeitsrenten und bei sonstigen Leistungen.

Günter Buttler

Anmerkungen

[1] In seinem neuesten Gutachten erhebt auch der Sachverständigenrat massiv die Forderung nach einem Systemwechsel in der Alterssicherung (Sachverständigenrat, 1996, Tz. 385 ff.).
[2] Dies gibt inzwischen auch Minister Blüm zu, der bisher stets behauptete, die Renten seien – ohne jede Einschränkung – sicher (vgl. FAZ vom 25. November 1996).
[3] Das war 1993 der Fall. Entsprechend lag der Rentenzuwachs 1994 über der Zuwachsrate der Bruttoarbeitsentgelte von 1993. Eine solche Konstellation dürfte jedoch die Ausnahme sein.
[4] Als erster vertrat Martin Feldstein diese Ansicht (vgl. Feldstein, 1974, 349 f., ebenso Neumann, 1986, sowie Sachverständigenrat, 1996, Tz. 408).
[5] Für die Beamtenversorgung ist ein derartiges Verfahren vorgesehen.

Literatur

Bräuninger, Dieter/Nürk, Bettina, o.J., Vorfahrt für Kapitalbildung bei der Altersvorsorge – Die Bedeutung von Pensionsfonds im internationalen Vergleich: Deutsche Bank Research

Buchanan, James, 1968, Social Insurance in a Growing Economy. A Proposal for Radical Reform, in: National Tax Journal 21 (1968), Seite 386 ff.

Bundesverband der deutschen Banken, 1996, Stärkung der privaten Altersvorsorge. Zur Reform der Alterssicherung, Köln

Buttler, Günter/Jäger, Norbert, 1988, Reform der gesetzlichen Rentenversicherung durch ein Teilkapitaldeckungsverfahren, in: Zeitschrift für die gesamte Versicherungswirtschaft, Nr. 3. Seite 398 ff.

Buttler, Günter/Winterstein, Helmut, 1984, Überlegungen zur Ausgestaltung der Alterssicherung in der Bundesrepublik, in: Überwindung der Sozialstaatskrise, hrsg. v. Herder-Dorneich, Klages, Schlotter, Baden-Baden, Seite 265 ff.

Frankfurter Allgemeine Zeitung vom 25. November 1996, Seite 1

Feldstein, Martin, 1974, Social Security, Induced Retirement and Aggregate Capital Accumulation, in: Journal of Political Economy, Vol. 82, Seite 905 ff.

Grohmann, Heinz, 1987, Probleme einer Abschätzung des für ein Kapitaldeckungsverfahren in der gesetzlichen Rentenversicherung notwendigen Deckungskapitals, in: B. Felderer (Hrsg.), Kapitaldeckungsverfahren versus Umlageverfahren, Berlin 1987, Seite 76

Jäger, Norbert, 1990, Die Umstellung der Gesetzlichen Rentenversicherung auf ein partiell kapitalgedecktes Finanzierungsverfahren, Frankfurt, Bern, New York, Paris

Junge Union Bayern, Soziale Sicherung für das 21. Jahrhundert, Beschluß vom 26. September 1996

Müller, H.-W./Roppel, U., 1990, Eine Abschätzung des Kapitalbedarfs bei einer vollständigen Kapitaldeckung der gesetzlichen Rentenversicherung, Schriften des Vereins für Socialpolitik, N.F. Bd. 202, Seite 437 f.

Neifer-Dichmann, Elisabeth, 1996, Rentenversicherungssystem ohne Alternative, in: arbeitgeber, Jg. 48, Nr. 22, Seite 722 bis 725

Neumann, Manfred, 1986, Möglichkeiten zur Entlastung der gesetzlichen Rentenversicherung durch kapitalbildende Vorsorgemaßnahmen, Tübingen

Sachverständigenrat zur Begutachtung der gesamtwirtschaftlichen Entwicklung, 1996, Jahresgutachten 1996/97

Storm, Andreas, 1996, Materialien zum Vorschlag für eine belastungsgerechte Erneuerung des Generationenvertrages. Beitrag anläßlich des Zukunftsforums Soziale Sicherung der CDU am 5. und 6. September 1996 in Bonn: Neue Wege in der Sozialpolitik

IV. Reformbemühungen in anderen Ländern

1. Rentenreform: ein weltweites Anliegen

Ein weltweit einheitliches dominantes Alterssicherungssystem gibt es nicht. Die Antwort der Bundesregierung auf die Kleine Anfrage der Fraktion Bündnis 90/Die Grünen zum Verhältnis direkter zu indirekten Steuern im europäischen Vergleich vom November 1996 zeigte, daß bereits in den Ländern der Europäischen Union in der Vergangenheit sehr verschiedene Wege beschritten wurden (siehe Übersicht). Gesetzliche Rentenversicherungs- und staatliche Versorgungssysteme werden teils isoliert und gemischt, teils in Kombination mit Zusatzversicherungen und Zusatzrenten betrieben. Auch die Finanzierung der Alterssicherungssysteme fällt sehr differenziert aus.

In den meisten Ländern der Europäischen Union gibt es wie in Deutschland zwar drei Finanzierungsquellen, nämlich Beiträge der Arbeitnehmer und Arbeitgeber sowie Zuschüsse des Staates. Die Gewichte sind jedoch sehr unterschiedlich gesetzt.

In einigen Ländern wird gar nicht zwischen den Beiträgen für die einzelnen Zweige der Sozialversicherung unterschieden, sondern ein einheitlicher Beitrag erhoben. Darüber hinaus verzichten einige Länder auf Beitragsbemessungsgrenzen, andere setzen sie deutlich niedriger an als zum Beispiel in Deutschland.

Dieser Vergleich liefert nur eine Momentaufnahme. Die Systeme der Altersvorsorge sind nicht nur in Europa, sondern weltweit in Bewegung geraten. Akute Finanzierungsprobleme und sich ankündigende demographische Veränderungen haben vielerorts bereits zu Korrekturen und Reformen geführt oder zumindest das Diskussions- und Planungsstadium erreicht.

Übersicht IV-1: **System der Altersversorgung in der Europäischen Union**
(Stand: Januar 1996)

Land	Beitragsbelastung			Beitragsbemessungsgrenze monatlich
	Arbeitnehmer	Arbeitgeber	Staat	
B	Gesetzliche Rentenversicherung			
	7,50 Prozent vom Bruttoverdienst	8,86 Prozent vom Bruttoverdienst	20,00 Prozent der Gesamtleistung	Keine
DK	Staatliche Versorgung – Zusatzrente			
	Einheitsrente: Zusatzrente mtl. 17 DM	Einheitsrente: Zusatzrente mtl. 34 DM	Einheitsrente aus Steuern	Keine
D	Gesetzliche Rentenversicherung			
	9,6 Prozent vom Bruttoverdienst	9,6 Prozent vom Bruttoverdienst	Zuschüsse (rund 20 Prozent der Rentenzahlungen)	8000 DM (alte Länder) 6800 DM (neue Länder)
SF	Staatliche Versorgung und Rentenversicherung			
	Volksrente: 0,55 Prozent[1] Erwerbsrente: 4 Prozent (jeweils der Bruttoverdienst)	Volksrente: 2,40 bis 4,90 Prozent[2] Erwerbsrente: Branchenunterschiede[3]	Defizitdeckung für Volksrente und für Selbständige	Keine
F	Gesetzliche Rentenversicherung und Zusatzversicherungen			
	6,55 Prozent vom Bruttoverdienst[1]	8,20 Prozent vom Bruttoverdienst[2]	Zuschüsse	3730 DM
GR	Gesetzliche Rentenversicherung			
	6,67 Prozent vom Bruttoverdienst[1,2]	13,33 Prozent vom Bruttoverdienst[1,2]	Zuschüsse[2]	2750 DM

Land	Beitragsbelastung			Beitragsbemessungsgrenze monatlich
	Arbeitnehmer	Arbeitgeber	Staat	
GB	Staatliche Versorgung, Zusatzrenten für Arbeitnehmer			
	Gesamtbeitrag für alle Zweige der SV: Keine Beiträge bis 110 DM wöchentlicher Bruttoverdienst, Beiträge für Wochenverdienst über 110 DM: 2 Prozent von 110 DM, darüber 10 Prozent bis BBG	Gesamtbeitrag für alle Zweige der SV: Keine Beiträge bis 110 DM wöchentlicher Bruttoverdienst, Beiträge für Wochenverdienst über 110 DM: 3 Prozent, 5 Prozent, 7 Prozent und 10,2 Prozent nach Verdienst-Schichten (keine BBG)[1]	Zuschüsse	1060 DM (wöchentlich) für Arbeitnehmer, in der Regel keine für Arbeitgeber
IRL	Staatliche Versorgung			
	Im Gesamtbeitrag für alle Zweige der SV enthalten	Gesamtbeitrag für alle Zweige der SV 12,2[1] Prozent vom Bruttoverdienst, Selbständige: 5 Prozent von Einkünften über 1185 DM monatlich	Zuschüsse	4075 DM (Arbeitnehmer) 4890 DM (Arbeitgeber)
I	Gesetzliche Rentenversicherung			
	8,34 Prozent vom Bruttoverdienst	18,93 Prozent vom Bruttoverdienst	Sozial- und Frührentner, Zuschüsse zu übrigen Renten	keine

Land	Beitragsbelastung			Beitragsbemessungsgrenze monatlich
	Arbeitnehmer	Arbeitgeber	Staat	
LUX	Gesetzliche Rentenversicherung			
	8 Prozent vom Bruttoverdienst	8 Prozent vom Bruttoverdienst	8 Prozent vom Bruttoverdienst, 50 Prozent der Verwaltungs- und Personalkosten	10 600 DM
NL	Staatliche Versorgung			
	14,55 Prozent vom Bruttoverdienst	–	–	3300 DM
A	Gesetzliche Rentenversicherung			
	10,25 Prozent vom Bruttoverdienst	12,55 Prozent vom Bruttoverdienst	Ausfallhaftung des Bundes	5375 DM
P	Allgemeine Sozialversicherung			
	Im Gesamtbeitrag für alle Zweige der SV enthalten	Gesamtbeitrag für alle Zweige der SV 23,25 Prozent vom Bruttoverdienst	–	keine
S	Staatliche Versorgung – Zusatzrente			
	Grundrente: – Zusatzrente: –	Grundrente: 5,86 Prozent (Selbständige 6,03 Prozent) Zusatzrente: 13 Prozent	42 Prozent der Grundrenten	keine
E	Staatliche Versorgung			
	im Gesamtbeitrag für alle Zweige der SV enthalten	Gesamtbeitrag für alle Zweige der SV 23,6 Prozent vom Bruttoverdienst	Zuschüsse	4135 DM

> **Finnland**
> 1 Zusätzlich 1 Prozent des Renteneinkommens
> 2 Je nach Höhe und Zusammensetzung der Lohnsumme
> 3 Privatwirtschaft: 16,20 Prozent (Durchschnitt)
> Staat: 19,35 Prozent
> Lokale Behörden: 21,80 Prozent
> Kirchen: 27,00 Prozent
> Selbständige: 20,00 Prozent
>
> **Frankreich**
> 1 + 0,1 Prozent für Hinterbliebene
> 2 + 1,6 Prozent (jeweils ohne Beitragsbemessungsgrenze)
>
> **Griechenland**
> 1 Höhere Beiträge bei gefährlichen Arbeiten
> 2 Für ab 1. Januar 1993 Versicherte gleiche AN- und AG-Sätze ohne BBG, zusätzlich 10 Prozent (vom Bruttoverdienst vom Staat, mit BBG von 1610 DM monatlich)
>
> **Großbritannien**
> 1 Bei anerkannten betrieblichen Zusatzversorgungen ermäßigt sich der Satz von 10 Prozent für AN auf 8,2 Prozent und die Sätze für AG – allerdings nur bis BBG – um 3 Prozentpunkte.
>
> **Irland**
> 1 Bis zu 525 DM Monatsverdienst nur 9 Prozent
>
> Quelle: Bundestagsdrucksache 13/5932 vom 4. November 1996

In den meisten westlichen Industrieländern haben sich die Rentenreformen in den letzten Jahren *im Rahmen* des bestehenden Rentenversicherungssystems bewegt und dessen Spielräume genutzt. Die Zielrichtung dabei war

– die engere Anbindung der Renten an die Beitragshöhe oder an das beitragspflichtige Einkommen

– die Verlängerung der (rentenbegründenden oder -erhöhenden) Beitragszeit gegenüber der Rentenbezugszeit

– die Erhöhung der Einnahmen durch Anhebung der Zuschüsse aus Steuern oder durch Umschichtungen innerhalb des Sozialbudgets.

Einen Überblick über diese Reformen gibt die Übersicht IV-2.

Einige Länder haben darüber hinaus ihr Renten*system* geändert (Übersicht IV-3). Fünf von ihnen werden wegen besonders augenfälliger Reformen ausführlich beschrieben (Länderberichte):

– In Schweden soll ab 1997 die bisherige Rentenversicherung mit starker Umverteilungskomponente (universelle Grundrente plus Zusatzrente) durch ein einkommensabhängiges System mit einem kapitalgedeckten Prämienanteil ersetzt werden.

– In Großbritannien, wo die private Rentenvorsorge immer schon einen hohen Stellenwert hatte, wurde vor allem unter der Thatcher-Regierung die öffentliche Rentenfinanzierung zunehmend auf persönliche, private Rentenpläne verlagert.

– In Italien wurde das zersplitterte Rentenwesen vereinheitlicht und von einem Festleistungs- auf ein Festbeitragssystem umgestellt. Gleichzeitig wurde die Verbreitung von privaten, kapitalgedeckten Zusatzsystemen gesetzlich und finanziell gefördert.

– In der Schweiz wurde die 1. Säule des Drei-Säulen-Systems der Altersvorsorge von patriarchalischen Zöpfen befreit und die 2. Säule ausgebaut.

– In Chile wurde 1981 das 60 Jahre alte Rentensystem in Anlehnung an das „Weltbank-Modell" völlig neu erschaffen und vom Umlage- aufs Kapitaldeckungsverfahren umgestellt. Inzwischen propagiert die Weltbank dieses Modell auch zur Sanierung der Sozialversicherungssysteme in den Industrieländern („Averting The Old Age Crisis", 1995). Wie immer es bewertet wird, das Beispiel Chile bietet die Möglichkeit, auf 15 Jahre praktische Erfahrung zurückzugreifen. Es war außerdem Vorbild bei der Umstellung der Rentenversicherungssysteme in Peru (1993), Kolumbien und Argentinien (1994).

Übersicht IV-2: **Reformen im System**

Land	Verwaltungstechnische Veränderungen
B	Ab 1995 Einführung eines allgemeinen Arbeitgeber-/Arbeitnehmerbeitrages in Höhe von 37,83 Prozent des Bruttoeinkommens anstelle von Einzelbeiträgen für die verschiedenen Zweige der Sozialversicherung und Vereinheitlichung ihrer Verwaltung. Abschaffung der Zweckbindung der Einnahmen nach einem festgelegten Verteilungsschlüssel.
F	1995 Schaffung eines Ministeriums für die Solidarität zwischen den Generationen. Die vier Bereiche des allgemeinen Systems (darunter der Bereich Alter und Hinterbliebene) werden seither durch die Landeskassen getrennt verwaltet. Die Kassen sind für ihre Finanzen selbst verantwortlich, die Sozialpartner haben Vorschlagsrecht.
I	Eine einheitliche Altersrente ersetzt die bisherige Aufteilung in Alters-, Beitrags- und Vorruhestandsrenten.
A	In den Beirat für die Renten- und Pensionsanpassung im Bundesministerium für Arbeit und Soziales werden Vertreter der Pensionisten aufgenommen. (Der Beirat kann Empfehlungen abgeben.)
	Ausgabenseite
	Kürzung der Leistungen
SF	Kürzung der universellen Altersrente, wenn das Gesamteinkommen aus anderen Quellen einen bestimmten Betrag übersteigt. Senkung der Erwerbsrenten und Verringerung der Rentenzuwächse während einer Behinderung oder Arbeitslosigkeit ab 50 Jahren.
A	Anstelle eines Zuschlags für jedes Kind für Frauen, die weniger als 360 Versicherungsmonate erworben haben, werden für Kindererziehungszeiten höchstens 4 Jahre pro Kind angerechnet.
USA	1984 wurden höhere Renten zu 50 Prozent versteuert. 1994 wurde dieser Anteil auf 85 Prozent heraufgesetzt.
NZ	Einfrieren der Renten.
	Früh- und Teilrenten
DK SF	Einschränkung der Frühverrentungsmöglichkeit.
GR	Erhöhung des Eintrittsalters auch für Frührentnerinnen bei schweren oder ungesunden Arbeiten auf 60 Jahre (bisher 55). Anhebung des Frührentenalters nach 10 500 beitragspflichtigen Arbeitstagen auf 60 Jahre (bisher 58). Bei Frührenten zwischen 60 und 65 Jahren wird die Rente um 6 Prozent pro Jahr gemindert.
E	Ab 2015 Abschaffung der Rente ab 60 Jahre.

Land	noch: Ausgabenseite
	Indexierung
B	Ab 1996 jährliche reale Erhöhung der Gesamtausgaben für die soziale Sicherheit durch eine gesetzliche Norm, die die demographische Entwicklung, den Arbeitsmarkt und das Wirtschaftswachstum berücksichtigt und die mittel- und langfristige Durchführbarkeit sichert.
SF	Indexierung der Renten an die Preis- *und* Lohnentwicklung.
I	Abschaffung der Anpassung an die Lohnentwicklung.
A	1993 Einführung der Nettolohnanpassung.
E	1996 Regierung und Gewerkschaften unterzeichnen ein Abkommen, mit dem die Kaufkraft der Renten bis 2001 zugesichert wird, indem sie automatisch an die Preisentwicklung angepaßt werden.
	Änderung der Rentenbemessungsgrundlage
SF	Verlängerung der für die Rentenberechnung angesetzten Versicherungszeit von 4 auf 10 Jahre.
I	Schrittweise Ausweitung der für die Rentenberechnung verwendeten Verdienstbasis vom Durchschnittseinkommen der letzten 5 Jahre auf das der gesamten Dauer der Berufstätigkeit.
P	Statt des Bruttoverdienstes der besten 5 aus den letzten 10 Jahren wird der Verdienst der besten 10 aus den letzten 15 Jahren bei der Rentenberechnung zugrunde gelegt. Der Bruttoverdienst wird mit dem Verbraucherpreisindex aufgewertet. Die Rente beträgt statt 2,2 Prozent nur noch 2 Prozent des so ermittelten Durchschnittsverdienstes.
A	Umstellung von den letzten 10 bis 15 Jahren auf die *besten* 15 Jahre des gesamten Berufslebens.
	Erhöhung des Rentenalters
GR GB	Angleichung des Rentenalters der Frauen (bisher 60 Jahre) an das der Männer (65 Jahre).
SF	Erhöhung des Rentenalters von 65 auf 67 Jahre.
I	Schrittweise Erhöhung des Rentenalters für Frauen auf 60 (bisher 57) Jahre und für Männer auf 65 (bisher 60) Jahre bis 2000. Einführung eines gleitenden Rentenalters.
P	Anhebung des Rentenalters für Frauen von 62 auf 65 Jahre bis 1999.
A	Sukzessive Angleichung der Altersgrenze für Frauen an die der Männer ab 2024 (von 60 auf 65 Jahre). Seit 1993 werden bei Erreichen des Rentenalters nach 40 Versicherungsjahren 80 Prozent der Bemessungsgrundlage als Pension gezahlt, um einen Anreiz zu schaffen, die Rente später in Anspruch zu nehmen.

Land	noch: Ausgabenseite
NZ	Erhöhung des Rentenalters bis zum Jahr 2001 auf 65 Jahre.
CH	Erhöhung des Rentenalters der Frauen bis 2005 auf 64 Jahre.
	Verlängerung der Beitrags- und Wartezeiten
I	Verlängerung der Mindestbeitragszeit für den Rentenanspruch von 15 auf 20 Jahre bis 2001. Sukzessive Anhebung der Wartezeit von 16 auf 20 Jahre.
P	Erhöhung der Mindestwartezeit von 10 auf 15 Jahre und der Mindestbeitragszeit für die Vollrente auf 40 Jahre.
GR	Verlängerung der Wartezeit von 4200 auf 4500 beitragspflichtige Arbeitstage ab 1993 und 6000 beitragspflichtige Arbeitstage ab 1998.
	Einnahmeseite
P	Der Arbeitgeberbeitrag zum allgemeinen Sozialversicherungssystem wurde um 0,75 Prozent gesenkt. Als Ausgleich wurde eine 1-Prozent-Erhöhung der Mehrwertsteuer beschlossen.
I	Für abhängig Beschäftigte wird der Beitragssatz auf 33 Prozent festgelegt, was jedoch weder für Arbeitnehmer noch Arbeitgeber eine Erhöhung darstellt, weil die bis dahin für kleinere Sicherungssysteme gezahlten Beiträge hierin aufgenommen sind.
E	Senkung des Beitragssatzes und Erhöhung der Mehrwertsteuer um 1 Prozent.
B	Ab 1995 Einführung eines progressiven Solidarbeitrags, der auf das Renteneinkommen (einschl. Zusatzrenten) erhoben wird, falls dieses einen Mindestbetrag übersteigt. Seit 1995 wird der Finanzausgleichsfonds nicht mehr aus der Erhöhung von Verbrauchssteuern, Änderungen im Steuersystem, der Energiesteuer und dem Krisenbeitrag aufgefüllt, sondern durch einen jährlich festgesetzten Prozentsatz des Aufkommens aus der Mehrwertsteuer (1995 11,73 Prozent).
SF	Seit 1992 Besteuerung der Renten. Angleichung der Renten des öffentlichen Sektors „nach unten" an die des privaten Sektors.
F	Einführung einer Abgabe zur Rückzahlung der Sozialschuld (RDS) auf fast alle Erwerbs-, Kapital- und Renteneinkommen von 0,5 Prozent für die Dauer von 13 Jahren.
	In der Diskussion oder Planung
F	Im Parlament, noch nicht im Senat, verabschiedet ist ein Gesetz, das ab 1997 auch Arbeitnehmern in der Privatwirtschaft erlaubt, privaten, kapitalgedeckten Pensionsfonds oder Sparplänen beizutreten. (Öffentlich Bedienstete können dies schon seit 1967, Selbständige seit 1994.) Die Spar-

Land	noch: in der Diskussion oder Planung
	pläne können auch von Unternehmen oder über Branchenvereinigungen angeboten werden. Die Beiträge sind bis zu einer Höhe von 5 Prozent des Bruttoeinkommens von der Steuer absetzbar. Übernehmen Arbeitgeber einen Teil der Beiträge, werden sie in gleicher Höhe von den Sozialabgaben befreit (max. 4 000 FF je Mitarbeiter pro Jahr). Bei Rentenantritt können Versicherte bis zu 20 Prozent (max. 100 000 FF) ihres angesparten Kapitals als Einmalzahlung abheben, der Rest wird ihnen in Jahresraten ausbezahlt. Bei Verlust oder Wechsel des Arbeitsplatzes kann der Sparplan ausgesetzt oder auf einen anderen Pensionsfonds übertragen werden. Um den Aktienhandel zu beleben, dürfen die Pensionsfonds nicht mehr als 65 Prozent ihrer Investitionen in Obligationen (bonds) tätigen.
NL	Erhöhung des Rentenalters auf 67 Jahre.
A	Begrenzung der Frühverrentungsmöglichkeiten.
E	Der 1995 vom Parlament verabschiedete „Pakt von Toledo" sieht vor: – Beibehaltung des öffentlichen, obligatorischen Beitragssystems als Grundlage des Gesamtsystems, ergänzt durch ein steuerfinanziertes System zur Unterstützung von Personen, die sich in finanziellen Schwierigkeiten befinden; garantiertes Mindesteinkommen – Schaffung von Schwankungsreserven im beitragsbezogenen System – Anpassung der Beitrags- an die Reallohnentwicklung und der Renten an die Inflationsrate – Verwaltungsvereinheitlichung – stärkere Anbindung der Leistungen an die Beiträge – flexible, progressive Ausgestaltung des Renteneintrittsalters – Verbesserung der Rechtsgrundlagen und Steuervergünstigungen für private Zusatzversicherungssysteme.
NZ	Einführung eines Rentenfonds mit persönlichen Konten, in den jeder Neuseeländer 7 Prozent seines Einkommens einzahlt (z. Z. werden die Renten aus Steuern bezahlt).
SF	Abschaffung der Arbeitgeberbeiträge.
S	Anpassung der Renten nicht nur an die Preis-, sondern auch an die Wirtschaftsentwicklung. Abtrennung der Erwerbsunfähigkeitsrenten vom Altersrentensystem.

Übersicht IV-3: **Reformen am System**

Land	Systematische Veränderungen
DK	Durch branchen- und berufsstandsbezogene Tarifverträge wurden 1989–1993 die bis dahin vereinzelt vereinbarten privaten, zusätzlichen Pensionspläne auf die große Mehrheit der Arbeitnehmer ausgedehnt. Durch Einführung von Einkommenstests wurde das Prinzip der universellen Pauschalrente für alle Bürger aufgegeben.
SF	Einführung von Arbeitnehmerbeiträgen bei gleichzeitiger Senkung der Arbeitgeberbeiträge.
GR	Einführung der Dreiparteienfinanzierung (Arbeitnehmer 2/9, Arbeitgeber 4/9, Staat 3/9) für die Grundrente, für die Zusatzrente zahlen die Arbeitgeber und Arbeitnehmer jeweils 3 Prozent. Anbindung der Rentenhöhe an die Versicherungszeit, Neurentner erhalten nach 35 Versicherungsjahren im Höchstfall nur noch 60 Prozent ihres anrechnungsfähigen Bruttoverdienstes.
P	Nachdem die Verfassung von 1976 die private Vorsorge zu einem grundlegenden Ziel der sozialen Sicherheit erklärt hatte, wurde dieser Grundsatz zwischen 1989 und 1992 durch spezielle Rechtsvorschriften umgesetzt.
IS	1992 wurde die Grundrente in eine einkommensabhängige Rente umgewandelt.
CH AUS	Aufbau eines Betriebsrentensystems als Teil des Pflichtsystems.
NL	Aufbau von quasiobligatorischen Betriebsrentensystemen durch Vereinbarungen zwischen den Tarifpartnern.
J	Arbeitgeber erhielten die Möglichkeit, aus der gesetzlichen Rentenversicherung auszuscheiden, wenn sie einen privaten Pensionsplan mit gleichwertigen Leistungen anbieten.
CH	Einführung des Splitting-Systems.

2. Länderberichte

2.1 Schweden

Vorgesehen ist ab Januar 1997 die Einführung eines neuen Rentensystems und ab Januar 2000 die Auszahlung der ersten Renten auf der Grundlage dieses neuen Systems. Das bisher gültige Rentensystem besteht aus einer universellen Grundrente, die in Härtefällen durch Sonderzulagen aufgestockt wird, und einer obligatorischen Zusatzrente (ATP), die zusammen bis zu einer Obergrenze circa 65 Prozent des vorherigen Einkommens ersetzen, etwas mehr für Niedrigverdiener. Anspruch auf die volle Grundrente hat, wer entweder 40 Jahre in Schweden gelebt oder 30 Jahre dort Einkommen bezogen hat. Die Zusatzrente wird auf der Basis des Durchschnitts der 15 Jahre mit dem höchsten Realeinkommen berechnet. Die Obergrenze liegt beim 7,5fachen des Basisbetrages. Das Rentenalter liegt in der Regel bei 65, eine reduzierte Rente kann ab 60, eine erhöhte mit 70 bezogen werden. Eine 1/4-, 1/2- oder 3/4-Teilrente ist ab 60 Jahren möglich, wenn die Arbeitszeit entsprechend verkürzt wird. Die Finanzierung erfolgt aus den Unternehmensgewinnsteuern sowie aus Beiträgen der Arbeitgeber (5,86 Prozent für die Grundrente, 13 Prozent für die Zusatzrente plus 1 Prozent allgemeiner Rentenbeitrag) und Selbständigen. Arbeitnehmer zahlen nur Beiträge auf Einkommen aus „anderer Erwerbstätigkeit". Praktisch alle Angestellten in Handel und Industrie gehören zusätzlich tarifvertraglich begründeten, privaten Rentenplänen an, die von den Arbeitgebern in Form einer Versicherung finanziert werden. Die Prämien hierfür korrelieren versicherungsmathematisch mit dem Alter und Gehalt des versicherten Angestellten und liegen zwischen 5 und 20 Prozent. Ähnliches gilt für die Arbeiter der Privatwirtschaft (Alterssicherung im Rechtsvergleich, 390).

Das *neue System* wird nach bisheriger Planung dagegen weitestgehend *einkommensorientiert* sein. 18,5 Prozent der Einkommen jedes Jahrgangs zwischen 16 und 65 werden jährlich dem Rentenkonto dieses Jahrgangs gutgeschrieben und an die Entwicklung des allgemeinen Pro-Kopf-Einkommens angepaßt. Zeiten des Militärdienstes, der Kindererziehung und Ausbildung werden mit einem hypothetischen Einkommen ebenso hinzugerechnet wie Einkommen, auf denen Transferzahlungen beruhen. Erreicht ein Jahrgang das 61. Lebensjahr, wird sein Guthaben durch einen

Divisor geteilt, der auf der statistischen Lebenserwartung dieses Jahrgangs im Alter von 65, der Sterblichkeitsrate bis zum Renteneintritt, den Einkommensunterschieden zwischen Frauen und Männern und dem erwarteten zukünftigen Wirtschaftswachstum beruht und zur Berechnung der Jahresrente bei Renteneintritt dient. Er schwankt zwischen 15,6 und 9,6 je nachdem, welchem Jahrgang jemand angehört und ob er mit 61 oder 70 in Rente geht.

Das heißt, die Rente steigt, je später im Leben sie beantragt wird, oder wenn die Rentenzahlung vorübergehend wegen Erwerbstätigkeit unterbrochen wird. In diesem Fall wird das zusätzlich verdiente Einkommen dem Lebenseinkommen hinzugerechnet. Die Renten werden an die allgemeine Lohnentwicklung angepaßt.

Bei niedrigem oder fehlendem Einkommen gibt es weiterhin ab dem 65. Lebensjahr eine garantierte, preisindizierte Rente, die für einen alleinstehenden Rentner rund 38 Prozent des durchschnittlichen Arbeitseinkommens eines Vollzeitbeschäftigten ausmacht. Die Renten werden – außer den Einkommensersatzzeiten und der garantierten Rente – aus Beiträgen der Arbeitgeber und Arbeitnehmer finanziert.

Das System bleibt somit im wesentlichen umlagefinanziert. 2 Prozentpunkte des Beitrags gehen jedoch seit 1995 an ein kapitalgedecktes Prämiensystem und werden dort auf individuellen Konten angespart und verzinst. Bei Rentenbeginn entscheidet der Versicherte, ob er sein Kapital über 5 oder 10 Jahre oder den Rest seines Lebens verteilt ausgezahlt haben möchte.

Zur Einführung des neuen Rentensystems wird der Arbeitnehmerbeitrag in einem Schritt auf 9,25 Prozent angehoben und der Arbeitgeberbeitrag um denselben Prozentsatz gesenkt, so daß der Gesamtbeitragssatz unverändert bleibt. Die Teilrente wird abgeschafft. Es wird weiterhin einen Reservefonds geben, um demographische Schwankungen auszugleichen.

2.2 Großbritannien

Als Lord Beveridge 1948 im Zuge einer Reform der National Insurance die Einführung einer bescheidenen Einheitsrente für alle Bürger empfahl, hatten betriebliche Rentenregelungen bereits eine lange Tradition. Das National Insurance Law von 1959 stellte es den Betrieben deshalb frei, aus dem verdienstbezogenen Teil des staatlichen Rentensystems auszuscheiden, wenn sie einen betrieblichen Pensionsfonds anbieten, der jedem Versicherten eine Rente garantiert, die mindestens der Leistung entspricht, die ihm aus der staatlichen Rentenversicherung zustehen würde. 1978 wurde in Ergänzung zur Grundrente das noch heute gültige SERPS eingeführt. Es ist ein staatliches einkommensbezogenes Zusatzrentensystem, das aus Beiträgen der Arbeitgeber, Arbeitnehmer und Selbständigen sowie Zuschüssen aus Steuern finanziert wird. Die Teilnahme daran ist für alle Erwerbstätigen ab einer niedrig angesetzten Verdienstschwelle grundsätzlich obligatorisch, die Betriebe behalten jedoch das Recht, ,,to contract out", wobei dann im Gegenzug ihre Beiträge zur National Insurance sinken. Inzwischen können auch Betriebe, die Rentenkaufsysteme mit definiertem Beitrag (Contracted-Out Money Purchase Schemes) anbieten, aus dem staatlichen Zusatzsystem ausscheiden. Sie müssen lediglich einen Mindestbeitrag in dieses System einzahlen, ohne jedoch eine Mindestrente garantieren zu müssen. Arbeitgebern und Arbeitnehmern steht es frei, zusätzliche Beiträge zu leisten. Mittlerweile ist die Hälfte aller abhängig Beschäftigten in betrieblichen Rentensystemen versichert.

1988 erhielten auch die Arbeitnehmer das Recht, ,,to opt out", das heißt, aus der SERPS oder einem betrieblichen Pensionsfonds auszusteigen, wenn sie einer privaten Rentenversicherung beitreten. Der ihnen aus dem bisherigen Pensionssystem zustehende Mindestbetrag geht dann an ihren persönlichen Rentenfonds zuzüglich eines ,,Anreizes" von 1 Prozent (bis März 1993 2 Prozent) des in ihrer Lohn- und Gehaltsgruppe erzielten Verdienstes.

Die privaten wie auch die betrieblichen Rentensysteme sind steuerlich begünstigt.

Parallel zu dieser Stärkung der privaten Rentenvorsorge wurden die staatlichen Renten schrittweise gekürzt und das Rentenalter erhöht, so daß 1999 eine volle Zusatzrente ab 65 Jahren nur noch 20 Prozent des Verdienstes ausmachen wird.

Um dem mit der Ausbreitung der privaten Rentenpläne einhergehenden Mißbrauch durch die Versicherungen zu begegnen, wurden sie zunehmend staatlicher Kontrolle unterstellt.

2.3 Italien

Ausufernde Staatsschulden, vor allem wegen des wachsenden Zuschußbedarfs der Rentenkassen, veranlaßten die Regierung Amato 1992 zu drastischen Kürzungen der staatlichen Rentenleistungen und zur gesetzlichen Förderung privater Rentenfonds. Sie vermied es jedoch, den Besitzstand (die nach Beschäftigungsdauer bemessenen Renten, das Rentensystem im öffenlichen Dienst etc.) anzutasten. Die Regierung Dini hat mit der Reform von 1995, die mit Unterstützung der Gewerkschaften zustande kam und seit 1996 schrittweise umgesetzt wird, das Rentensystem grundlegend geändert.

Bis zur Dini-Reform wurden die Renten nach dem Entgelt und einer festgelegten Formel berechnet, nach der ein Arbeitnehmer in der privaten Wirtschaft nach 40 Jahren eine Rente in Höhe von 80 Prozent seines mittleren Einkommens der letzten fünf Jahren bekam. Die Rente eines Kommunalbediensteten entsprach 100 Prozent seines letzten Monatsgehalts, die eines Beamten 80 Prozent desselben plus 18 Prozent (IVSS 3/96). Insgesamt gab es 50 gesetzliche Systeme mit sehr verschiedenen Regelungen. In dem neuen System werden die Beiträge auf individuellen Konten verbucht und jährlich entsprechend dem Wirtschaftswachstum in den vorangegangenen fünf Jahren aufgewertet. Bei Renteneintritt wird das angesammelte Kapital mit einem Koeffizienten multipliziert, der das auf lange Sicht erwartete Wirtschaftswachstum, die voraussichtliche Lebenserwartung und das Alter bei Renteneintritt berücksichtigt. Er liegt zwischen 4,720 mit 57 Jahren und 6,136 mit 65 Jahren – womit die bisherige Einkommensersatzquote im allgemeinen sinkt – und wird alle zehn Jahre per Beschluß des Ministers für Arbeit und Soziale Sicherheit aktualisiert. Die bisherige Aufteilung in Alters-, Beitragsalters- und Vorruhestandsrenten wird durch diese einheitliche Altersrente abgelöst. Anspruch auf eine Rente hat, wer entweder

– 57 Jahre alt ist, 5 Jahre Beiträge gezahlt und einen Rentenbetrag von mindestens dem zweifachen Betrag der Sozialunterstützung angespart hat oder

– 40 Jahre lang Beiträge entrichtet hat (die Altersgrenze entfällt) oder

– 65 Jahre alt ist.

Die Rente wird regelmäßig an die Preisentwicklung angepaßt.

Um den finanziellen Ausgleich der Rentenkasse zu sichern, wird von einem Beitragssatz von 33 Prozent für Arbeitnehmer und 20 Prozent für Selbständige ausgegangen sowie einem staatlichen Zuschuß im Gegenwert von zwei Beitragspunkten. Obwohl der effektive Beitragssatz für Arbeitnehmer 1996 bei 32,70 Prozent liegt, wird auf ihrem Konto ein Betrag in Höhe von 33 Prozent ihres Verdienstes verbucht. Alle Arbeitnehmer werden dabei gleichbehandelt.

Die Umverteilungsfunktion ist gegenüber dem bisherigen System wesentlich eingeschränkt. Bestehen bleiben Sonderregelungen für besondere Fälle wie Beschäftigungszeiten vor dem 18. Lebensjahr, Mutterschaft, Krankheit, Berufsausbildung und Kindererziehungszeiten, für die Beiträge aus Steuergeldern gezahlt werden. Außerdem wurde für alle Bürger ab 65 Jahre eine einkommensabhängige, steuerfinanzierte Mindestsicherung („Sozialzulage") eingeführt.

In der Übergangszeit bis 2013 werden die Arbeitnehmer in drei Gruppen aufgeteilt: die, die den Arbeitsmarkt neu betreten, fallen automatisch unter das neue System, die, die bis Ende 1995 weniger als 18 Jahre Beiträge gezahlt haben, unterliegen bis dahin der bisherigen Rentenberechnung, alle übrigen bleiben im alten System.

Als Ausgleich für den erwarteten/beabsichtigten Rückgang des Rentenniveaus sieht die Reform die Förderung von privaten, kapitalgedeckten Zusatzversicherungen vor, die auf kollektiven Vereinbarungen zwischen Arbeitnehmern und Betrieb basiert. Selbständige können eigene Berufs- oder Regionalfonds gründen oder solchen beitreten, die Banken oder Versicherungen eingerichtet haben. Der Beitritt ist freiwillig. Die Fonds verwalten ihre Finanzen durch Vereinbarungen mit befugten Institutionen (Versicherungen, Verwaltungsgesellschaften von Immobilienfonds oder durch den Erwerb von Aktien und Anteilen an Immobiliengesellschaften oder von Investmentfonds). Die Beiträge müssen im voraus als Prozentsatz des Verdienstes, der für die Abfindungsleistungen bei Beendigung eines Arbeitsverhältnisses (den sogenannten TFR) zugrunde gelegt wird, festgesetzt werden (bei Selbständigen als Prozentsatz des Einkommens aus der selbständigen Tätigkeit). Die Beiträge liegen bei 6 Prozent, wovon 2 Prozent vom Arbeitnehmerverdienst, 2 Prozent vom Arbeitgeber und 2 Prozent von den Beiträgen zur TFR erhoben werden. Nach einer Mindestbeitragszeit von fünf Jahren und bei Erreichen des in der Pflichtversicherung gültigen Rentenalters (eine vorzeitige Auszahlung ist im Fall von Invalidität oder Arbeitslosigkeit möglich) besteht Anspruch auf eine Lebensrente oder die Möglichkeit, 50 Prozent des angesammelten Kapitals abzuheben. Um die Verbreitung dieser Zusatzsysteme zu fördern, wurde sowohl die Belastung der Beiträge wie der Leistungen verringert (Dt. Rentenversicherung 5-6/96).

2.4 Schweiz

Bereits 1993 wurde in der gesetzlichen Rentenversicherung (AHV/IV) die „geknickte Rentenformel" eingeführt, die bei einem Jahreseinkommen in Höhe einer dreifachen Mindestrente eine maximale Verbesserung brachte. Sie war der erste Schritt zu einer Runderneuerung der 1. Säule im schweizerischen System der Altersvorsorge, die zum 1. Januar 1997 in Kraft getreten ist. (Unverändert bleibt die Versicherung der gesamten Wohnbevölkerung mit unbegrenzter Beitragspflicht und plafondierter Maximalrente sowie die Finanzierung per Umlageverfahren.)

Mit dem *Splitting-System* wird das vom traditionellen Bild des Ehemanns als Oberhaupt und Ernährer der Familie geprägte Rentenrecht modernisiert. Frauen und Männer erhalten einen eigenen Rentenanspruch, der sich nach der eigenen Beitragsdauer und Einkommenshöhe richtet. Bei Verheirateten und Geschiedenen werden die Einkommen, die beide Partner während der Ehe erworben haben, jedem zur Hälfte gutgeschrieben. Nicht erwerbstätige Witwen und Ehefrauen sind beitragspflichtig, wenn der erwerbstätige Mann nicht mindestens den doppelten Mindestbeitrag einzahlt.

Die Unterscheidung zwischen bezahlter und unbezahlter Arbeit wird aufgehoben, indem für jedes Jahr der Erziehung eines Kindes unter 16 Jahren oder der Betreuung eines pflegebedürftigen Familienmitglieds ein zusätzlicher Betrag zum Erwerbseinkommen hinzugezählt wird. Bei Verheirateten wird diese Erziehungs- oder Betreuungsgutschrift gesplittet.

Die Zusatzrente, die bisher gezahlt wurde, wenn der Ehegatte das Rentenalter noch nicht erreicht hatte, wird ab 2004 abgeschafft.

Das Rentenalter der Frauen wird im Jahr 2001 auf 63 und 2005 auf 64 Jahre erhöht. Ein vorzeitiger Rentenbezug ab 62 Jahre für Frauen und 63 Jahre für Männer ist möglich. Die Rente mindert sich dann pro Jahr um 6,8 Prozent. Ein bis zu maximal fünf Jahren aufgeschobener Rentenbezug wird mit einem Aufschlag von 5,2 Prozent bei einem Jahr und 31,5 Prozent bei fünf Jahren honoriert.

Die Rentenkasse (Ausgleichsfonds) erhält das Recht, ,,in begrenztem Rahmen ... Beteiligungen an schweizerischen Unternehmen" zu erwerben. Der Verwaltungsrat stellt jährlich fest, ,,welche Mittel in den jeweils nächsten zehn Jahren nicht für die Versicherungsleistungen benötigt werden", und legt diese wenn gewünscht in Schweizer Aktien, ausländischen Obligationen oder Anteilen an schweizerischen Immobilienfonds an.

1972 wurde die berufliche Vorsorge (die in der Schweiz eine lange Tradition hat) als zweite Säule in einem 3-Säulen-Konzept der Altersvorsorge gesetzlich verankert und als Ergänzung zur AHV für obligatorisch erklärt. 1985 wurde sie zu einer gesetzlich garantierten Minimalvorsorge verpflichtet, für die jeder Arbeitnehmer über 17 Jahre ab einem bestimmten Jahreslohn zu versichern ist. Das heißt, jeder Arbeitgeber, der versicherungspflichtige Arbeitnehmer beschäftigt, muß einer eingetragenen Vorsorgeeinrichtung angeschlossen sein. Diese Kassen sind, abgesehen von der im Gesetz vorgeschriebenen Minimalvorsorge, frei in der Auswahl ihrer Leistungen. Die Finanzierung erfolgt durch Umlage der Ausgaben oder des Rentenwertes oder im Kapitaldeckungsverfahren. Die Versicherten erhalten jährlich eine Altersgutschrift, die sich in Prozent des „koordinierten Lohns" (1996 der beitragspflichtige Lohn zwischen 23 280 und 69 840 SFr) bemißt – je nach Alter zwischen 7 und 18 Prozent – zuzüglich Zinsen. Das auf diese Weise im Laufe der Versicherungszeit angesparte Altersguthaben ist die Basis für die Rentenberechnung.

1995 wurde für den Fall der Beendigung eines Arbeitsverhältnisses die „Freizügigkeit" eingeführt. Das heißt, wenn ein Versicherter aus der Vorsorgeeinrichtung des bisherigen Arbeitgebers austritt und in die Vorsorgeeinrichtung eines neuen Arbeitgebers eintritt, erbringt die bisherige Kasse je nach Typ eine Austrittsleistung, die an die neue Kasse übertragen werden muß. Bei Beitragsprimatkassen (bei denen die Höhe der Beiträge fest vorgegeben ist und die Leistungen sich aufgrund des durch die Beiträge aufgehäuften Kapitals errechnen) entspricht die Austrittsleistung dem Sparguthaben oder dem Deckungskapital. Bei Leistungsprimatkassen entspricht sie dem Barwert der aufgrund der Versicherungsdauer errechneten Leistungshöhe. Als Mindestbetrag hat der Versicherte Anspruch auf die eingezahlte Eintrittsleistung samt Zinsen sowie die geleisteten Beiträge plus einem Zuschlag von 4 Prozent pro Altersjahr (höchstens 100 Prozent). Wird die Freizügigkeitsleistung nicht zum Übertritt in eine andere Versorgungseinrichtung verwendet (bei Aufgabe der Erwerbstätigkeit oder Arbeitslosigkeit), muß sie auf ein gesperrtes Konto oder eine gesperrte Versicherungspolice eingezahlt werden. Für das Rentenalter und den Rentenvorbezug gelten dieselben Regeln wie in der AHV.

2.5 Chile

Chiles Sozialversicherungssystem wurde in den zwanziger Jahren aufgebaut und verzweigte sich im Laufe der Entwicklung in 30 Anstalten und 150 Altersrentensysteme, die nach Berufsgruppen abgegrenzt waren. 1952 wurde die Teilkapitalisierung wegen des ausufernden Ungleichgewichts zwischen Einnahmen und Ausgaben in ein Umlageverfahren umgewandelt. Weitere Reformversuche scheiterten, bis 1973 das Militär die Macht übernahm und Schritte in Richtung grundlegender Reformen vornahm: Erhöhung des Rentenalters für Männer auf 65 und Frauen auf 60, Einführung einer Mindestrente und eines einheitlichen Indexierungsverfahrens sowie Abschaffung aller auf der Beschäftigungsdauer beruhenden Rentensysteme (die eine Rente zum Teil schon ab 42 Jahren möglich gemacht hatten). Der Beitragssatz für öffentlich Bedienstete wurde von 51,4 Prozent (1975) auf 33,5 Prozent gesenkt, der für Angestellte des privaten Sektors von 64,7 Prozent (1974) auf 41 Prozent (anteilig vom Arbeitgeber und Arbeitnehmer bezahlt). Hinzu kamen Staatszuschüsse (circa 18 Prozent der Ausgaben) und Erträge aus Sicherungsreserven. Die Ersatzrate lag je nach System zwischen 60,8 und 86,8 Prozent, im öffentlichen Dienst wurde sie für höhere Angestellte von 78 auf 100 Prozent aufgestockt. Wegen der hohen Inflationsraten und der weiterhin fehlenden vertikalen Umverteilung zwischen den Systemen und Berufsgruppen lagen dennoch 1980 im Durchschnitt 70 Prozent der Renten unter oder auf der Höhe der Mindestrente (93 Prozent bei den Arbeitern).

Mit der Reform von 1981 wurde dieses alte System abgelöst durch ein Festbeitragssystem mit Kapitaldeckung und persönlichen Konten, in dem der Staat nur noch als Regulator und Oberaufseher fungiert. Es blieb obligatorisch, die Umverteilungsfunktion wurde jedoch auf eine steuerfinanzierte Mindestrente nach 20 Beitragsjahren reduziert. Die Träger sind gewinnorientierte, private Fondsverwaltungen in der Rechtsform von Aktiengesellschaften, die Administradoras de Fondos (AFP), denen andere Geschäfte als die Verwaltung eines Rentenfonds verboten sind und die strengen Regeln für die Anlage ihrer Mittel (Finanzierungsinstrumente, Anlagehöchstgrenzen) unterliegen. Zur Gründung einer AFP berechtigt sind Aktienbesitzer, Gewerkschaften,

Verbände und Finanzinstitute (außer Banken). Sie konkurrieren um Mitglieder mittels der Gebühren und der Verzinsung ihres Sicherheitskapitals. Jede AFP muß zusätzlich für ihre Mitglieder bei privaten Unternehmen eine Invaliden- und Hinterbliebenenversicherung abschließen, an die sie die dafür erhobenen Beiträge weiterleitet. Der Mitgliedsbeitrag beträgt 10 Prozent des Einkommens bis zu einer Höchstgrenze für die Alterspension (freiwillige Aufstockung ist möglich), rund 1,5 Prozent für Verwaltungsgebühren sowie zwischen 2 und 3,75 Prozent für die Hinterbliebenen- und Invalidenversicherung. Alle Beschäftigten des öffentlichen Sektors (außer dem Militär), die ins Erwerbsleben eintreten, müssen einer AFP beitreten, für Selbständige ist die Mitgliedschaft fakultativ.

Die Mitglieder können innerhalb des AFP-Systems unter Mitnahme ihres angesammelten Kapitals alle 3 Monate wechseln. Bei Erreichen des Rentenalters steht ihnen frei, den Saldo auf ihrem persönlichen Konto entweder zum Ankauf einer Jahresrente bei einer Lebensversicherung im Austausch für monatliche, indizierte Auszahlungen bis zum Lebensende zu nutzen oder in Stücken abzuheben, die entsprechend der Entwicklung der Lebenserwartung und der Preise jährlich neu berechnet werden. Frühpensionierung ist mit Abschlägen möglich, wenn der Saldo für eine Rente ausreicht, die 50 Prozent des früheren Verdienstes ersetzt. Der Staat garantiert die vertraglichen Zahlungen der AFPs und Versicherungsgesellschaften bis zur Mindestrente (1991 22 Prozent des Durchschnittslohns) und danach 75 Prozent bis zu einer Höchstgrenze. Die AFPs sind verpflichtet, mindestens eine Rendite zu erzielen, die dem Durchschnittsertrag aller AFPs minus 2 Prozent *oder* 50 Prozent der durchschnittlichen, realen Rendite aller AFPs entspricht. Die Rentabilität aller AFPs wird täglich durch Bewertung ihrer Anlagen überprüft und veröffentlicht. Um eventuelle Fehlbeträge aufzufangen, müssen die AFPs Renditefluktuations- und Investitionsreserven (letztere in Höhe von 1 Prozent des Pensionsfonds) anlegen.

Die Rentenbeiträge werden vom steuerpflichtigen Bruttoeinkommen abgezogen; die Rentenleistungen müssen versteuert werden.

Während der Übergangsphase hatten bereits Versicherte die Wahl, im alten System zu bleiben oder in das neue überzuwechseln. Wer sich für Letzteres entschied, erhielt Anerkennungsscheine, die sich großzügig an der Höhe der bis zum Wechsel eingezahlten Beiträge bemessen (zugrunde gelegt wird eine fiktive Einkommensersatzrate von 80 Prozent), an die Inflation angepaßt werden und eine jährliche, reale Rendite von 4 Prozent haben. Der Gegenwert der Scheine wird auf das persönliche Konto des Versicherten eingestellt und bei Rentenbeginn fällig. Die Renten derjenigen, die sich für einen Verbleib im öffentlichen System entschieden haben, werden aus den laufenden Beiträgen zu diesem System sowie Steuerzuschüssen finanziert. Dem lag die Entscheidung zugrunde, die mit der Umstellung verbundenen Defizite nicht auf Kosten bereits erworbener Anwartschaften, sondern über den Staatshaushalt auszugleichen (Dt. Rentenversicherung 3/96). Die Arbeitgeberbeiträge wurden mit Beginn der Reform sowohl im alten wie im neuen System abgeschafft. Zum Ausgleich wurden die Bruttoverdienste der Arbeitnehmer um denselben Betrag (17 Prozent, davon 10 für die Renten- und 7 für die Krankenversicherung) erhöht.

Anreize zum Wechsel in das neue System wurden dadurch geschaffen, daß deren Beitragssätze niedriger waren als im alten System (was eine Nettoerhöhung der Verdienste um über 10 Prozent bedeutete) und daß durch die Reformen Ende der siebziger Jahre das alte System an Attraktivität verloren hatte. Durch massive Privatisierungen, „Verschuldung" bei dem neuen Pensionsfonds (die AFPs müssen per Gesetz einen Großteil ihrer Mittel in staatlichen Anleihen anlegen) und Ausgabenkürzungen (vor allem im Gesundheitswesen) wies der Staatshaushalt ab 1985 trotz des fortbestehenden Defizits der alten Rentenversicherung einen Überschuß aus.

Nach Angaben der Weltbank gibt es inzwischen (1994) 21 AFPs mit 5 Millionen Mitgliedern (95 Prozent der Erwerbstätigen) und 200 000 Rentnern. Das Vermögen der Fonds entspricht 22 Milliarden US-Dollar oder 43 Prozent des BIP. Die Anlagen bestehen zu rund 40 Prozent aus staatlichen Schuldverschreibungen, 30 Prozent Aktien (großenteils ehemalige Staatsunternehmen), 14 Prozent Hypotheken, 10 Prozent Industrieschuldverschreibungen und 6 Prozent andere Wertpapiere.

Die Auslandsanlagen werden für 1995 auf circa 10 Prozent geschätzt (Dt. Rentenversicherung 3/96). Die jährliche, reale Rendite betrug seit der Einführung im Durchschnitt 14 Prozent (während der allgemeine Kapitalmarktzins durchschnittlich bei 8 Prozent lag). Anfang der neunziger Jahre waren 68 Prozent der Mitglieder bei den drei größten Fonds versichert, vier der größten Fonds waren in ausländischen Händen.

Probleme machen die hohen Verwaltungskosten (die Angaben schwanken zwischen 7 und 15 Prozent der Beiträge) aufgrund der Beratungs-, Vertriebs- und Werbungskosten (ein Drittel des Personals sind Vertreter) sowie der Freizügigkeitsregeln (etwa 25 Prozent der Mitglieder wechseln die Kasse jedes Jahr; die Kassen unterliegen einem Kontrahierungszwang) ebenso wie die wachsende Zahl von nichtzahlenden Mitgliedern aufgrund von Arbeitslosigkeit, Abwanderung in den informellen Sektor oder die Selbständigkeit, geringen Einkommens, Mutterschaft, Studium, Krankheit, Nichtabführung von Beiträgen u.ä. Für die Rentner, die für die gestückelte Auszahlung optieren (bisher 45 Prozent), besteht neben dem Zinsrisiko das der Langlebigkeit, da die Stücke nach der durchschnittlichen Lebenserwartung berechnet werden. (Verstirbt der Versicherte, geht das Restkapital an die Erben.)

Die Jahresrentner sind zwar gegen das Risiko der Langlebigkeit geschützt, ihre Rente ist aber mit einer Verwaltungsgebühr von

3,5 bis 4 Prozent belastet. Sie bleibt zudem lebenslänglich niedrig, falls der Marktwert des individuell angesammelten Kapitals oder der Zinssatz bei Abschluß des Rentenvertrages niedrig ist.

3. Fazit

Der Überblick über die Reformziele und konkreten Reformmaßnahmen in anderen Ländern zeigt, daß international ein Trend hin zu Mischsystemen der Alterssicherung festzustellen ist. In den meisten Ländern ist und bleibt auch zukünftig zwar nach wie vor die staatliche Rentenversicherung, im allgemeinen organisiert nach dem Umlageverfahren, das Kernstück der Alterssicherung. Jedoch wird dieses System mehr und mehr ergänzt durch nach dem Kapitaldeckungsverfahren konzipierte Ansparsysteme. Sie sind teilweise obligatorisch oder auch als freiwillige Zusatzversicherung ausgestaltet. Dieser Trend wird verständlich, wenn man bedenkt, daß in vielen Industrieländern ähnlich wie in Deutschland sich aufgrund demographischer Veränderungen langfristig Finanzierungsprobleme in der Alterssicherung abzeichnen. Kapitalfundierte Systeme sind weniger anfällig gegenüber diesem Problem und bieten deshalb grundsätzlich einen Ausweg aus dem sich abzeichnenden Dilemma steigender Beiträge und sinkender Versorgungsniveaus.

Waltraut Peter

Literatur

Confederation of Netherlands Industry and Employers (VNO-NCW), 1996, Survey among employers, July

Cristian Larroulet V. (Hrsg.), 1993, The chilean experience. Private solutions to public problems, Santiago de Chile, May

Europäische Kommission, 1996, Soziale Sicherheit in den Mitgliedstaaten der Union, Stand am 1. Juli 1995 und Entwicklung, Luxemburg

Europäische Kommission, Soziales Europa, 1994, Ergänzende Altersversorgungssysteme in der Europäischen Union, Beiheft 3

General Secretariat for Social Security, Sept. 1994, Social Security in Greece

Internationale Vereinigung für Soziale Sicherheit (IVSS), Internationale Revue für Soziale Sicherheit, 3/96 und 3-4/1995

Ministry of Health and Social Affairs, Pension Reform in Sweden, 1994, A short summary. Proposal of The Working Group on Pensions in 1994, Stockholm

Verband Deutscher Rentenversicherungsträger (VDR), 1996, Deutsche Rentenversicherung, Heft 3/1996 und 5-6/1996

Weltbank, 1994, Averting The Old Age Crisis, Oxford University Press

Zacher, Hans F. (Hrsg.), 1991, Alterssicherung im Rechtsvergleich, Nomos Verlagsgesellschaft, Baden-Baden

V. Gesetzliche Rentenversicherung in der demographischen Klemme

– Alternative Modellrechnungen
für Deutschland bis 2040 –

Vorbemerkungen

Ein Großteil der Herausforderungen für die sozialen Sicherungssysteme hat ihren Ursprung in der Bevölkerungsentwicklung. Im allgemeinen wird dabei auf den Alterungsprozeß hingewiesen, der zwar in allen Industrieländern voranschreitet, in besonderem Maße aber in Deutschland. Steigende Lebenserwartung und kräftiger Geburtenrückgang sind die Ursachen dieser Entwicklung. Im Ergebnis führen sie überall in Europa früher oder später zu einem Bevölkerungsrückgang.

Über diesen globalen Abwärtstrend hinaus geben vor allem die Veränderungen in den Altersstrukturen Anlaß zur Sorge. Mit ihnen ändert sich das Beziehungsgefüge zwischen Bevölkerungsgruppen, also den Jungen, die sich in Ausbildung befinden, den Aktiven im Erwerbsleben und den Älteren im Ruhestand. Den sozialen Sicherungssystemen und vor allem der Rentenversicherung erwachsen aus den Verschiebungen mit steigendem Anteil älterer Personen erhebliche Belastungen.

Möglicherweise sind die Veränderungen im ökonomischen Umfeld noch bedeutsamer, also die Rückwirkung schrumpfender Bevölkerung über das verfügbare Arbeitskräfteangebot auf den Arbeitsmarkt.

Bei gegebenen Produktivitätsverläufen werden sich in einer solchen Situation die Wachstumsperspektiven verschlechtern. Beide

Effekte der veränderten demographischen Situation schlagen in der Ausgaben-/Einnahmen-Rechnung der Rentenversicherung zu Buche, die direkten Effekte der Alterung ebenso wie die indirekten Effekte des Arbeitsmarktes.

Um sie näher zu beleuchten, bedarf es eines weiten Prognosehorizontes, der sich hier bis zum Jahr 2040 erstrecken soll. Damit die Ergebnisse einer solchen Rechnung stets in allen Einzelheiten nachvollziehbar bleiben, muß der Annahmenrahmen zunächst konkret beschrieben werden.

Das beginnt bei den Determinanten der Bevölkerungsentwicklung, setzt sich fort über Bestimmungen der beiden Arbeitsmarktseiten und mündet schließlich in das Rentenmodell ein, das sich mit der Einkommensentwicklung sowie mit den Veränderungen im Rentenrecht auseinanderzusetzen hat.

1. Annahmen zur Bevölkerungsentwicklung

Die künftige Entwicklung der Bevölkerung in Deutschland wird ganz wesentlich durch Wanderungsbewegungen gekennzeichnet sein. Das macht die Vorausschau nicht einfacher. Denn im Gegensatz zu den abschätzbaren Geburten- und Sterblichkeitsverläufen entziehen sich Wanderungen nach allen Erfahrungen aus der Vergangenheit klaren Gesetzmäßigkeiten.

Dennoch blieb die Wanderungsgeschichte der Bundesrepublik Deutschland trotz sehr unterschiedlicher Zuwanderungsmotive in den vergangenen 50 Jahren einigermaßen überraschungsfrei.

Hinsichtlich der natürlichen Bevölkerungsentwicklung besteht zur Zeit weitgehend Einigkeit: Die Lebenserwartung steigt weiter an, aber eine Erholung der schwachen Geburtenentwicklung wird nicht erwartet. Im einzelnen bedeutet dies folgendes.

1.1 Geburtenentwicklung

Die generelle Feststellung eines unverändert niedrigen Geburtenniveaus dürfte durchgängig für die alten Bundesländer zutreffen. In den neuen Bundesländern hingegen muß nach dem vereinigungsbedingten Geburtendesaster von einer allmählichen Zunahme ausgegangen werden. Allerdings schließen alle bislang vorliegenden Untersuchungen eine rasche Erholung der Geburtenentwicklung aus (Birg/Flöthmann, 1993; Münz/Ulrich, 1994).

Erst langfristig dürfte die Verteilung der altersspezifischen Fruchtbarkeitsziffern jene Form erreichen, wie sie für die alten Bundesländer zur Zeit repräsentativ ist (Hof, 1994). Unter Berücksichtigung dieser Veränderung wird das Geburtenniveau in Deutschland von 1240 Kindern je 1000 Frauen im Jahr 1995 auf 1380 Kinder im Jahr 2020 ansteigen und in den Folgejahren auf diesem Niveau verharren. Wohl gemerkt: Der Anstieg resultiert allein aus der für die neuen Bundesländer erwarteten Verbesserung.

1.2 Lebenserwartung

Über die Faktoren, die den steigenden Trend der Lebenserwartung stützen, ist man sich im allgemeinen einig. Es sind dies der medizinische Fortschritt, das hohe Niveau der Vorsorgemaßnahmen, die vermehrte gesundheitliche Aufklärung mit daraus resultierender Hinwendung zu einer gesundheitsbewußteren Lebensführung. Ebenso spielt der jeweilige kulturelle Hintergrund mit seinen traditionellen Lebensgewohnheiten eine Rolle. Das ist ganz sicher für die Biographie der deutschen Bevölkerung bedeutsam, die durch Kriegseinflüsse erheblich belastet ist und die sich durch die Wiedervereinigung neu zusammenfügt. Belastungen, die daraus entstanden sind, wachsen allmählich aus der Bevölkerungspyramide heraus mit der Konsequenz, daß die Lebenserwartung auch deshalb steigen wird.

Abbildung V-1:

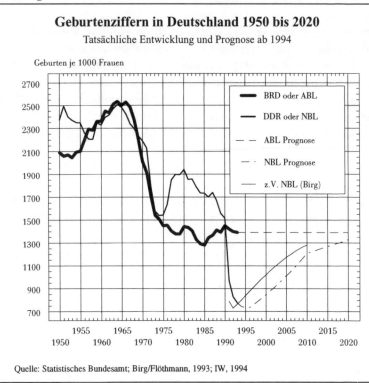

All diese Faktoren spiegeln sich in den internationalen Niveaus der Lebenserwartung wider. Sie liegt zur Zeit (1993) in Japan mit 76,2 Jahren und in Schweden mit 75,5 Jahren besonders hoch. Das ist das Ergebnis der Männer. Japanische Frauen haben bei der Geburt eine Lebenserwartung von 82,1 Jahren, während es die Schwedinnen auf 80,8 Jahre bringen. Aber im europäischen Vergleich ist die Lebenserwartung der Frauen in Frankreich mit 81,5 Jahren höher als in Schweden.

Allein aus dem internationalen Vergleich (Hof, 1996, 15) kann für Deutschland mit derzeit eher niedrigerer Lebenserwartung

(Männer: 72,7, Frauen: 79,2) davon ausgegangen werden, daß im zugrunde gelegten Prognosezeitraum deutlich höhere Werte nicht nur erreicht, sondern sogar überschritten werden, denn auch in Japan oder in Schweden wird eine weitere Zunahme erwartet. Bei dieser Perspektive ist allerdings zu berücksichtigen, daß die Sterblichkeit in den neuen Bundesländern derzeit noch deutlich höher liegt als in den alten. Jüngste Berechnungen von Schäffer (1996), in denen die Männersterblichkeit in den alten Bundesländern in Abhängigkeit von Einflüssen des Alters, der Periode und des Geburtsjahres analysiert wurden, deuten allesamt in die Richtung stark steigender Lebenserwartung.

Nimmt man auf der Basis dieser Grundaussagen bei der hier vorgenommenen Prognose der Einfachheit halber eine Orientierung an den heutigen Sterblichkeitsverhältnissen in Schweden, so müßten sich in den kommenden Jahren in Deutschland folgende Veränderungen einstellen:

− ein weiterer Rückgang der Säuglings- und Kleinkindersterblichkeit
− weniger Verkehrstote
− weniger männliche Todesfälle im Alter zwischen 40 und 65 Jahren sowie weniger weibliche zwischen 35 und 45 Jahren
− sinkende Sterblichkeit in den höheren Altersgruppen.

Sicherer Straßenverkehr und weniger Belastungen in der Arbeitswelt können bei der jüngeren Bevölkerung das Sterberisiko mindern. In den höheren Altersgruppen gibt es mit dem Herauswachsen kriegsbelasteter Generationen einen biographischen Automatismus. Insgesamt wird angenommen, daß in Deutschland im Jahr 2010 die heute in Schweden gemessene Lebenserwartung erreicht wird. Das bedeutet in diesem Jahr bei den Männern eine Lebenserwartung von 76 Jahren und bei den Frauen eine von 81 Jahren. Anschließend steigt die Lebenserwartung weiter an auf

78 Jahre bei den Männern und 83 Jahre bei den Frauen im Endjahr der Prognose 2040.

Die Bedeutung dieser Entwicklung für die sozialen Sicherungssysteme wird klarer, wenn auf die fernere Lebenserwartung der 60jährigen Männer und Frauen im zeitlichen Verlauf abgestellt wird (Tabelle V-1). Sie nimmt um 3,6 Jahre bei den Männern und um drei Jahre bei den Frauen zu.

Tabelle V-1: **Entwicklung der Lebenserwartung in Deutschland bis 2040**
Durchschnittliche fernere Lebenserwartung bei Geburt und im Alter von 60 Jahren

Jahr	Männer		Frauen	
	Geburt	60 Jahre	Geburt	60 Jahre
1995	72,9	18,0	79,3	22,3
2010	75,7	19,5	80,8	23,3
2025	77,5	20,7	82,0	24,3
2040	78,4	21,6	83,2	25,2

Quelle: Eigene Berechnungen

1.3 Wanderungen

Nach diesen Hypothesen hängt der Bevölkerungsverlauf nur noch vom Wanderungsgeschehen ab. Für die Bundesrepublik Deutschland läßt es sich rückwirkend anhand von vier Mustern typologisieren. Da ist zum einen das Bild der Flüchtlingszuwanderung aus den damaligen Gebieten außerhalb der in den fünfziger Jahren gültigen Bundesgrenzen in die Bundesrepublik. Typisch war später das Bild der Gastarbeiterzuwanderung der sechziger Jahre sowie die Wanderungsstruktur, die in den achtziger Jahren durch den Familiennachzug gekennzeichnet war. Schließlich folgt ein vierter Typ, der die Wanderungsbewegungen zu Beginn der neunziger Jahre beschreibt, mit hoher Zuwanderung deutschstämmiger Aussiedler aus Osteuropa, aber auch mit wieder zunehmendem Gewicht der Ausländerzuwanderung aus Gebieten außerhalb der Europäischen Union (Hof, 1996, 6 ff.).

Trotz der sehr unterschiedlichen Motivlage ist für alle vier Wanderungsmuster eine vergleichsweise starke Besetzung junger Jahrgänge, ein Männerüberschuß in den mittleren und ein Frauenüberschuß in den älteren Jahrgängen charakteristisch. Hier gibt es im Zeitablauf einige Überlagerungen, aber die sind durch die historische Bedeutung der Zuwanderung erklärbar. Dieser Vergleich läßt den beruhigenden Befund zu, daß zwar die absolute Größenordnung der Nettozuwanderung eine kaum prognostizierbare Größe darstellt, aber die Wanderungsstrukturen, sei es nach dem Alter oder sei es nach dem Geschlecht, haben doch ihre typische Verteilung gewahrt, und dies kann zur Prognose verwendet werden.

Dabei wird davon ausgegangen, daß es gelingt, den Männerüberschuß ein wenig zu reduzieren und eine Altersstruktur zu erreichen, die sich in den kommenden Jahren etwas jünger darstellt als jene Struktur, die durch den Zustrom deutschstämmiger Aussiedler charakterisiert ist, der eine größere Zahl älterer Personen einschließt. Mit zunehmendem Wanderungsverlauf dürfte diese Struktur für die Nettozuwanderung nach Deutschland immer weniger bedeutsam sein.

Unterstellt wird mithin ein Wanderungssaldo von 300 000 Personen pro Jahr, der eine vergleichsweise junge, damit zugleich familiäre Struktur hat und der in andere Berechnungen bereits eingegangen ist (Hof, 1996, 6 ff.). Vorausgesetzt wird natürlich auch, daß eine Politik vorankommt, die diesen Zuwanderungsstrom arbeitsmarktorientiert begleitet. Das bedeutet: Den potentiellen Zuwanderern müssen Mindestanforderungen an sprachliche Kenntnisse und berufliche Qualifikation abverlangt werden, damit eine möglichst rasche und dauerhafte Integration in alle Systeme der Aufnahmegesellschaft gewährleistet bleibt.

2. Ergebnisse der Bevölkerungsprognose

Für die sozialen Sicherungssysteme ist das globale Bevölkerungsergebnis zwar weniger bedeutsam als die altersstrukturellen Verschiebungen, aber das Annahmenbündel mit leichter Geburtenerholung, steigender Lebenserwartung sowie einer vergleichsweise hohen und andauernden Nettozuwanderung bewirkt doch einen Verlauf, der auf den ersten Blick eher überrascht. Bis zum Jahr 2015 nimmt die Bevölkerung von derzeit 81,5 auf 82,9 Millionen Personen zu. In den Folgejahren jedoch kann die unterstellte Nettozuwanderung den Bevölkerungsrückgang nicht mehr verhindern. Bis zum Jahr 2040 sinkt das Bevölkerungsniveau auf 79,3 Millionen Personen ab – eine Folge der immer kleiner werdenden Müttergenerationen. Die Gesamtbevölkerung schrumpft zwischen dem Jahr 2015 und dem Jahr 2040 um 3,6 Millionen Personen.

Welche Bedeutung das Wanderungsgeschehen für diese Entwicklung hat, zeigt folgender Vergleich: Wäre die Bevölkerung in Deutschland allein auf den natürlichen Regenerationsprozeß angewiesen, würde also ab 1995 keine weitere Nettozuwanderung stattfinden, ginge die Bevölkerung unentwegt über 81,1 Millionen im Jahr 2000 auf 62 Millionen im Jahr 2040 zurück.

Gegenüber 1995 wäre dies eine Abnahme um 19,5 Millionen, was einer jahresdurchschnittlichen Schrumpfung um 0,6 Prozent entspricht. Die beiden Prognoseergebnisse legen über die Bedeutung des Wanderungsbeitrags hinaus die Schwächung des regenerativen Prozesses offen, der Mitte der sechziger Jahre durch den scharfen Geburtenrückgang seinen Anfang nahm. Zwar hat sich die Abwärtsbewegung Ende der siebziger Jahre gefangen (Abbildung V-1), aber Spuren der Belebung, etwa wie in Schweden, sind nicht erkennbar. Dennoch hat eine Prognose ohne jede Nettozuwanderung lediglich demonstrativen Charakter. Die weltweiten Migrationspotentiale, vor allem die Potentiale in Osteuropa und im südlichen Mittelmeerraum, lassen einen stets positiven Wanderungssaldo erwarten.

Strukturiert man die globale Bevölkerungsentwicklung in gängige Altersklassen, deuten sich weitere Perspektiven für die sozialen Sicherungssysteme an (Tabelle V-2 und Abbildung V-2).

Tabelle V-2: **Bevölkerungsentwicklung nach Altersgruppen bis 2040**
(in Millionen)

Altersgruppen	1995	2000	2010	2020	2030	2040	2040 Prognos 1995
0 bis 14	13,2	12,7	10,9	10,7	10,3	9,4	10,6
15 bis 24	9,2	9,3	9,7	8,3	7,9	7,9	8,3
25 bis 34	14,0	11,9	10,3	10,7	9,3	8,9	8,8
35 bis 44	12,2	13,8	12,3	10,7	11,1	9,7	9,6
45 bis 59	16,1	15,6	19,2	19,3	15,8	16,4	15,7
60 bis 79	13,9	16,2	16,9	18,3	22,3	20,8	24,6
80 und mehr	3,3	2,9	3,7	4,8	4,8	6,1	5,5
zusammen	81,8	82,4	82,9	82,8	81,6	79,3	77,6

Quelle: Prognos AG, 1995; eigene Berechnungen

– Die Zahl der Kinder und Jugendlichen bis zum Alter von 15 Jahren geht ständig zurück, abgesehen von einer vorübergehenden Stabilisierung um das Jahr 2020. Der Rückgang beläuft sich von 13,3 Millionen im Jahr 1995 über 10,6 Millionen im Jahr 2015 auf 9,4 Millionen im Jahr 2040, insgesamt also eine Abschmelzung um rund 4 Millionen Personen.

– Die Gruppe der Jugendlichen im Alter zwischen 15 und 24 Jahren – sie umfaßt die Phase der Berufsausbildung – nimmt einen etwas anderen Verlauf. Hier ist zunächst noch mit einem Anstieg zu rechnen, und zwar von 9,2 Millionen 1995 auf 9,9 Millionen im Jahr 2005. Danach setzt ein kräftiger Rückgang ein, der bis zum Jahr 2040 auf das Niveau von 7,9 Millionen Personen führt.

– Der ausgebildete Arbeitskräftenachwuchs im Alter zwischen 25 und 34 Jahren nimmt von 14 Millionen 1995 auf knapp 9 Millionen im Jahr 2040 ab. Das hinterläßt deutliche Spuren am Arbeitsmarkt.

– Die sogenannten Stammbelegschaften im Alter zwischen 35 und 44 Jahren steigen bis zum Jahr 2005 zunächst noch an und bilden sich dann auf 9,7 Millionen im Jahr 2040 zurück. Das ist verglichen mit dem Jahr 2004 eine Abnahme um 5 Millionen Personen.

– Die Altersgruppe der 45- bis 59jährigen nimmt von 16 Millionen gegenwärtig auf 20,4 Millionen zu und sinkt bis zum Jahr 2040 wieder annähernd auf das Ausgangsniveau ab. Die Alterung des Erwerbspersonenpotentials wird ersichtlich.

– Nahezu durchgängiges Bevölkerungswachstum findet nur noch bei den über 60jährigen statt. Die Gruppe der 60- bis 80jährigen wächst von 13,5 Millionen 1995 auf 20,8 Millionen im Jahr 2040. Die Gruppe der über 80jährigen, die der Hochbetagten also, verdoppelt sich annähernd von 3,2 Millionen gegenwärtig auf 6,1 Millionen im Jahr 2040.

Das relative Gewicht dieser altersstrukturellen Verschiebungen geht aus Abbildung V-2 hervor. Bei weiter zusammengefaßter Betrachtung wird folgende Verschiebung sichtbar: Der Anteil der über 60jährigen steigt von 21 Prozent 1995 auf 34 Prozent im Jahr 2040. Die Gruppe der unter 25jährigen nimmt von 27,4 auf 21,8 Prozent ab und die der Aktiven im Alter zwischen 25 und 60 Jahren von 51,6 auf 44,2 Prozent im Jahr 2040. Das bestätigt die These der sich ändernden Beziehungsgefüge.

In ihrer Gesamtheit lassen sich die altersstrukturellen Verschiebungen zu einer einzigen Kenngröße verdichten. Das ist das Durchschnittsalter der Bevölkerung. Es steigt von 40 Jahren 1995 über 45 Jahre (2025) auf 47 Jahre im Endjahr der Prognose (2040). Ohne Nettozuwanderung läge das Durchschnittsalter im Jahr 2040 sogar bei 50 Jahren. Innerhalb der Europäischen Union zählen Deutschland und Italien zu den Regionen mit der ältesten Bevölkerung (Hof, 1993, 160). Für die wirtschaftliche Entwicklung kann dies nicht unbedeutend sein. Das Entstehen regionaler Gefälle im europäischen Wirtschaftsraum ist nicht von der Hand zu weisen.

Abbildung V-2:

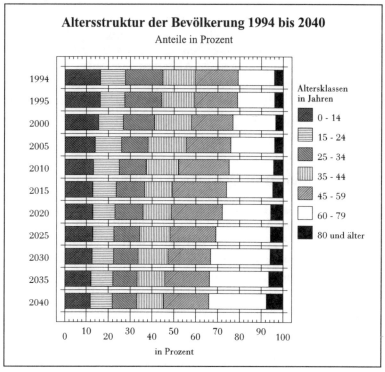

Die altersstrukturellen Veränderungen insgesamt leiten zu den bekannten Belastungskoeffizienten über, die die junge und die alte Bevölkerung zur aktiven Bevölkerung in Beziehung setzen. Das soll im Hinblick auf die Anhebung des Rentenzugangsalters anhand von zwei Abgrenzungen geschehen, einmal mit der aktiven Gruppe der 20- bis unter 60jährigen und anschließend mit der Gruppe der 20- bis unter 65jährigen (Abbildung V-3).

Bekanntermaßen steigen die Belastungsquotienten der älteren Bevölkerung spürbar an. In der engeren Fassung des aktiven Teils von 35,8 auf 68,6 und in der weiter gefaßten Definition nimmt die Relation von 24,4 auf 49,8 zu. Es wird sich später zeigen, wie sich die Verdoppelung dieser demographischen Relation auf den Beitragssatz in der Rentenversicherung auswirkt. Jedenfalls führt der Rückgang des Jugendquotienten – unter 20jährige in Relation zur aktiven Bevölkerung – zu keiner nennenswerten Entlastung. Unter demographischen Gesichtspunkten ist die Verrechnung steigender Alterslast mit sinkender Jugendlast ohnehin eine merkwürdige Vorgehensweise, führt sie doch unter Kostengesichtspunkten konsequent zu Ende gedacht ins Absurde, nämlich zur völligen Aufgabe der Regeneration und damit auch des Generationenvertrages.

3. Annahmen zum Erwerbsverhalten

Auf der Basis der Bevölkerungsprognose wird anschließend die Verbindung zum Arbeitsmarkt hergestellt. Sie läuft unmittelbar über das Nachfrageverhalten des aktiven Teils der Bevölkerung nach Arbeit. Das verlangt Klarstellungen bezüglich des künftigen Bildungsverhaltens, der weiteren Entwicklung der Frauenbeschäftigung und natürlich hinsichtlich der gesetzlichen Veränderungen im Rentenzugangsalter. Auch hier können bei der Abschätzung der weiteren Entwicklung internationale Vergleiche den Blick für das Mögliche erweitern. Vernachlässigt wird dabei die Entwicklung des Nachfrageverhaltens im konjunkturellen Zu-

Abbildung V-3:

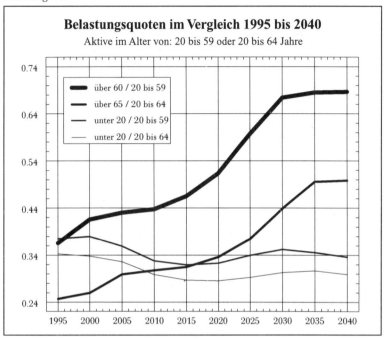

sammenhang. Vielmehr wird das künftige Arbeitskräfteangebot allein entlang einer Trendlinie ermittelt und somit auf das Arbeitskräftepotential abgestellt, das im Konjunkturverlauf unterschiedlich ausgelastet ist. Das Erwerbsverhalten dürfte sich aller Voraussicht nach so entwickeln:

- Nach dem Jahr 2000 werden sich die Beschäftigungschancen der Jugendlichen allmählich verbessern. Infolge günstigerer Nachfragebedingungen geht die zuvor kräftig gestiegene Bildungsbeteiligung wieder zurück, die Erwerbsquote der 15- bis 25jährigen steigt wieder an. Das ist ein Reflex auf die demographische Verknappung in diesen Altersjahrgängen, bei Männern wie bei Frauen.

- In den mittleren Altersgruppen dürfte sich das Erwerbsverhalten der Männer kaum verändern. Die Erwerbsquoten liegen ohnehin deutlich über 95 Prozent. Bedeutsam wird die weitere Entwicklung bei den 55- bis 60jährigen sein, denn durch den vorzeitigen Rentenbezug in den vergangenen Jahren war eine erhebliche Arbeitsmarktentlastung erreicht worden, die Erwerbsquoten folglich stark gesunken. Der nunmehr gültige, veränderte Rechtsrahmen macht dies so nicht mehr möglich, deshalb wird die Erwerbsquote in dieser Altersgruppe künftig wieder zunehmen.

- Bei den Frauen ist in den mittleren Altersjahrgängen mit einem spürbaren Anstieg der Erwerbsbeteiligung zu rechnen. Mit rund 75 Prozent liegen die Erwerbsquoten deutlich unter denen der Männer. Das ist nicht überall in Europa so. Etwa in Dänemark, Schweden oder Frankreich lassen sich die höheren Erwerbswünsche der Frauen deutlich besser mit den Beschäftigungsmöglichkeiten des Arbeitsmarktes verzahnen, weil für die Familien das infrastrukturelle Umfeld ausgebaut ist: vom garantierten Kindergartenplatz über verläßliche Schulzeiten bis hin zu flächendeckend vorhandenen Ganztagsschulen.

Bliebe in Deutschland bei steigenden Erwerbsniveaus der Frauen eine solche Umorientierung aus, würde der Konflikt zwischen Beschäftigung und Familienbildung entweder durch noch weniger Geburten gelöst, oder er würde weiterhin auf dem Rücken der geborenen Kinder ausgetragen. Dies muß im Blick bleiben, wenn in den mittleren Altersgruppen von einem Anstieg der Frauenerwerbsquote auf 85 Prozent ausgegangen wird. Bei den 50- bis 60jährigen Frauen werden Quoten zwischen 60 und 70 Prozent erwartet. Das ist das gesamtdeutsche Ergebnis, wobei zu berücksichtigen ist, daß die Erwerbsneigung nur in den alten Bundesländern steigt. In den neuen Bundesländern hingegen bildet sie sich von dem zuvor erreichten ungewöhnlich hohen Niveau geringfügig zurück.

– Bei den über 60jährigen Erwerbspersonen führen die jüngst im Gesetz zur Förderung eines gleitenden Übergangs in den Ruhestand beschlossenen Veränderungen zu einer schrittweisen Anhebung der Altersgrenze und dies bei Männern wie bei Frauen. Ab dem Jahr 2010 schließlich gilt für alle einheitlich die Regelaltersgrenze von 65 Jahren. Es stellt sich allerdings die berechtigte Frage, inwieweit sich die gesetzlich gewünschten Verlängerungen der Lebensarbeitszeit tatsächlich am Arbeitsmarkt umsetzen lassen, denn es müssen entsprechende Arbeitsangebote bereitgestellt werden. Eines trifft sicher zu: Wenn die Bevölkerung bei guter Gesundheit zunehmend älter wird, werden künftig mehr Menschen freiwillig länger im Erwerbsprozeß bleiben wollen, und sei es auch nur in einer Teilzeitbeschäftigung. Wägt man die Dinge miteinander ab, die Wünsche des einzelnen, die gesetzlichen Regelungen sowie die Möglichkeiten des Arbeitsmarktes, muß man zu einer eher vorsichtigen Einschätzung kommen. Deshalb wird davon ausgegangen, daß sich die Bestrebungen zur Verlängerung der Lebensarbeitszeit tatsächlich nur zur Hälfte umsetzen. Das bedeutet, daß die Erwerbsquote der 60- bis 65jährigen Männer von derzeit 29,5 Prozent auf 45 Prozent ansteigt, die der Frauen von 10,9 auf 30 Prozent.

Diese Tendenzen sollen sich bis zum Jahr 2020 durchsetzen. Das dann erreichte Erwerbsniveau (Tabelle V-3) wird bis zum Jahr 2040 beibehalten. In der Summe bedeutet dies: Der Arbeitsmarkt wird verstärkt Arbeitsplätze für Frauen und Ältere zur Verfügung stellen müssen.

4. Ergebnisse der Erwerbspersonenprognose

Es sind zunächst die altersstrukturellen Verschiebungen im aktiven Teil der Bevölkerung sowie die Veränderungen im Erwerbsverhalten, die das inländische Arbeitskräftepotential nachhaltig

Tabelle V-3: **Erwerbsverhalten von Männern und Frauen nach Altersgruppen in Deutschland 1995 und Prognose bis 2020**
(in Millionen)

Altersgruppe	Männer		Frauen	
	1995	2020	1995	2020
15 bis 20	36,1	44,0	28,7	39,0
20 bis 25	77,7	83,0	70,8	78,0
25 bis 30	87,2	91,0	75,5	83,0
30 bis 35	95,9	95,9	73,6	82,0
35 bis 40	97,1	97,1	75,5	85,0
40 bis 45	97,2	97,2	78,8	84,0
45 bis 50	96,1	96,2	75,5	82,0
50 bis 55	92,6	93,3	69,0	72,0
55 bis 60	75,8	85,0	49,7	58,0
60 bis 65	29,5	45,0	10,9	30,0
65 bis 70	6,5	12,0	2,8	7,0
70 bis 75	3,6	4,0	1,8	1,8

Quelle: Eigene Berechnungen

verändern. Hinzu kommen die Effekte der Nettozuwanderung. Dabei wird es Wechselwirkungen geben, etwa wenn das gestiegene Frauenerwerbspotential vermehrt mit arbeitsuchenden Migranten zusammentrifft. Konkurrierende Arbeitsmarktbeziehungen sind auch in den Beschäftigungssegmenten mit niedriger Qualifikation denkbar, wo das Arbeitsplatzangebot zuletzt stark geschrumpft ist. Die Expansion der Dienstleistungsbereiche kann aber gerade in diesen Arbeitsmarktbereichen Beschäftigungsmöglichkeiten auslösen.

Der Verlauf des Arbeitskräfteangebots (Abbildung V-4) macht diese Wechselwirkungen deutlich. In den Jahren, in denen Zuwanderung und steigende Erwerbsbeteiligung aufeinandertreffen, wird das Arbeitskräfteangebot zunehmen. Das ist bis zum Jahr 2013 der Fall mit dann 43,4 Millionen Erwerbspersonen. Gegenüber 1995 entspricht das einem Zuwachs um 3 Millionen Personen. Nach dem Jahr 2013 überwiegt die Demographie. Sie löst einen Rückgang aus, der im Endjahr der Prognose zu einem Arbeitskräfteniveau von 37,4 Millionen Personen führt. Würde demgegenüber bis 2040 keinerlei Nettozuwanderung erfolgen, bliebe das Arbeitskräftepotential bis zum Jahr 2005 in etwa auf dem Ausgangsniveau des Jahres 1995 mit 40,5 Millionen und würde danach bis zum Jahr 2040 spürbar auf 27,5 Millionen Personen sinken, das bedeutet gegenüber dem Jahr 2005 eine Abnahme um 13 Millionen.

Unterhalb dieser globalen Linie werden sich die Unternehmen in Deutschland sehr bald auf stark schrumpfenden Arbeitskräftenachwuchs einstellen müssen. Denn trotz steigender Frauenerwerbsbeteiligung und trotz positiver Wanderungseffekte nimmt das Arbeitskräftepotential der 25- bis 35jährigen spürbar ab. In dieser den Arbeitskräftenachwuchs bestimmenden Altersgruppe werden im Jahr 2020 rund 2,2 Millionen weniger Arbeitskräfte gezählt als 1995. Und im Jahr 2040 sind es im Vergleich zum Ausgangsjahr sogar 3,8 Millionen Personen weniger. Die Schrumpfungstendenz setzt sich bis zum Alter von 45 Jahren fort. Erst in den darüber liegenden Altersjahrgängen nimmt das Arbeitskräftepotential durchgängig zu.

Folglich muß eine effizienzorientierte Personalpolitik den sinkenden Nachwuchsjahrgängen, umgekehrt der zunehmenden Alterung des Arbeitskräfteangebotes, mit begleitenden Weiterbildungskonzepten folgen, damit der Wissensstand eines alternden Erwerbspersonenpotentials einigermaßen gehalten werden kann. Denn die mangelnde Regeneration, der fehlende Nachwuchs also, und die Alterungstendenz innerhalb des Potentials lösen bis zum Jahr 2040 zusammengenommen einen Potentialrückgang um 17,2 Millionen Personen aus (Tabelle V-4). Dem steht ein Migrationseffekt in der Größenordnung von 10,5 Millionen Arbeitskräften sowie der Effekt steigenden Erwerbsverhaltens in der Größenord-

Abbildung V-4:

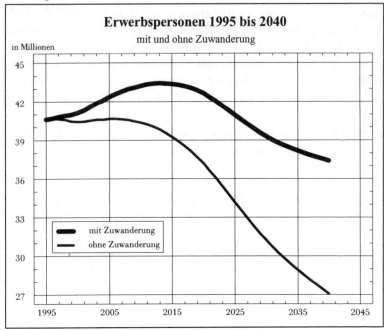

nung von 3,6 Millionen Personen gegenüber. Das zeigt, wie sehr die zu erwartenden Strukturveränderungen das Arbeitskräftepotential umwälzen. Es macht zugleich die Notwendigkeit deutlich, das zuwandernde Arbeitskräftepotential zügig und erfolgreich in die Arbeitswelt zu integrieren, denn gegenüber der Demographie bildet es den weitaus größten Ausgleichsposten.

Hinzu kommt ein Weiteres. Der positive Verhaltenseffekt ist bei den Frauen mit 2,3 Millionen Personen mehr als doppelt so groß wie bei den Männern. Auch darauf hat die Arbeitswelt von morgen entsprechend zu reagieren. Um Friktionen zu vermeiden, wird die Personalpolitik internationaler agieren und stärker als früher familialen Gesichtspunkten Rechnung tragen müssen. Denn die aus der Bevölkerung resultierenden Reproduktions- und Altersstruktureffekte bewirken bereits von heute an einen Arbeitskräfterückgang. Schon bis zum Jahr 2020 resultiert daraus eine Abnahme um 7,2 Millionen Personen (Tabelle V-4). Davon entfallen 4,5 Millionen auf die mangelnde Reproduktion und 2,7 Millionen auf die veränderte Altersstruktur.

Tabelle V-4: **Effekte der Veränderungen des Erwerbspersonenpotentials** (in 1000 Personen)

Jahr	1995/2020	1995/2040
	Differenz der Erwerbspersonen	
Männer	722	− 2 226
Frauen	1 329	− 978
Insgesamt	**2 051**	**− 3 204**
	davon: **Verhaltenseffekt**	
Männer	1 168	1 171
Frauen	2 382	2 394
Insgesamt	**3 550**	**3 565**
	Reproduktionseffekt	
Männer	− 2 121	− 7 113
Frauen	− 2 355	− 6 206
Insgesamt	**− 4 476**	**− 13 319**
	Altersstruktureffekt	
Männer	− 1 619	− 2 333
Frauen	− 1 119	− 1 616
Insgesamt	**− 2 738**	**− 3 949**
	Wanderungseffekt	
Männer	3 294	6 049
Frauen	2 420	4 459
Insgesamt	**5 714**	**10 500**

Quelle: Eigene Berechnungen

5. Annahmen zum ökonomischen Umfeld

Es leuchtet ein, daß das ökonomische Umfeld von den aufgezeigten Perspektiven der Bevölkerung und des Arbeitskräfteangebots nicht unbeeindruckt bleiben wird. Kritisch wird es vor allem in den Jahren, in denen der gesamtwirtschaftliche Wachstumspfad auf ein unablässig schrumpfendes Arbeitskräfteangebot trifft. Welche Konsequenzen dies für den Produktionsstandort Deutschland hat, läßt sich vorab kaum beschreiben, zumal es auch an Erfahrungen für solche Situationen mangelt. Günstig sind die aufgezeigten Perspektiven jedenfalls nicht, denn Schrumpfung und Alterung gehören zusammen, und sie werden die Nachfragestruktur wie auch die Produktivitätsstruktur beeinflussen. Das läuft zum einen über den bereits angelegten Wandel der sektoralen Produktionsstruktur hin zu den Dienstleistungsbereichen der Wirtschaft. Es setzt sich fort in Veränderungen, die mit einem alternden Erwerbspersonenpotential einhergehen. Möglicherweise wäre in den kritischen Jahren ab 2013 schon viel gewonnen, wenn der längerfristige Produktivitätspfad gehalten werden kann, ganz zu schweigen von einer Produktivitätsbeschleunigung in einer sich so verengenden Situation. Dazu jedenfalls wären beachtliche Innovations- und Technologiepotentiale erforderlich, deren Durchbruch aus welchen Gründen auch immer zur Zeit so nicht absehbar ist.

Rückläufige Bevölkerungszahlen setzen aber auch Warnsignale für das weitere Wachstum der Wirtschaft. Das zeigt jedenfalls der empirische Test für den Zeitraum Mitte der siebziger bis Mitte der achtziger Jahre. Im Vergleich der OECD-Länder (Hof, 1996, 26) ergibt sich: Länder mit Bevölkerungsrückgang oder Bevölkerungsstagnation hatten ausgesprochen niedrige Wachstumsraten des Bruttosozialprodukts, Länder mit wachsender Bevölkerung dagegen hohe. Zur ersten Gruppe gehören Deutschland, Belgien, Österreich, die Schweiz und Großbritannien, zur zweiten Gruppe Kanada, die USA, Australien und Japan.

Obwohl die Bezüge zwischen Bevölkerungsentwicklung, Wirtschaftswachstum und Arbeitsproduktivität nicht ganz so eindimensional zu sehen sind, wird man feststellen müssen, daß anhaltende Bevölkerungsschrumpfung die Gefahr eines sich selbst verstärkenden Abwärtsprozesses in sich birgt. Es kann ein labiles Investitionsklima entstehen, wenn sich die Unternehmen auf eine ständig schrumpfende Zahl heimischer Konsumenten und parallel dazu auf ein ständig sinkendes, gleichzeitig alterndes Arbeitskräftepotential einstellen müssen. Offene und zunehmend global organisierte Märkte veranlassen die Erweiterungsinvestitionen, dorthin zu gehen, wo die gesamten Umfeldperspektiven günstiger sind. Der Standort Deutschland gerät in Gefahr, sich ganz allmählich zu einer Abwanderungsregion zu entwickeln. Dann aber wird es immer schwieriger, Rezessionen durch eine Belebung der Investitionstätigkeit zu überwinden.

Die aktuelle Verlagerung von Produktion ins Ausland hat mit dieser Argumentation noch nichts zu tun, in der zeitgleich und spiegelbildlich dazu der Standort Deutschland für Auslandskapital an Attraktivität eingebüßt hat. Wenn es also derzeit bereits diese Tendenzen gibt, um so mehr müssen sie ins Kalkül gezogen werden, sobald die negativen demographischen Tendenzen am Standort Deutschland durchschlagen. Damit wird kein Krisenszenario beschrieben, aber es macht doch auf die Notwendigkeit aufmerksam, diesen absehbaren Veränderungen rechtzeitig und adäquat zu begegnen.

Jedenfalls wäre erst ein Modell zu entwickeln, das die Konsequenzen dieser Umbruchsituation mit ständig schrumpfender Bevölkerung und ständig schrumpfendem Arbeitskräftepotential zuverlässig beschreibt. Ein solches Modell existiert bislang nicht. Stets wird von positiven Trendverläufen ausgegangen. Um dieser Problematik einigermaßen gerecht zu werden, wird eine Modellkonstruktion gewählt, in der eine Arbeitslosenquote von 4 Prozent die untere Auffanglinie darstellt. Mit anderen Worten: Sobald der positive Arbeitsplatztrend zusammen mit dem schrumpfenden Arbeitskräfteangebot zu dieser Arbeitsmarktsituation geführt hat, ist Vollbeschäftigung erreicht. Angesichts der gewaltigen Integrationsaufgaben für das zuwandernde Arbeitskräftepotential scheint die Quote von 4 Prozent eine realistische Größenordnung zu sein.

Diese Einschätzung basiert auf einer jahresdurchschnittlichen Zunahme des realen Bruttoinlandsprodukts von 2 Prozent. Das reale Bruttoinlandsprodukt je Erwerbstätigen, die Arbeitsproduktivität also, nimmt pro Jahr um 1,7 Prozent zu. Die daraus resultierende Beschäftigungszunahme von 0,3 Prozent pro Jahr führt Zug um Zug zu einem Abbau der Arbeitslosenquote. Die untere Auffanglinie von 4 Prozent wird nach den Ergebnissen des Modells erst im Jahr 2027 erreicht. Von diesem Jahr an begrenzt das schrumpfende Arbeitskräfteangebot die Wachstumsspielräume mit der Folge, daß der bis dahin angenommene Wachstumstrend von 2 Prozent nicht mehr gehalten werden kann. Denn die Produktivitätsentwicklung wird in dieser Situation als robust eingestuft. Sie folgt unverändert dem vorgezeichneten Trend von 1,7 Prozent pro Jahr.

6. Ergebnisse zum ökonomischen Umfeld

Im einzelnen hat die so grob vorgezeichnete Entstehungsrechnung der gesamtwirtschaftlichen Produktion folgenden Verlauf (Tabelle V-5): Das reale Wirtschaftswachstum geht von jahresdurchschnittlich 2 Prozent bis 2020 auf 1,4 Prozent in den Jahren danach bis zum Endpunkt der Prognoserechnung zurück. Zwischen 2030 und 2040 liegt es zeitweise sogar unter 1 Prozent, bis es sich schließlich auf einer Rate von 1,3 Prozent einpendelt.

Die Beschäftigung steht kurzfristig bis 2000 noch unter dem rezessiven Eindruck der Jahre 1995 bis 1997. Deshalb liegt das

Beschäftigungsniveau zur Jahrtausendwende nicht höher als 1995. Danach entfaltet es sich mit einer jährlichen Zuwachsrate von 0,3 Prozent. Dieser Entwicklungspfad wird beibehalten bis zum Jahr 2025. Danach folgt die Beschäftigung bei unverändertem Produktivitätstrend dem rückläufigen Arbeitskräfteangebot und nimmt im Zeitraum 2020 bis 2040 jahresdurchschnittlich um 0,3 Prozent ab. Damit entspricht das Erwerbstätigenniveau des Jahres 2040 in etwa wieder dem Ausgangsniveau des Jahres 1995 mit knapp 35 Millionen Erwerbstätigen.

Tabelle V-5: **Entstehungsrechnung der gesamtwirtschaftlichen Produktion**
(jahresdurchschnittliche Veränderung in Prozent)

	1995/2000	2000/2020	2020/2040	1995/2040
Bruttoinlandsprodukt	1,9	2,0	1,4	1,7
Arbeitsproduktivität	1,9	1,7	1,7	1,7
Erwerbstätige	0	0,3	– 0,3	0

Quelle: Eigene Berechnungen

Entsprechend sind die Konsequenzen für den Arbeitsmarkt (Tabelle V-6 und Abbildung V-5). Die Arbeitslosigkeit wird bis zum Jahr 2010 noch leicht zunehmen. Das liegt ganz einfach daran, daß die Zunahme des Erwerbspersonenangebots größer ausfällt als die Zunahme der Arbeitsplätze. So wird die Arbeitslosenquote von derzeit rund 10 Prozent noch leicht auf 11,3 Prozent ansteigen. Unter den gegebenen Bedingungen ist also zunächst mit keiner Entlastung zu rechnen. Hohe Zuwanderung, zunehmende Frauen- und Altenerwerbswünsche – alles zusammen kann der Arbeitsmarkt mittelfristig nicht verkraften.

Nach dem Jahr 2010 jedoch setzt infolge der unvermeidbar rückläufigen Potentialentwicklung und der weiterhin positiven Arbeitsplatzentwicklung eine rasche Arbeitsmarktbesserung ein. Die Arbeitslosenquote sinkt bis zum Jahr 2020 auf 8,8 Prozent

Abbildung V-5:

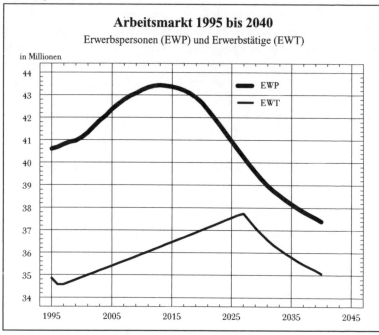

und erreicht im Jahr 2026 schließlich die gesetzte Vollbeschäftigungsmarge von 4 Prozent. Diese Rate wird in den folgenden Jahren beibehalten. Sie drückt aus, daß langfristig mit einer etwas höheren friktionellen und strukturellen Arbeitslosigkeit gerechnet wird.

Der Arbeitsmarktverlauf in der hier vorgestellten Modellrechnung deutet auf akuten Handlungsbedarf aller politischen Akteure hin. Denn mittelfristig sind Konfliktsituationen am Arbeitsmarkt programmiert. Das unterstellte Zuwanderungsvolumen, der angenommene Anstieg der Frauenerwerbsbeteiligung sowie die Heraufsetzung der Lebensarbeitszeit sind zusammengenommen

Tabelle V-6: **Entwicklung des Arbeitsmarktes 1995 bis 2040**
(in 1000 Personen)

	1995	2000	2005	2010	2015	2020	2025	2030	2035	2040
Erwerbspersonen	40 599	41 112	42 358	43 224	43 362	42 650	40 956	39 276	38 174	37 395
Erwerbstätige	34 855	34 888	35 406	35 931	36 464	37 005	37 554	36 840	35 806	35 075
Abhängig Beschäftigte	31 369	31 399	31 865	32 338	32 818	33 305	33 799	33 156	32 225	31 568
Unterbeschäftigungsvolumen	5 744	6 224	6 952	7 293	6 898	5 644	3 402	2 436	2 368	2 320
Stille Reserve	2 125	2 303	2 572	2 698	2 552	2 088	1 259	901	876	858
Arbeitslose	3 619	3 921	4 380	4 594	4 346	3 556	2 143	1 535	1 492	1 461
Arbeitslosenquote (in Prozent)	9,4	10,1	11,0	11,3	10,6	8,8	5,4	4,0	4,0	4,0

Quelle: Eigene Berechnungen

mit dem Ziel der Vollbeschäftigung nicht vereinbar. Wenn die Politik die Erreichung dieses Ziels ernsthaft im Auge behalten möchte, wird sie zuallererst dafür sorgen müssen, daß sich die Investitions- und damit auch die Wachstumsbedingungen verbessern. Eine wirksame Entlastung des Arbeitsmarktes wird sich nur auf diesem Wege erreichen lassen, also über Beschäftigungsmehrung.

Die Politik wird aber auch die Entwicklung des Arbeitskräftepotentials stärker in ihre Überlegungen einbeziehen müssen. An dieser Stelle gibt es mittelfristig einen Konflikt zu den sozialen Sicherungssystemen. Um im Bereich der Rentenversicherung eine Entlastung zu erzielen, sind die beschlossenen Reformmaßnahmen, die zu einer Erhöhung der Alterserwerbstätigkeit führen, folgerichtig. Dazu gehört auch die steigende Erwerbstätigkeit der Frauen, die so vermehrt Beitragszahlerinnen werden und eigene Rentenansprüche erwerben. Aber sie verändern natürlich das Arbeitsmarktgeschehen.

Nimmt man beispielsweise die beschlossene Verlängerung der Lebensarbeitszeit aus der Modellrechnung heraus, steigt das Arbeitskräftepotential deutlich weniger an mit der Folge, daß die Arbeitslosenquote nach dem Jahr 2000 um rund einen Prozentpunkt niedriger ausfallen würde. Die Dinge sind also im ganzen zu sehen.

Bevor auf solche oder andere Wechselwirkungen näher eingegangen wird, sollen die bislang vorgestellten Ergebnisse der Grundversion der Modellrechnung zunächst mit den Ergebnissen der Modellrechnung zur Entwicklung der sozialen Sicherungssysteme angereichert werden. Das führt vorab zu einer kurzen Beschreibung des Rentenmodells, auf welche Weise also die Beitragssätze zur Renten-, Kranken- und Pflegeversicherung ermittelt werden. Dieses Modell wurde von Buttler (1996) entwickelt und anschließend an das bereits vorhandene IW-Bevölkerungs- und Arbeitsmarktmodell angekoppelt.

7. Grundzüge des Rentenmodells

Das Rentenmodell, das sich auf die gesetzliche Rentenversicherung der Arbeiter und Angestellten beschränkt, greift zunächst die nach Alter und Geschlecht fortgeschriebene Bevölkerung auf und verbindet sie mit altersspezifischen Rentnerquoten. Auf diese Weise wird die Zahl der Rentner ermittelt. Um den zuvor bereits angesprochenen Reformmaßnahmen gerecht zu werden, wird nach den verschiedenen Rentenarten getrennt vorgegangen. Damit liegen den Berechnungen zugrunde:

– die Quoten der Erwerbs- und Berufsunfähigkeitsrenten
– die spezifischen Rentnerquoten der Frauen und
  der Arbeitslosen ab dem Alter von 60 Jahren
– die Rentnerquoten der langjährig Versicherten
  mit Rentenbeginn ab 63 Jahre
– die Quoten der Altersrenten wegen Schwerbehinderung
  und schließlich
– die Quoten mit normalem Rentenbezug ab dem Alter von 65.

Diese Quoten werden entsprechend der gesetzlichen Reformvorschriften zur schrittweisen Anhebung der Altersgrenzen verändert. Zusammen mit den fortgeschriebenen Altersgruppen der Bevölkerung lassen sich die Wechselwirkungen zu den sozialen Sicherungssystemen unmittelbar darstellen, also die Konsequenzen der altersstrukturellen Verschiebungen, sei es durch den Geburtenrückgang, den Anstieg der Lebenserwartung oder durch die differenzierte Zuwanderung von außen. Das ist der Vorteil einer Bestandsrechnung. Ebenso wie im Bevölkerungs- und Arbeitsmarktmodell unterbleibt auch im Rentenmodell eine Trennung nach den alten und neuen Bundesländern, denn es sollen ja vor allem die langfristigen Wirkungen betrachtet werden.

Im eigentlichen Rentenmodell werden auf der Grundlage des 6. Sozialgesetzbuches die einzelnen Positionen der Einnahmen-,

Ausgaben- und Vermögensbeträge bestimmt, die zur Ermittlung des Beitragssatzes erforderlich sind. Das setzt die Modellierung folgender Zusammenhänge voraus:

Bezüglich der Einkommensentwicklung bestimmt der Zuwachs der Arbeitsproduktivität den Anstieg der Realeinkommen, der anschließend inflationiert wird. Ausgegangen wird von einem jährlichen Anstieg des nominalen Bruttodurchschnittseinkommens von 3 Prozent pro Jahr. Dieser nominale Einkommenspfad bleibt im Zeitablauf unverändert.

Um vom vorgezeichneten Pfad der Bruttoeinkommensentwicklung auf den Nettoeinkommenspfad zu gelangen, gilt es zunächst, den Steuersatz sowie die Beitragssätze zur Kranken-, Pflege- und Arbeitslosenversicherung zu ermitteln. Der Steuersatz wird zweckmäßigerweise als lineare Funktion vom Einkommen angesetzt. Die Beitragssätze zur Krankenversicherung werden mit der demographischen Entwicklung verbunden und an die Veränderung der eingangs vorgestellten Belastungsquote gekoppelt, die auf die über 65jährigen abstellt. Hinzu gerechnet wird eine autonome Zunahme des Krankenversicherungsbeitrages von 1 Prozent pro Jahr, die im Gesundheitssystem selbst angelegt ist. Diese autonome Steigerung wird auch in die Pflegeversicherung übernommen und die Alterung der Bevölkerung durch die Entwicklung der Hochbetagten im Alter über 85 Jahre berücksichtigt. Der Beitragssatz zur Arbeitslosenversicherung schließlich wird aus der Entwicklung der Arbeitslosenquote abgeleitet.

Um zum Nettoeinkommen zu gelangen, bleibt schließlich noch die Berechnung des Beitragssatzes zur Rentenversicherung. Dazu ist ein iteratives Verfahren erforderlich. Denn einerseits läßt sich eine Reihe von Bilanzpositionen erst berechnen, wenn der Beitragssatz bekannt ist. Dieser wiederum hängt andererseits von diesen Größen ab. Das führt in den sogenannten Selbstregulierungsmechanismus hinein, der mit der Rentenreform 1992 eingeführt wurde. Dieser Mechanismus knüpft die Erhöhung des Bundeszuschusses über die Entwicklung der Durchschnittseinkommen hinaus auch an die Entwicklung der Beitragssätze und hat die Sicherung der Finanzsituation der Rentenversicherung zum Ziel. Steigende Beitragssätze erhöhen zusammen mit dem daran gekoppelten Bundeszuschuß die Einnahmen der Rentenversicherung. Die Rentenanpassung fällt aufgrund der darin eingerechneten, geringeren Nettoeinkommensquote entsprechend niedriger aus.

Zunächst werden die Rentenausgaben ermittelt, die im Bereich der Versicherten-, Witwen- und Waisenrenten anfallen. Schließlich gilt es die Ausgaben zu berechnen, die für die Rentner im Bereich der Kranken- und Pflegeversicherung anfallen, die Ausgaben für Rehabilitation und Verwaltung sowie die Zuweisung zur Liquiditätsreserve, die Aufwendungen nach dem Kinderleistungsgesetz und die Erstattungen an die knappschaftliche Rentenversicherung. Damit liegen die Gesamtausgaben fest.

Zur Berechnung der durch Beiträge zu deckenden Ausgaben sind die Vermögenserträge sowie die Zahlungen der Bundesanstalt für Arbeit an die Rentenversicherung zu schätzen. Anschließend kann dann im iterativen Ansatz der Bundeszuschuß sowie der Beitragssatz zur Rentenversicherung bestimmt werden, nachdem zuvor bereits der Rentenanpassungssatz für das aktuelle Jahr aus den Vorjahresveränderungen des Bruttoeinkommens sowie des Verhältnisses von Nettoeinkommen und Nettorenten bestimmt wurde.

In Kenntnis des Beitragssatzes können anschließend die Beitragseinnahmen und über den Bundeszuschuß die Vermögenserträge, die Einnahmen aus der Arbeitslosenversicherung sowie die Erstattungen aus öffentlichen Mitteln, die Gesamteinnahmen errechnet werden. Schließlich sind das Nettodurchschnittseinkommen, die Nettoquote des Einkommens und auch die Nettorentenquote darstellbar. Das Rentenniveau schließlich errechnet sich aus dem Verhältnis der Eckrente zum durchschnittlichen Arbeitnehmereinkommen aus der volkswirtschaftlichen Gesamtrechnung. Auch hier wiederum wird zwischen Brutto- und Nettorentenniveau unterschieden.

8. Einnahmen und Ausgaben der gesetzlichen Rentenversicherung im Grundmodell

Bevor die Modellergebnisse im einzelnen vorgestellt werden, wird zunächst eine grobe Überschlagsrechnung präsentiert. Denn den Haushalt der Rentenversicherung kann man vereinfacht in Mengen- und Wertkomponenten zerlegen. Der Verlauf der Mengenkomponenten wurde im demographischen Teil mit der Entwicklung der Altenquotienten hinreichend beschrieben. Für die unmittelbare Haushaltsentwicklung reicht diese Kennziffer allein jedoch nicht aus. Verwendet man in weiterführender Betrachtung statt dessen den Rentnerquotienten, kommt man in einer ersten Abschätzung der tatsächlichen Entwicklung des erforderlichen Beitragssatzes schon näher. Als Wertkomponente braucht dann nämlich nur noch das Bruttorentenniveau berücksichtigt zu werden (Schmähl, 1995, 629).

Der Rentnerquotient als Relation zwischen Zahl der Rentner und Zahl der Beitragspflichtigen erfaßt die für die Rentenversicherung spezifischen Einflußfaktoren. Veränderungen im ökonomischen Umfeld werden über die Entwicklung der Beschäftigung eingefangen, Veränderungen im demographischen Verlauf wie im Rentenzugangsalter über die alters- und geschlechtsspezifischen Rentner- und Erwerbsquoten.

Das Ergebnis ist in Abbildung V-6 dargestellt: Kamen 1995 auf 1000 abhängig Beschäftigte nur 480 Rentner, werden es im Fall eines unveränderten Rentenzugangsalters im Jahr 2040 rund 840 sein. Geht die beschlossene Heraufsetzung des Rentenalters auf generell 65 Jahre in die Rechnung mit der Annahme ein, daß diese Neuregelung von der Hälfte der Betroffenen tatsächlich umgesetzt wird, steigt der Rentnerquotient bis 2040 auf knapp 800.

Im Verlauf wird ersichtlich, daß ab dem Jahr 2000 die Wirkungen der verlängerten Lebensarbeitszeit zu immer größeren Entlastungen führen. Diese Effekte sind im Grundmodell enthalten.

Bezieht man die Entwicklung des Bruttorentenniveaus – das ist der Quotient aus durchschnittlicher Bruttorente und durchschnittlichem Bruttoarbeitsentgelt – als Wertkomponente in die Rechnung ein, ergibt sich aus dieser ersten Annäherung ein Anstieg des erforderlichen Beitragssatzes von 18,6 Prozent 1995 auf rund 30 Prozent im Jahr 2040. Diese erste grobe Abschätzung wird anschließend unter Verwendung des Rentenmodells mit seiner spezifischen Einnahmen-Ausgaben-Rechnung verfeinert.

Dort ist nach § 158 des 6. Sozialgesetzbuches der Beitragssatz in der Rentenversicherung so festzusetzen, daß die voraussichtlichen Beitragseinnahmen unter Berücksichtigung der voraussichtlichen Lohn- und Beschäftigungsentwicklung ausreichen, um die voraussichtlichen Ausgaben zu decken, wobei sichergestellt sein muß, daß am Jahresende eine liquide Schwankungsreserve von einer Monatsausgabe vorhanden ist. Den Beitragseinnahmen sind vor allem der Bundeszuschuß, die Beitragserstattungen aus der Arbeitslosenversicherung und die Vermögenserträge hinzuzurechnen. Auf der Ausgabenseite fallen besonders die Zuschüsse zur Kranken- und zur Pflegeversicherung ins Gewicht. Alle Einnahme- und Ausgabepositionen sind in Tabelle V-7 dargestellt.

Ein Blick auf die Haushaltsstruktur führt bei den Einnahmen zu folgenden Veränderungen:

Abbildung V-6:

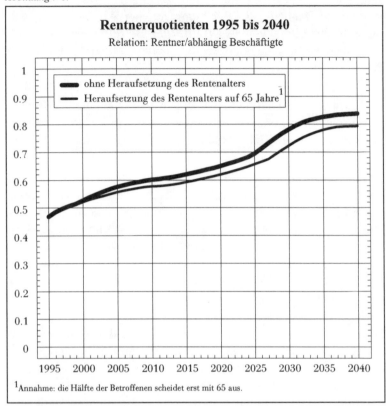

- Der Anteil der Beiträge an den Gesamteinnahmen bildet sich aufgrund steigender Beitragserstattungen aus der Arbeitslosenversicherung zunächst etwas zurück und nimmt dann auf rund 80 Prozent zum Ende des Prognosezeitraums zu. Gegenüber 1995 bedeutet dies eine Anteilszunahme von 3 Prozentpunkten.

- Die Beitragserstattungen von der Bundesanstalt für Arbeit für nichtbeschäftigte Arbeitnehmer nimmt von 5,8 Prozent 1995 zunächst auf 6,4 Prozent im Jahr 2010 zu und geht anschließend spürbar auf 1,9 Prozent in den Jahren ab 2030 zurück. Das ist das Ergebnis der auf 4 Prozent gesunkenen Arbeitslosenquote.

– Der Bundeszuschuß liegt bis zum Jahr 2025 bei rund 17 Prozent und macht im Jahr 2040 gut 18 Prozent der Gesamteinnahmen aus.

Auf der Ausgabenseite ragen folgende Strukturverschiebungen heraus:

– Der Anteil der Rentenausgaben an den Gesamtausgaben nimmt kontinuierlich ab. Er sinkt von 79 Prozent 1995 auf rund 71 Prozent im Jahr 2040.

– Demgegenüber nimmt der Anteil der Ausgaben, die für die Krankenversicherung der Rentner fällig werden, kontinuierlich zu von 5,5 Prozent 1995 auf 9 Prozent im Jahr 2040.

– Auch die Pflegeausgaben steigen. Ihr Anteil verdoppelt sich von knapp 1 Prozent gegenwärtig auf 2 Prozent im Jahr 2040.

– Demgegenüber bilden sich die Anteile, die für Rehabilitationssowie für Verwaltungsausgaben fällig werden, anteilsmäßig leicht zurück.

– Die Erstattungen in der Wanderversicherung der knappschaftlichen Rentenversicherung schließlich werden leicht an Gewicht gewinnen. Ihre Bedeutung steigt von 2,5 Prozent 1995 auf gut 4 Prozent im Jahr 2040.

Der zur Sicherstellung dieser Haushaltsentwicklung erforderliche Beitragssatz nimmt über den gesamten Zeitraum kräftig auf 27,7 Prozent im Jahr 2040 zu. Aber dieser Anstieg wird nicht kontinu-

Tabelle V-7: **Die Entwicklung der Einnahmen und der Ausgaben sowie des erforderlichen Beitragssatzes in der Rentenversicherung der Arbeiter und der Angestellten von 1995 bis 2040**
(in Millionen DM)

	1995	2000	2010	2020	2030	2040
Einnahmen insgesamt	**349 005**	**414 256**	**597 493**	**864 356**	**1 319 978**	**1 789 809**
Beitragseinnahmen	266 790	314 209	453 950	672 643	1 057 463	1 423 107
Beiträge aus der Arbeitslosenversicherung	20 300	24 577	38 255	41 033	25 101	32 187
Bundeszuschuß	59 545	72 848	102 142	146 796	232 268	328 156
Erstattung aus öffentlichen Mitteln	1 500	1 500	1 500	1 500	1 500	1 500
Vermögenserträge	870	1 121	1 646	2 384	3 645	4 859
Ausgaben insgesamt	**347 505**	**412 756**	**595 993**	**862 856**	**1 318 478**	**1 788 309**
Rentenausgaben	274 861	329 003	467 015	661 112	972 427	1 262 994
Beiträge zur Krankenversicherung						
Rentenversicherungsträger	18 977	22 828	38 009	60 869	107 455	161 484
Eigenbeiträge der Rentner	18 977	22 828	38 009	60 869	107 455	161 484
Beiträge zur Pflegeversicherung						
Rentenversicherungsträger	3 123	3 061	4 989	9 446	20 959	35 967
Eigenbeiträge der Rentner	3 123	3 061	4 989	9 446	20 959	35 967
Rehabilitationsmaßnahmen	9 610	10 508	14 152	19 060	25 670	34 572
Verwaltungs- und Verfahrenskosten	6 301	7 095	8 649	10 543	12 852	15 667
KLG-Leistungen	2 500	2 031	841	0	0	0
Erstattung in Wanderversicherung der KnRV	8 603	10 980	17 885	29 133	47 454	77 298
Zuweisung zur Schwankungsreserve	1 430	1 361	1 454	2 378	3 246	2 876
Erforderlicher Beitragssatz (in Prozent)	**18,6**	**20,3**	**21,1**	**22,5**	**26,4**	**27,7**

Quelle: Eigene Berechnungen

ierlich ausfallen. Vielmehr ist nach folgenden Phasen zu unterscheiden (Tabelle V-7 und Abbildung V-7):

– Phase 1 beschreibt die Entwicklung bis zum Jahr 2000. Bis dahin nimmt der Beitragssatz von 18,6 Prozent 1995 auf 20,3 Prozent zu.

– In Phase 2 bleibt der Beitragsanstieg noch recht moderat. Bis zum Jahr 2005 folgt ein Anstieg auf 20,9 Prozent und anschließend bis zum Jahr 2015 eine weitere leichte Zunahme auf dann 21,5 Prozent.

– Phase 3 umfaßt die problematischen Jahre. Der Beitragssatz steigt bis zum Jahr 2036 auf 27,8 Prozent und stabilisiert sich dann in etwa auf diesem Niveau. Läßt man das Modell über das Jahr 2040 hinauslaufen, ist kein neuerlicher Anstieg ersichtlich, vielmehr ein leichter Rückgang. Der Höhepunkt wäre danach offenkundig erreicht, was sich im Endjahr der Modellrechnung bereits anbahnt.

Es leuchtet ein, daß eine Erhöhung des Beitragssatzes um gut 9 Prozentpunkte die Nettoeinkommen der Beschäftigten spürbar schmälert und die Lohnnebenkosten in den Unternehmen kräftig erhöht. Das ist unstrittig. Fraglich ist nur, ob es einen Vergleichsmaßstab gibt, der eine Orientierung dafür bietet, welcher Beitragssatz dem Umlageverfahren entspräche, wenn die demographischen Veränderungen sich nicht so stellen würden, wie sie sich nach allen Prognosen ergeben. Um dies herauszubekommen, muß man die veränderte demographische Lage herausrechnen, also das Geburtendefizit der letzten Jahre auf der einen Seite wie die spürbar steigende Lebenserwartung auf der anderen Seite, und eine Bevölkerung verwenden, die dem Modell der stationären Bevölkerung entspricht: Die Lebenserwartung bleibt konstant, und die Zahl der Geburten entspricht genau der Zahl der

Sterbefälle. Solche Berechnungen sind in der langen Geschichte des Umlageverfahrens schon sehr früh vorgenommen worden.

Eine der umfangreichsten Berechnungen dazu stammt von Grohmann (1965, 332). Nach diesen Berechnungen beläuft sich der für die stationäre Bevölkerung erforderliche Beitragssatz auf 23,85 Prozent. Dieses Ergebnis wurde vom Verfasser seinerzeit als schockierend eingestuft angesichts des damals sehr niedrigen Beitragssatzes von 14 Prozent. Eine Übertragung auf die heutige Situation erscheint trotz veränderter Bedingungen durchaus erlaubt, denn die zwischenzeitlich gestiegene Lebenserwartung dürfte durch den Übergang von der Brutto- zur Nettorentenanpassung annähernd kompensiert worden sein. So rücken sich die Dinge trotz aller Dramatik ein wenig zurecht: Am Modell der stationären Bevölkerung gemessen befindet sich die Rentenversicherung bis weit über das Jahr 2000 hinaus noch auf der sicheren Seite. Jenseits des Jahres 2020 wird es allerdings zunehmend kritisch.

Nun enthält das stationäre Modell eine künstliche Bevölkerung, die mit der Realität nichts zu tun hat. Sucht man sich statt dessen eine Bevölkerungspyramide, in der das Mißverhältnis zwischen Geburten- und Sterbefällen bei weitem noch nicht so ausgeprägt ist wie in Deutschland, wird man beispielsweise in Frankreich fündig. Um herauszubekommen, wie das deutsche Rentensystem auf die französische Pyramide reagieren würde, wird deren Altersstruktur auf die deutsche Globalbevölkerung übertragen und anschließend im Rentenmodell verwendet. Angenommen wird in diesem Fall ein Wanderungssaldo von null und die höhere Geburtenziffer; in Frankreich liegt das Geburtenniveau derzeit bei 1665 Kinder je 1000 Frauen, in Deutschland bei 1245.

Die Entlastungswirkungen einer Bevölkerungsstruktur nach dem Modell Frankreichs wären beachtlich (Tabelle V-8). Für das Jahr 2010 ergibt sich ein Beitragssatz von 17,4 Prozent. Das sind 4,4

Prozentpunkte weniger als im Grundmodell ohne Nettozuwanderung. Bis zum Jahr 2030 nimmt der Abstand sogar auf gut 6 Prozentpunkte zu, um anschließend wieder leicht zurückzugehen.

Der im Jahr 2040 erreichte Beitragssatz von 26,3 Prozent wäre immer noch niedriger als im rein deutschen Grundmodell einschließlich der dort unterstellten Nettozuwanderung von 300 000 Personen pro Jahr. Schließlich erreicht das Modell mit französischer Bevölkerungsstruktur den Beitragssatz einer stationären Bevölkerung erst im Jahr 2029. Trotz des niedrigeren Niveaus der Beitragssätze legt diese Modellrechnung aber auch offen, daß über Frankreich hinaus in der gesamten Europäischen Union problematische Jahre der Rentenversicherung bevorstehen (Hof, 1993, 180 ff.). Denn abgesehen von Irland hat kein anderer Mitgliedsstaat eine so günstige Altersstruktur.

Tabelle V-8: **Beitragssätze zur Rentenversicherung unter Verwendung der Bevölkerungsstruktur Frankreichs**
Vom Grundmodell abweichende Annahmen: Wanderungssaldo null

	2000	2010	2020	2030	2040
Grundmodell	20,3	21,1	22,5	26,4	27,7
Grundmodell ohne Nettozuwanderung	20,4	21,8	24,4	30,1	32,0
Grundmodell mit französischer Bevölkerungsstruktur ohne Nettozuwanderung und einer Nettoreproduktionsrate von 0,8	17,9	17,4	20,4	23,7	26,3
Differenz in Prozentpunkten	2,5	4,4	4,0	6,4	5,7

Quelle: Eigene Berechnungen

Die Systeme der Altersversorgung werden aber nicht nur vom Geburtenrückgang betroffen. Überall steigt auch die Lebenserwartung. Welche Auswirkungen allein diese Veränderung der demographischen Situation auf die Rentenversicherung hat, soll anschließend für Deutschland in einer Vergleichsrechnung kurz dargestellt werden. Unterstellt man also im Modell keine weitere Zunahme der Lebenserwartung, würde der Beitragssatz zur Rentenversicherung bis zum Jahr 2035 auf lediglich 24,5 Prozent ansteigen und anschließend auf 24 Prozent im Jahr 2040 zurückgehen. Der Vergleich zum Grundmodell zeigt: Auf die Zunahme der Lebenserwartung entfällt ein Beitragssatzanstieg von annähernd 4 Prozentpunkten. Dieser Teil der demographischen Veränderung wird später eingehend diskutiert.

Zu den Realitäten in Deutschland zählen aber nicht nur besonders kräftig steigende Beitragssätze zur Rentenversicherung. Hinzu kommt eine ähnlich gelagerte Dynamik in den Sätzen für die Kranken- und die Pflegeversicherung. Der Ausgabenanstieg scheint hier ungebrochen. Auch dies ist im Kern Folge der Alterung. Nimmt man den Beitragssatz zur Arbeitslosenversicherung hinzu, der allein eine insgesamt rückläufige Tendenz aufweist, ergibt sich als Summe der Einzelsätze die Sozialabgabenquote (Abbildung V-8). Sie steigt von 40 Prozent 1995 auf 63 Prozent im Jahr 2040. Einschließlich der Arbeitgeberbeiträge wären dann also annähernd zwei Drittel der Bruttoeinkommen für die soziale Sicherung fällig.

Die zusammengefaßte Quote verdeutlicht die Dynamik, die durch Pflege und Krankheit ausgelöst wird. Nach dem Modell steigt der Krankenversicherungsbeitrag von derzeit 13,1 über 18,5 Prozent im Jahr 2020 auf 25,7 Prozent im Jahr 2040. Er liegt damit nur noch um 2 Prozentpunkte unter dem Rentenversicherungssatz. Der Pflegesatz schließlich erhöht sich von 1,7 über 2,9 auf 5,8 Prozent. Demgegenüber nimmt der Beitragssatz zur Arbeitslosenversicherung von derzeit 6,5 auf 3,8 Prozent im Jahr 2040 ab, nachdem er zwischenzeitlich auf einen Spitzenwert von 7,5 Prozent im Jahr 2010 gestiegen war.

Der Verlauf der Beitragssätze zur Arbeitslosenversicherung mahnt eine vorsichtige Beurteilung jener Vorschläge an, die in der Rentenanpassung die Entwicklung des Arbeitsmarktes berücksichtigen wollen. Überschreitet nach Bomsdorf (1996) etwa die Arbeitslosenquote einen kritischen Wert, wird die an sich vorgesehene Rentenerhöhung um einen bestimmten Prozentsatz gekürzt. Unterschreitet sie ihn, erfolgt keinerlei Korrektur. Hinter dieser asymmetrischen Vorgehensweise (Kommission, 1997, 212) steht zwar ein genau definierter Mechanismus, aber die Parameter dieses Modells werden einfach gesetzt, Arbeitsmarkt- und Rentenpolitik willkürlich miteinander verbunden.

Schon dies wirft Fragen auf, noch mehr jedoch die Wirkungsweise der so modellierten arbeitsmarktbedingten Korrektur. Zunächst gilt: Steigende Beitragssätze zur Arbeitslosenversicherung reduzieren bereits seit 1992 die Rentensteigerung mit dem in diesem Jahr vollzogenen Übergang von der Brutto- zur Nettoanpassung. Eine Korrektur der Rentenanpassung nach unten findet

Abbildung V-7:

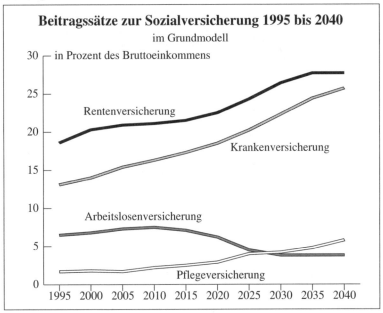

bei sich verschlechternder Arbeitsmarktlage also bereits statt. Hinzu kommt der asymmetrische Ansatz. Er löst Minderausgaben in den Jahren aus, in denen der Beitragssatz zur Rentenversicherung in Phase 2 bis 2015 noch recht moderat verläuft. Wenn jedoch in Phase 3 ab dem Jahr 2020 die Beitragssätze zur Rentenversicherung spürbar steigen und der Reformdruck erheblich zunimmt, bessert sich demographisch bedingt die Arbeitsmarktsituation: Der arbeitsmarktbedingte Korrekturfaktor wird immer kleiner und nimmt schließlich den Wert null an, sobald die kritische Arbeitslosenquote unterschritten wird. Das wäre im Grundmodell ab dem Jahr 2025 der Fall. Nach diesen Ergebnissen müßte der Vorschlag zur Einführung einer Arbeitsmarktkomponente vom Tisch sein.

Aber es bedarf nicht vieler Worte, daß der Anstieg der Sozialabgabenquote von derzeit 40 Prozent auf 63 Prozent im Jahr 2040 unerträglich hoch ist. Die Frage wird sein, mit welchen Reformmaßnahmen diese Zunahme wirksam und adäquat reduziert werden kann. Im folgenden steht dabei allein der Beitragssatz zur Rentenversicherung im Vordergrund. Kranken- und Pflegeversicherung werden nicht weiter verfolgt.

9. Reformmaßnahmen innerhalb des Systems

9.1 Erhöhung des Bundeszuschusses

Die Diskussion von Reformmaßnahmen beginnt auf der Einnahmenseite und nimmt die dritte Säule der Finanzierungsquelle, den Bundeszuschuß, in die Pflicht. Nach den derzeitigen Regelungen deckt der Bundeszuschuß rund 58 Prozent aller versicherungsfremden Leistungen (s. Kapitel 1, S. 33). Dazu zählen zum Beispiel Renten für Schwerbehinderte, Berücksichtigung von Zurechnungs-, Anrechnungs- und Ersatzzeiten oder Renten nach Mindesteinkommen. Die Diskussion darüber, welche versicherungsfremden Leistungen aus der Rentenversicherung herauszunehmen sind, etwa die

Abbildung V-8:

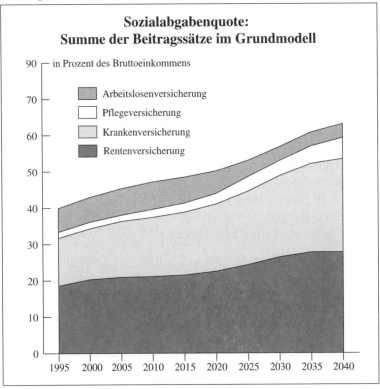

Anrechnungszeiten für die Berufsausbildung, und welche weiterhin typischerweise dort angesiedelt bleiben sollten, etwa die Anrechnung von Kindererziehungszeiten, hat der Sachverständigenrat zur Begutachtung der gesamtwirtschaftlichen Entwicklung in seinem jüngsten Jahresgutachten ausführlich dargelegt. Sie wird deshalb hier nicht weiter verfolgt. Auch die Kommission zur Fortentwicklung der Rentenversicherung (1997) hat sich dazu geäußert.

Im Rahmen der hier vorgenommenen Modellrechnung wird eine Orientierung an den versicherungsfremden Leistungen vorgenommen, die Kriegsfolgelasten darstellen, sowie jenen Ausgaben, die im Zuge der Wiedervereinigung in Form von Auffüllbeträgen und Rentenzuschlägen zu zahlen sind. Zusammengenommen machen diese Positionen derzeit knapp 30 Prozent der gesamten versicherungsfremden Leistungen aus.

Angenommen wird, daß sich der Bund an diesen Leistungen in den kommenden Jahren stärker beteiligt. In der einen Variante soll der Bund seinen Finanzierungsanteil schrittweise bis zum Jahr 2015 auf 90 Prozent steigern. Die Frage der Gegenfinanzierung, die derzeit ein Volumen von gut 32 Milliarden DM ausmachen würde, wird hier nicht gestellt. In einer zweiten Variante soll der Bundeszuschuß einmalig im Jahr 2000 auf 75 Prozent angehoben werden. Der Mehraufwand des Bundes beliefe sich dann absolut auf rund 15 Milliarden DM.

Trägt der Bund künftig also einen steigenden Teil aller nicht beitragsgedeckten Ausgaben (Variante 1), macht der Finanzierungsbeitrag „Bundeszuschuß" im Zieljahr 2015 mit dann 90 Prozent absolut 169,8 Milliarden DM. Das sind 23,5 Prozent der Gesamteinnahmen. Im Jahr 2040 wäre ein Finanzierungsanteil von 25,3 Prozent erreicht. Die Wirkungen auf den Beitragssatz der Rentenversicherung sind entsprechend. Im Jahr 2015 läge der Beitragssatz bei 19,9 Prozent und damit um 1,6 Prozentpunkte niedriger als im Grundmodell. Danach jedoch würde er bis zum Jahr 2040 unentwegt auf knapp 26 Prozent ansteigen (Tabelle V-9). Der Abstand zum Grundmodell erhöht sich auf rund 2 Prozentpunkte.

In der Variante mit einem einmaligen Anstieg auf 75 Prozent fallen im Jahr 2000 die Entlastungswirkungen entsprechend niedriger aus. Der Anteil an den Gesamteinnahmen würde zunächst deutlich auf 21,6 Prozent ansteigen und im Endjahr der Prognoserechnung bei 22,6 Prozent liegen. Der Beitragssatz ginge im Jahr 2000 deutlich zurück, und er würde mit dann 19,2 Prozent den des Grundmodells um einen Prozentpunkt unterschreiten. Danach steigt er an über 23 Prozent im Jahr 2025 auf 26,6 Prozent im Jahr 2040. Der Beitragssatzabstand zum Grundmodell bliebe bei einem Prozentpunkt (Tabelle V-9).

Tabelle V-9: **Erhöhung des Bundeszuschusses auf 75 oder 90 Prozent der versicherungsfremden Leistungen**

	1995	2000	2010	2020	2030	2040
Bundeszuschuß im Grundmodell (in Mio. DM)	59 545	72 848	102 142	146 796	232 268	328 156
	allmählicher Anstieg auf 90 Prozent im Jahr 2015					
Bundeszuschuß (in Millionen DM)	59 545	79 755	133 706	207 197	327 511	462 804
Anteil an den Gesamteinnahmen (in Prozent)	17,1	19,2	22,2	23,6	24,4	25,3
Beitragssatz (in Prozent)	18,6	19,9	19,9	20,9	24,6	25,8
zum Vergleich Grundmodell (in Prozent)	18,6	20,3	21,1	22,5	26,4	27,7
Differenz (in Prozentpunkte)	–	-0,4	-1,2	-1,6	-1,8	-1,9
	einmaliger Anstieg auf 75 Prozent im Jahr 2000					
Bundeszuschuß (in Millionen DM)	59 545	89 290	126 447	182 500	288 926	408 626
Anteil an den Gesamteinnahmen (in Prozent)	17,1	21,6	21,0	20,9	21,7	22,6
Beitragssatz (in Prozent)	18,6	19,2	20,2	21,6	25,4	26,6
zum Vergleich Grundmodell (in Prozent)	18,6	20,3	21,1	22,5	26,4	27,7
Differenz (in Prozentpunkte)	–	-1,1	-1,1	-0,9	-1,0	-1,1

Quelle: Eigene Berechnungen

9.2 Übernahme der Beiträge zur Kranken- und Pflegeversicherung durch die Rentner

Vereinzelt laufen Vorschläge darauf hinaus, daß die Rentner die Kranken- und Pflegeversicherungsbeiträge vollständig übernehmen sollen. Zur Zeit tragen die Rentner davon nur die Hälfte. Um die Wirkung eines solchen Vorschlags zu überprüfen, soll die Umstellung im Jahr 2005 vorgenommen werden, denn zu diesem Zeitpunkt überschreitet der Krankenversicherungssatz die 15-Prozent-Marke deutlich (Abbildung V-7). Die Vorgehensweise dabei ist wie folgt: Im Jahr 2005 werden die Renten einmalig um den halben Krankenversicherungs- und Pflegebeitrag erhöht. Anschließend werden von diesem höheren Rentenniveau aus beide Versicherungen direkt von den Rentnern bedient. Steigende Beitragssätze werden mithin vollständig von den Rentnern getragen. Die Rentenversicherung ihrerseits trägt vom Jahr der Umstellung an nur noch den Ausgangsbetrag, der dann entsprechend der Rentenanpassung nur noch dynamisiert wird.

Eine solche Umstellung verändert den Beitragssatz zur Rentenversicherung nur marginal. Er weicht vom Grundmodell erst mit zunehmendem Zeithorizont leicht nach unten ab (Tabelle V-10). Die Auswirkungen auf das Nettorentenniveau halten sich gleichfalls im Rahmen. Es liegt etwa um einen Prozentpunkt niedriger

Tabelle V-10: **Übernahme der Kranken- und Pflegeversicherungsbeiträge durch die Rentner**

	2000	2005	2010	2020	2030	2040
Beitragssatz	20,3	20,9	21,1	22,4	26,2	27,6
zum Vergleich Grundmodell	20,3	20,9	21,1	22,5	26,4	27,7
Nettorentenniveau (in Prozent des Nettoeinkommens)	69,8	68,8	68,5	68,4	68,6	68,3
zum Vergleich Grundmodell	69,8	69,8	69,5	69,5	69,7	69,5

Quelle: Eigene Berechnungen

als in der Grundvariante. Die Schlußfolgerung ist zulässig, daß eine Übertragung der gesamten Kranken- und Pflegeversicherungsbeiträge auf die Rentner der Rentenversicherung selbst nicht weiterhilft. Aber die direkte Zuordnung könnte zu einer Senkung der Krankheitskosten beitragen.

9.3 Reduzierung des gesetzlich vorgeschriebenen Rentenanpassungssatzes

Im Kernpunkt der gegenwärtigen Diskussion steht die Korrektur der im 6. Sozialgesetzbuch niedergeschriebenen Rentenformel, mit der die Rentenhöhe bestimmt wird. In diese Rechnung gehen die persönlichen Entgeltpunkte, die Rentenart und der aktuelle Rentenwert ein. Eine Möglichkeit wäre, die persönlichen Entgeltpunkte beim Renteneintritt zu korrigieren (Rürup, 1996, 80). Nimmt also die Rentenbezugsdauer zu, wird das Niveau der Monatsrente gekürzt. Für diesen Faktor könnte die Veränderung der ferneren Lebenserwartung der 60jährigen (Tabelle V-1) oder der 65jährigen verwendet werden. Auf diese Weise wäre mit den amtlichen Daten der Lebenserwartung ein Faktor gefunden, der sich im Automatismus der Rentenformel berücksichtigen ließe. Nachteil dieser Vorgehensweise: Gegriffen wird nur der Rentenzugang, nicht jedoch der Rentenbestand.

Eine zweite Möglichkeit wäre, einen Korrekturfaktor in die Berechnung der jährlichen Rentenanpassung einzubauen, der dann für alle Rentner Anwendung fände. In der Rentenanpassungsformel bildet die Bruttolohnentwicklung die Grundgröße, die entsprechend der mit der Rentenreform 1992 vorgenommenen Nettoanpassung um zwei Faktoren zu korrigieren ist: einmal wie sich die Belastung der Aktiven und zusätzlich wie sich die Belastung der Rentner verändert hat. So fällt die Rentenerhöhung niedriger aus, wenn die Löhne netto langsamer steigen als brutto. Umgekehrt erfolgt eine Korrektur nach oben, wenn zum Beispiel der

Krankenversicherungsbeitrag der Rentner zunimmt, deren Belastung also steigt.

Dieses Grundprinzip der Nettoanpassung bliebe unberührt. Aber die daraus abgeleitete Rentenerhöhung könnte durch Berücksichtigung eines Faktors nach unten korrigiert werden. Ebenso wie bei der Berücksichtigung einer Arbeitsmarktkomponente stellt sich auch hier die Frage, ob die verwendeten Korrekturfaktoren einen logischen Bezug herstellen, oder ob es sich dabei lediglich um Setzungen handelt, damit im Zieljahr ein bestimmtes Rentenniveau erreicht wird. Sachlich könnte auch dabei eine Verbindung zur steigenden Lebenserwartung gesucht werden. Auch ließen sich die veränderten Altersstrukturen oder das steigende Durchschnittsalter als Korrekturfaktor berücksichtigen. Wie auch immer: Welcher Bezug zur Demographie auch hergestellt wird, eine stichhaltige Begründung für geringere Rentenanpassungen wäre damit gefunden.

Eine dritte Möglichkeit schließlich berücksichtigt die steigende Lebenserwartung nicht nur beim jährlichen Rentenzugang, sondern überträgt diese Korrektur auf alle Rentner und setzt so am Niveau der Bestandsrenten an. Damit sind die Konsequenzen der längeren Rentenbezugsdauer für alle Betroffenen darstellbar.

Die Rückwirkungen aller drei Vorgehensweisen auf die Einnahmen-/Ausgaben-Rechnung der Rentenversicherung sind mit dem hier verwendeten Modell nachvollziehbar, da es auf Bestandsrenten basiert und im Bevölkerungsmodell die Zunahme der Lebenserwartung berücksichtigt ist. Für eine erste Analyse ist dies ausreichend. In einer feineren Ausdifferenzierung müßte jedoch ein Mechanismus gefunden werden, der die steigende Lebenserwartung in die verschiedenen Versicherungsverläufe hineinrechnet. Hier mag es Abstimmungsprobleme geben, wenn etwa Frauen mit ihrer höheren Lebenserwartung beim Rentenzugang bei gleichem Versicherungsverlauf eine niedrigere Rente bekommen als Männer (Bomsdorf, 1996). Man kann darin durchaus eine geschlechtsspezifische Benachteiligung sehen. Dennoch wäre strenggenommen eine solche Regelung systemisch. Allerdings wird entsprechend dem Modell der schwedischen Lebenserwartung und dem Herauswachsen kriegsbelasteter Generationen hier davon ausgegangen, daß im Verlauf die Lebenserwartung der Männer stärker steigt als die der Frauen (Tabelle V-1).

Bleibt man also im demographischen Begründungszusammenhang, der im übrigen ja nicht nur die Rentner, sondern über das ökonomische Umfeld auch die Beschäftigten mit ihrer Einkommensentwicklung einschließt, ist rein rechnerisch jede Rücknahme des gesetzlich vorgeschriebenen Anpassungssatzes möglich, um dem Ziel gerecht zu werden, der Beitragssatz zur Rentenversicherung dürfte künftig ein bestimmtes Niveau nicht überschreiten. Auf diese Weise könnten die demographischen Folgewirkungen vollständig kompensiert werden. Aber dies ist natürlich zu kurz gedacht, was an den Folgen für die Entwicklung des Nettorentenniveaus sofort sichtbar wird.

Eine pauschale Rücknahme des Rentenanpassungssatzes etwa auf die Hälfte des derzeit gesetzlich vorgeschriebenen Betrages ab dem Jahr 2000 würde den Beitragssatz schon wenig später unter die 20-Prozent-Marke drücken. Er bliebe dort auch bis zum Endpunkt der Modellrechnung. Im Verlauf sieht das so aus: Einem Rückgang auf das Niveau von 18,3 Prozent in den Jahren zwischen 2016 und 2020 folgt bis zum Jahr 2034 ein Anstieg auf 19,9 Prozent. Danach würde der Satz auf 19,0 Prozent im Jahr 2040 zurückgehen (Tabelle V-11). Das Ziel einer Stabilisierung unterhalb von 20 Prozent wäre erreicht.

Die Wirkungen auf das Nettorentenniveau wären indes verheerend. Es würde schon im Jahr 2006 die 65-Prozent-Grenze unterschreiten, im Jahr 2011 die von 60 Prozent und bis zum Endjahr der Prognose auf 42 Prozent sinken. Dieses Modellergebnis bedarf folglich keiner weiteren Diskussion, höhlt es doch die Grundlagen des Umlageverfahrens vollständig aus und gibt es doch den Zusammenhang zwischen zuvor erreichter Einkommens- und später erzielter Rentenhöhe vollständig auf.

Geht man vorsichtiger vor und peilt für das Zieljahr 2040 ein Rentenniveau von 60 Prozent an, kann der jährliche Rentenanpassungssatz auf 84 Prozent des gesetzlich Vorgeschriebenen gekürzt werden. Im Jahr 2017 würde das Niveau von 65 Prozent unterschritten. Der Rentenversicherungssatz für sich betrachtet reagiert auch in dieser Variante beträchtlich. Er bliebe bis zum Jahr 2014 bei annähernd 20 Prozent. In den Folgejahren würde er bis 2035 auf 25 Prozent ansteigen und bis zum Jahr 2040 leicht auf 24,8 Prozent zurückgehen (Tabelle V-11).

Setzt man sich schließlich eine Absenkung des Rentenniveaus auf 65 Prozent im Endjahr der Prognose zum Ziel, bliebe der Beitragssatz bis zum Jahr 2014 knapp unter 21 Prozent. Er würde danach auf 26,5 Prozent im Jahr 2036 ansteigen und anschließend leicht auf diesem Niveau verharren (Tabelle V-11).

Tabelle V-11: **Beitragssätze zur Rentenversicherung mit reduzierten Rentenanpassungssätzen ab 2000**
(Anteile in Prozent)

	1995	2000	2010	2020	2030	2040
	Reduzierung des Rentenanpassungssatzes auf 50 Prozent					
Beitragssatz Nettorentenniveau	18,6 69,3	20,2 69,0	19,0 61,1	18,3 53,7	19,7 47,5	19,0 41,7
	Reduzierung des Rentenanpassungssatzes auf 84 Prozent Ziel: Absenkung des Nettorentenniveaus auf 60 Prozent					
Beitragssatz Nettorentenniveau	18,6 69,3	20,2 69,5	20,4 66,9	21,2 64,4	24,2 62,1	24,8 60,0
	Reduzierung des Rentenanpassungssatzes auf 93 Prozent Ziel: Absenkung des Nettorentenniveaus auf 65 Prozent					
Beitragssatz Nettorentenniveau	18,6 69,3	20,2 69,6	20,8 68,3	22,0 67,2	25,7 66,3	26,5 65,0

Quelle: Eigene Berechnungen

Damit stellt sich die Frage nach dem auch künftig angemessenen Rentenniveau. Richtig ist sicher, daß das Rentenniveau eine politisch festgesetzte Größe und somit veränderbar ist. Es war auch in der Vergangenheit variabel. Veränderungen müssen sich allerdings an verschiedenen Kriterien oder Zielen eines Alterssicherungssystems messen lassen, etwa an den Prinzipien der Einkommensersatzfunktion, des Abstandsgebotes zur Sozialhilfe, des Vertrauensschutzes, der Beitragsäquivalenz sowie der inter- und intragenerativen Verteilungsgerechtigkeit (Rürup, 1996, 89).

In diesem Kontext hätte die Politik beispielsweise darüber zu entscheiden, welches Rentenniveau sie als sozialverträglich einstuft, und dies vor allem in Relation zum Niveau der Sozialhilfe. Zunächst sind dabei zwei Dinge zu beachten. Das Nettorentenniveau geht von der sogenannten Standardrente aus, die nach 45 Versicherungsjahren erreicht wird, wobei in diesem Versicherungsverlauf stets das Durchschnittseinkommen aller Beschäftigten erzielt wurde. Das so definierte Rentenniveau lag in den alten Bundesländern 1995 brutto bei 2075 DM und netto, also nach Abzug der anteiligen Kranken- und Pflegeversicherungsbeiträge, bei 1927 DM.

Vergleicht man diese Standardwerte mit dem durchschnittlichen Rentenzahlbetrag, untergliedert nach Männern und Frauen sowie nach der Höhe der rentenrechtlichen Zeiten, wird die Problematik einer Absenkung des Nettorentenniveaus deutlich (Tabelle V-12).

Der durchschnittliche Rentenzahlbetrag der Renten wegen verminderter Erwerbsfähigkeit und wegen Alters, der Versichertenrenten also, betrug Ende 1995 bei den Männer 1918 DM, bei den Frauen aber nur bei 812 DM. Zwei Drittel der Männer haben mehr als 40 Versicherungsjahre aufzuweisen und erreichen ab dieser Grenze einen Rentenzahlbetrag von durchschnittlich 2263 DM. Bei den Frauen sieht die Verteilung ganz anders aus. Hier erreichen nur 14 Prozent mehr als 40 Versicherungsjahre und einen Rentenzahlbetrag, der dann bei durchschnittlich 1652 DM

Tabelle V-12: **Die Verteilung der Renten wegen verminderter Erwerbsfähigkeit und wegen Alters nach den angerechneten rentenrechtlichen Zeiten, den durchschnittlichen Entgeltpunkten (EP) je Jahr an rentenrechtlichen Zeiten und dem Geschlecht in der gesetzlichen Rentenversicherung am 31. Dezember 1995 in den alten Bundesländern**

Höhe der angerechneten rentenrechtlichen Zeiten von ... bis unter ... Jahre	Männer			Frauen		
	EP/Jahr an rentenrechtlichen Zeiten[1]	Jahre[1]	Rentenzahlbetrag[1]	EP/Jahr an rentenrechtlichen Zeiten[1]	Jahre[1]	Rentenzahlbetrag[1]
unter 5	1,0087	3,50	158,65	0,7490	3,81	135,58
5 bis 10	0,9543	7,58	314,56	0,6745	7,31	215,17
10 bis 15	0,9930	12,52	536,95	0,6446	12,27	342,84
15 bis 20	0,9610	17,39	726,39	0,5705	17,39	431,60
20 bis 25	0,9750	22,47	952,64	0,6379	22,34	616,80
25 bis 30	0,9821	27,51	1 171,83	0,7075	27,44	838,98
30 bis 35	0,9877	32,56	1 388,27	0,7615	32,41	1 063,58
35 bis 40	1,0371	37,89	1 692,89	0,8039	37,42	1 292,89
40 bis 45	1,1196	42,72	2 085,54	0,8861	42,55	1 622,71
45 bis 50	1,1782	46,90	2 408,30	0,8229	46,18	1 754,98
50 und mehr	1,1931	50,53	2 563,50	0,8227	50,86	1 812,28
Renten insgesamt	1,1004	39,47	1 918,40	0,7097	25,13	811,71

1 Durchschnitt

Quelle: Sonderauswertung des VDR-Rentenbestandes am 31. Dezember 1995

liegt. Eine spürbare Absenkung des Rentenniveaus muß diese Struktur bedenken.

Das wird noch deutlicher, wenn differenziertere Schichtungen der Rentenzahlbeträge zugrunde gelegt werden. Die daraus abgeleitete Häufigkeitsverteilung ist als Summenkurve in den Abbildungen V-9 und V-10 für Männer und für Frauen dargestellt, einmal unter Verwendung aller Versichertenrenten und einmal nach dem Kriterium Anzahl erreichter Versicherungsjahre. Legt man etwa eine Grenze bei 35 Jahren und argumentiert, daß ein Rentner, der diese Versicherungszeit erreicht hat, nicht unter das Sozialhilfeniveau abrutschen darf, lassen sich für die Männer folgende Strukturdaten nennen (Abbildungen V-9, V-10):

– Rund die Hälfte aller Versichertenrentner erzielt eine Rentenhöhe, die niedriger liegt als die Nettoeckrente. Fügt man das Kriterium von 35 Versicherungsjahren ein, liegen immerhin noch knapp 40 Prozent der Männer unterhalb des Niveaus der Nettoeckrente.

– Im Vergleich zum Sozialhilfeniveau, das für ein Ehepaar auf 1789 DM geschätzt wird (siehe Kapitel I), zeigt sich: 40 Prozent der Versichertenrentner erzielen eine Rente, die dieses Niveau unterschreitet. Werden mindestens 35 Versicherungsjahre als Kriterium eingeführt, unterschreiten dieses Niveau immerhin noch gut 25 Prozent.

Schöpft man beispielsweise die Spielräume einer Absenkung des Nettorentenniveaus bis auf 60 Prozent des Nettoeinkommens aus, wären unter den gegenwärtigen Bedingungen folgende Verschiebungen innerhalb der Rentenschichtung der Männer die Folge (Abbildungen V-11, V-12):

– Eine Absenkung des derzeit gültigen Rentenniveaus um 10 Prozentpunkte würde 63 Prozent aller männlichen Versichertenrentner unter das Sozialhilfeniveau eines Ehepaares schieben, im Vergleich zur derzeitigen Regelung also weitere 23 Prozent. Im Ansatz von 35 Versicherungsjahren wären es mit 54 Prozent immerhin noch mehr als die Hälfte. Damit würde sich der Anteil im Vergleich zum derzeitigen Nettoeinkommensniveau, der bei 25 Prozent liegt, mehr als verdoppeln.

Dieser Vergleich gilt für ein Rentnerehepaar, bei dem die Ehefrau keine Rentenansprüche erworben hat. Es stellt sich die Frage, wie repräsentativ ein solcher Haushalt ist. Da der Rentenbestand keine Schichtung nach dem Familienstand zuläßt, muß die Frage nach der Bedeutung dieses Haushaltstyps über die Rentnerquoten beantwortet werden. Dabei zeigt sich: 28 Prozent aller Frauen über 65 Jahre haben keine eigenen Rentenansprüche erworben und beziehen folglich keine Regelaltersrente. Überträgt man diese Quote auf die Rentenschichtung der Männer und unterstellt hinsichtlich des Familienstandes über Rentenarten und Altersgruppen eine Gleichverteilung, dann haben 11 Prozent aller Rentnerehepaare ein Renteneinkommen, das derzeit unter dem hier zugrunde gelegten Sozialhilfeniveau liegt. Geht man von der Erwerbsbiographie mit 35 Versicherungsjahren aus, liegt dieser Anteil bei 7 Prozent.

Senkt man nun das Rentenniveau um 10 Prozentpunkte auf 60 Prozent des Nettoeinkommens der Beschäftigten, steigen die Anteilswerte auf knapp 18 Prozent bei allen Versichertenrenten und auf 15 Prozent bei den Rentnerhaushalten mit einer Erwerbsbiographie des Mannes von 35 Jahren. Im letztgenannten Fall bedeutet dies absolut: Rund eine halbe Million Rentnerehepaare des hier gewählten Haushaltstyps liegen dann unter dem für sie gültigen Sozialhilfeniveau.

Versucht man schließlich noch den Rentnerhaushalt abzubilden, in dem die Ehefrau eine Regelaltersrente bezieht, kommt man zu folgendem Ergebnis. Die Rentenzugangsdaten des Jahres 1995 weisen für verheiratete Frauen eine durchschnittliche Regelaltersrente in Höhe von rund 400 DM aus. Rechnet man diesen Betrag in die Rentenschichtung der Männer mit mehr als 35 Versicherungsjahren ein, erreichen 10 Prozent dieses so gewählten Haushaltstyps das Sozialhilfeniveau nicht. Sinkt das Nettorentenniveau auf 60 Prozent, steigt dieser Anteil auf 25 Prozent an.

Diese Ergebnisse veränderter Positionen innerhalb der Rentenschichtung spiegeln die Gegenwart wider. Was die künftige Entwicklung betrifft, müssen zwei Tendenzen berücksichtigt werden. Zum einen steigen die Rentnerquoten der Frauen weiter an. Sie werden sich aufgrund der zunehmenden Frauenerwerbstätigkeit künftig kaum noch von denen der Männer unterscheiden. Das zeigen heute bereits die Quoten beim Rentenzugang. Im Rentenbestand jedoch wird es noch eine Zeit dauern, bis bei allen Jahrgängen die Differenzen in den geschlechtsspezifischen Rentnerquoten weitgehend eingeebnet sind.

Es verbessert sich auch die Verdienstsituation der künftig in den Rentenbestand hineinwachsenden Frauen. Denn auf dem ohnehin höheren Erwerbsniveau gibt es künftig weniger Unterbrechungen als in zurückliegenden Jahren. Wenn sich dabei auch die Einkommensposition verbessert, wird das durchschnittliche Rentenniveau der Frauen deutlich steigen. Diese Grundtendenzen sind in den hier vorgelegten Modellrechnungen berücksichtigt. Mithin nimmt die Zahl der Rentnerhaushalte ab, die unter Verwendung der aktuellen Daten das Sozialhilfeniveau eines Ehepaares nicht erreichen. Aber es wird Zeit brauchen, bis dies aus dem Rentenbestand herauswächst.

Denn zur Zeit liefern die Strukturdaten des Rentenbestandes bei den Frauen wegen ihrer deutlich niedrigeren Entgeltposition noch ein völlig anderes Bild als bei den Männern. Legt man auch hier zunächst die Rentenverteilung mit der Nettostandardrente (1926 DM) zugrunde, zeigt sich (Abbildungen V-9, V-10):

– Über diesem Eckwert liegen zur Zeit nur 3,5 Prozent der Frauen, und in der Eingrenzung auf 35 Versicherungsjahre sind es mit rund 13 Prozent nicht viel mehr. Das hängt mit der hohen Zahl von Minirenten zusammen.

– Vergleicht man nun anders als bei den Männern mit dem Sozialhilfeniveau eines Alleinstehenden, das 1995 rund 1120 DM betrug, lagen rund dreiviertel aller Frauen mit ihrer Rente

Abbildung V-9:

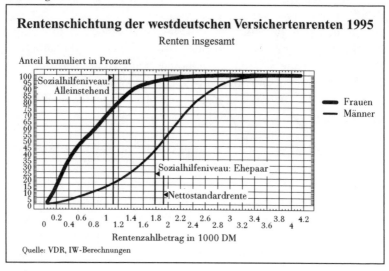

Abbildung V-10:

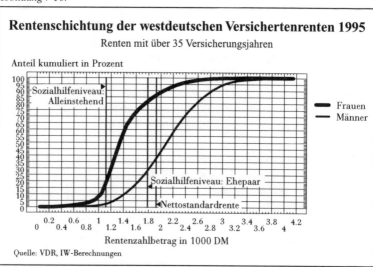

Abbildung V-11:

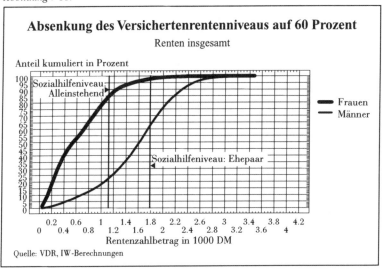

Abbildung V-12:

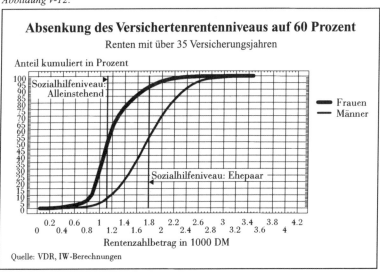

darunter. Können Frauen auf mindestens 35 Versicherungsjahre verweisen, sind es immerhin noch 23 Prozent.

Deshalb wirkt sich eine Absenkung des Rentenniveaus bei den Frauen gravierender als bei den Männern aus:

– Eine Nettostandardrente von 60 Prozent des durchschnittlichen Nettoeinkommens führt 85 Prozent der Frauen unter das Sozialhilfeniveau, also weitere 10 Prozent. Bei 35 Versicherungsjahren sind es mit 51 Prozent weitere 28 Prozent.

– Eine geringere Absenkung des Nettorentenniveaus auf 65 Prozent führt zu folgenden Anteilen: 81 Prozent aller Frauen unterschreiten das Sozialhilfeniveau eines Alleinstehenden und 37 Prozent der Frauen, die auf 35 Versicherungsjahre verweisen können. Das sind im Vergleich zum derzeitigen Niveau weitere 5 oder weitere 14 Prozent.

Diese Strukturdaten stellen für die politische Diskussion Warntafeln auf, wenn es um das Nebenziel des Abstandsgebots der Rente zur Sozialhilfe in der 1. Säule der Altersversorgung, also der Rentenversicherung, geht oder um die Frage nach der Einhaltung des Regelsicherungskriteriums. In einer umfassenden Betrachtung ist allerdings zu berücksichtigen, daß die Rentnerhaushalte über die ersten Einkommen aus der Rentenversicherung hinaus über weitere Einkommen verfügen. Hierüber wird der Alterssicherungsbericht 1995 von Infratest aktuellen Aufschluß geben, dessen Veröffentlichung bevorsteht.

Wenn aber eine größere Zahl von Rentnern mit ihren aus der Rentenversicherung stammenden ersten Einkommen unter das Sozialhilfeniveau fällt, hätte die Sozialpolitik darüber zu befinden, inwieweit parallel zu einer Absenkung des Nettorentenniveaus auch eine Absenkung des Sozialhilfeniveaus möglich wäre. Denn je nachdem, in welchem Ausmaß das Nettorentenniveau abgesenkt werden soll, könnte eine so kräftige Schieflage entstehen, daß eine Flucht aus dem Umlageverfahren einsetzt. Die Zahl der Scheinselbständigen könte zunehmen, oder besonders mobile Arbeitnehmer könnten sich vom Standort Deutschland entfernen und sich so der Sozialversicherungspflicht entziehen. Solche Warnungen hat der Wissenschaftliche Beirat beim Bundesministerium der Finanzen (1994, 62) deutlich ausgesprochen: „Vor allem bei niedrigem Einkommen und zu erwartenden niedrigen Renten kann es für den einzelnen vorteilhaft sein, auf eine Altersvorsorge ganz zu verzichten und statt dessen auf die Inanspruchnahme der Sozialhilfe zu setzen." Die Dinge sind also auch hier im ganzen zu sehen.

9.4 Einführung einer demographischen Komponente

Trotz allem wird die Rentenversicherung die Augen vor jenen demographischen Veränderungen nicht verschließen können, die aus der steigenden Lebenserwartung und damit aus dem längeren Rentenbezug resultieren. Hatte die bisher vorgenommene Absenkung des Nettorentenniveaus rein willkürlichen Charakter, soll nachfolgend dargestellt werden, welches Rentenniveau sich einstellt, wenn die Lebenserwartung der über 65jährigen Männer und Frauen so in das Rentenmodell übernommen wird, wie in der Bevölkerungsprognose unterstellt. Das heißt: Rentenzugang und Rentenbestand sind über eine Minderung des aktuellen Rentenwertes gleichermaßen betroffen.

Läßt man nun beginnend im Jahr 1995 den Anstieg der Lebenserwartung bei den über 65jährigen Männern und Frauen bei der Rentenberechnung voll zu Buche schlagen, sinkt das Nettorentenniveau bis 2040 auf 59 Prozent ab, im Vergleich zum Ausgangsjahr also um rund 10 Prozentpunkte (Tabelle V-13). Ein Nettorentenniveau von 65 Prozent würde 2012 unterschritten. Mit diesem Ansatz wären die Auswirkungen einer alternden Bevölkerung problemadäquat zugeordnet, denn die Rentner allein tragen die finanzielle Last der steigenden Lebenserwartung der über 65jährigen Bevölkerung. Die jährlichen Rentenanpassungssätze erreichen Werte zwischen 1,6 und 2,3 Prozent. Unkorrigiert lägen sie zwischen 2 und 2,6 Prozent. Dabei ergeben sich für die Männer wegen der etwas rascheren Zunahme der Lebenserwartung geringfügig größere Abschläge als für die Frauen.

Unter dem Gesichtspunkt der Verteilungsgerechtigkeit zwischen Rentnern und Beitragszahlern innerhalb einer oder zwischen zwei Generationen kann man durchaus auch eine andere Aufteilung der demographischen Alterung vornehmen. So hat die Kommission zur Fortentwicklung der Rentenversicherung vorgeschlagen (1997, 41), auch die Beitragszahler an der Finanzierung der demographischen Last zu beteiligen. Berücksichtigt man also die Alterung der über 65jährigen nur zur Hälfte im Rechensystem der Rentenversicherung, sinkt das Nettorentenniveau auf 64 Prozent im Jahr 2040. Verglichen mit dem derzeitigen Niveau wäre das eine Absenkung um 5 Prozentpunkte (Tabelle V-13). Entsprechend niedriger liegt der Korrekturbedarf bei den jährlichen Rentenanpassungen.

Auch andere Aufteilungen der finanziellen Folgen längerer Rentenbezugszeiten sind diskussionswürdig. Sie wären frei von Willkür, an den demographischen Veränderungen festgemacht, und sie ließen sich auch leicht in den Automatismus der Rentenberechnung einbauen. Die hier und da geäußerte Kritik an der Exaktheit der amtlichen Sterbeziffern ist so nicht gerechtfertigt. Bei allen Vorbehalten – diese Daten zählen zu den härtesten in der amtlichen Statistik, und Prognosen der Lebenserwartung sind weitaus zielsicherer als alle Prognosen des ökonomischen Datenkranzes. Die detaillierte Analyse der Männersterblichkeit mit der Darstellung des Kohorteneffektes (Schäffer, 1996) läßt ohnehin den Schluß zu, bei der Prognose der Lebenserwartung eher an den oberen als an den unteren Rand der möglichen Entwicklung zu gehen. Deshalb ist in die hier durchgeführte Prognose der Lebenserwartung ein durchgängiger Anstieg eingegangen und keine krasse Unterbrechung des längerfristigen Trends.

Aber mit einem demographischen Korrekturfaktor allein ließe sich die Beitragsdynamik jenseits 2020 nicht bremsen. Selbst im Modell mit vollständiger Berücksichtigung der steigenden Lebenserwartung liegt der Beitragssatz im Jahr 2040 bei 24,6 Prozent (Tabelle V-13). Andererseits wären das immerhin gut 3 Prozentpunkte weniger als im Grundmodell. Das zeigt die Wirksamkeit dieses Ansatzes, bei zunehmendem Zeithorizont, also in der kritischen Phase 3. Denn im Jahr 2015 beläuft sich der Abstand zum Grundmodell auf lediglich gut einen Prozentpunkt.

Tabelle V-13: **Beitragssätze und Rentenniveaus unter Berücksichtigung steigender Lebenserwartung der über 65jährigen ab 1995 – der demographische Korrekturfaktor** (in Prozent)

	1995	2000	2010	2020	2030	2040
	Vollständige Berücksichtigung der steigenden Lebenserwartung					
Beitragssatz	18,6	19,9	20,1	20,8	23,9	24,6
Nettorentenniveau	69,3	68,2	65,4	63,0	61,0	59,0
	Hälftige Berücksichtigung der steigenden Lebenserwartung					
Beitragssatz	18,6	20,1	20,6	21,7	25,2	26,1
Nettorentenniveau	69,3	69,1	67,4	66,2	65,2	64,0

Quelle: Eigene Berechnungen

9.5 Rückführung der Beitragsbemessungsgrenze

Des weiteren wird gelegentlich eine Ausgabenkürzung in der Rentenversicherung über eine Abschmelzung der Beitragsbemessungsgrenze vorgeschlagen, so auch der Wissenschaftliche Beirat beim Bundesfinanzministerium (1994, 64) in seinem Gutachten zu den Perspektiven staatlicher Ausgabenpolitik. Deshalb wird

Tabelle V-14: **Dämpfung des Anstiegs der Beitragsbemessungsgrenze**

	1995	2000	2010	2020	2030	2040
Bruttodurchschnittseinkommen je beschäftigten Arbeitnehmer (in DM) insgesamt bei jahresdurchschnittlichem Zuwachs von 3 Prozent	48 490	54 606	73 543	99 048	133 399	179 662
bis zur Beitragsbemessungsgrenze bei halbiertem Einkommenszuwachs ab 2000	47 434	53 297	69 761	90 098	114 242	141 827
Beitragseinnahmen (in Millionen DM)						
Grundmodell	266 790	314 209	453 950	672 643	1 057 463	1 423 107
Modell mit halbiertem Zuwachs der Beitragsbemessungsgrenze ab 2000	266 790	314 075	441 651	629 088	935 993	1 167 806
Versichertenrentenausgaben (in Millionen DM)						
Grundmodell	215 489	258 562	368 647	523 454	772 230	1 003 718
Modell mit halbiertem Zuwachs der Beitragsbemessungsgrenze ab 2000	215 489	258 562	359 050	489 782	681 166	816 708
Beitragssatz (in Prozent)						
Grundmodell	18,6	20,3	21,1	22,5	26,4	27,7
Modell mit halbiertem Zuwachs der Beitragsbemessungsgrenze ab 2000	18,6	20,3	21,2	22,7	26,7	28,2
Nettorentenniveau (in Prozent des Nettoeinkommens)						
Grundmodell	69,3	69,8	69,5	69,5	69,7	69,5
Modell mit halbiertem Zuwachs der Beitragsbemessungsgrenze ab 2000	69,3	69,8	67,6	65,0	61,5	56,6

Quelle: Eigene Berechnungen

anschließend versucht, Wirkungen dieser Strategie zu quantifizieren. Ähnlich wie bei der Reduzierung des gesetzlich möglichen Rentenanpassungssatzes wird hier die Dynamisierung der Beitragsbemessungsgrenze zurückgenommen. Sie soll hinter dem durchschnittlichen Anstieg des Bruttoeinkommens je beschäftigten Arbeitnehmer zurückbleiben. Eine andere Möglichkeit wäre, die Beitragsbemessungsgrenze für einen bestimmten Zeitraum gänzlich einzufrieren.

Solche Veränderungen entfalten eine doppelte Wirkung. Bliebe der Anstieg der Beitragsbemessungsgrenze hinter dem Anstieg der allgemeinen Einkommensentwicklung zurück, sinken unmittelbar die Beitragseinnahmen. Der geringere Anstieg des beitragspflichtigen Einkommens schließlich reduziert den Rentenanpassungssatz, was sich zeitverzögert über eine geringere Rentenhöhe ausgabemindernd auswirkt.

Um diese Rechnungen durchführen zu können, wurde eine Einkommensverteilung verwendet, die aus der Statistik der sozialversicherungspflichtig Beschäftigten stammt. Die Einkommensverteilung dieser Statistik hat den Vorteil, daß sie sich an der Beitragsbemessungsgrenze orientiert. Die Ergebnisse des Modells mit halbierter Dynamisierung der Beitragsbemessungsgrenze ab dem Jahr 2000 sind in Tabelle V-14 zusammengefaßt.

Danach führt ein geringerer Anstieg der Beitragsbemessungsgrenze im Vergleich zum Grundmodell zu folgenden Veränderungen:

— Es öffnet sich eine Schere zwischen dem Bruttodurchschnittseinkommen je beschäftigten Arbeitnehmer und jenem Bruttodurchschnittseinkommen, das nur bis zur Beitragsbemessungsgrenze reicht. Der Zuwachs dieses für die Rentenversicherung maßgeblichen Durchschnittseinkommens reduziert sich von jahresdurchschnittlich 2,7 Prozent im Zeitraum 2000/2010 auf

2,2 Prozent im Zeitraum 2030/2040. Dieses sozialversicherungspflichtige Bruttodurchschnittseinkommen liegt im Endjahr bei 141 827 DM. Das sind dann nur noch 79 Prozent des gesamtwirtschaftlichen Durchschnittseinkommens, das bis dahin bei dem unterstellten Zuwachs von 3 Prozent auf 179 662 DM angewachsen ist.

– Die Beitragseinnahmen steigen bei reduzierter Anpassung zwischen 2000 und 2040 jährlich nur um 3,3 Prozent. Im Grundmodell legen sie pro Jahr um 3,8 Prozent zu.

– Die Ausgaben für Versichertenrenten steigen jährlich um 2,9 Prozent. Im Grundmodell waren sie um 3,4 Prozent gestiegen.

– Der Beitragssatz nimmt bei reduzierter Dynamik der Beitragsbemessungsgrenze von 20,3 im Jahr 2000 auf 28,2 Prozent im Jahr 2040 zu. Er liegt also durchgängig etwas höher.

– Das Rentenniveau schließlich geht von knapp 70 Prozent im Jahr 2000 auf 56,6 im Jahr 2040 zurück.

Mit diesen Modellergebnissen dürfte klar sein: Ein Zurückbleiben des Anstiegs der Beitragsbemessungsgrenze hinter der allgemeinen Einkommensentwicklung ist keine adäquate Maßnahme zur Verbesserung der gesetzlichen Finanzsituation der Rentenversicherung.

10. Reformperspektiven im Fortschrittsmodell

Die bislang vorgestellten Einzelvariationen haben Möglichkeiten und Grenzen aufgezeigt, die innerhalb des Umlageverfahrens helfen können, die Dynamik steigender Beitragssätze zu bremsen. Da sich gezeigt hat, daß eine Maßnahme alleine zur Sanierung nicht ausreicht, wird anschließend ein Maßnahmenbündel vorgestellt. Mit diesem Bündel werden auch die Annahmen zum ökonomischen Umfeld verändert. Das bedeutet: Aktive Politik bereitet von heute aus gesehen langfristig Weichenstellungen vor, die die Attraktivität des Standorts Deutschland sichern und weiter ausbauen, damit er als Zuwanderungsregion erhalten bleibt – für das Kapital wie für die Menschen. Stärkung der internationalen Wettbewerbsfähigkeit vorausgesetzt, können in der kritischen Phase 3 der Rentenversicherung Wachstums- und Produktivitätspotentiale umgesetzt, Beschäftigung und Einkommen stärker erhöht werden als in der Grundvariante unterstellt. Ein solcher Aufbruch findet sich in folgenden Annahmen:

– Ab dem Jahr 2020, in dem bei gegebenem Produktivitätsfortschritt die Begrenzung der Wachstumsmöglichkeiten durch den Rückgang des Arbeitskräftepotentials einsetzt, steigt die Nettozuwanderung auf 500 000 pro Jahr. Das soll helfen, die Fehlentwicklung des aktiven Teils der Bevölkerung noch stärker zu korrigieren.

– Eine weitere Stützung des Erwerbspersonenpotentials folgt aus dem Inland. Es wird angenommen, daß von Anfang an nicht 50 Prozent der über 60jährigen Arbeitnehmer den späteren Rentenbeginn wählen, sondern 75 Prozent. Dies führt dazu, daß die Erwerbsquote der 60- bis 65jährigen Männer auf 55 Prozent ansteigt und die der Frauen auf 40 Prozent. Allerdings werden sich die gewünschten Erfolge in diesem Umfang nur dann einstellen, wenn es tatsächlich genügend Arbeitsplätze für diesen Personenkreis gibt. Ansonsten steigt die Altersarbeitslosigkeit, und der Rentenversicherung bleiben anteilig Beiträge aus.

– Infolge der so erweiterten Wachstumsmöglichkeiten nimmt das Bruttoinlandsprodukt vom Jahr 2020 an um 2,5 Prozent zu. Gegenüber dem Trendwachstum des Grundmodells ist dies ein Wachstumsimpuls von einem halben Prozentpunkt, gegenüber dem tatsächlichen Wachstumsverlauf nach 2020 eine Tempobeschleunigung von gut einem Punkt. Der Zuwachs der Arbeitsproduktivität erhöht sich auf 2 Prozent. Zwischen 2020 und 2030 nimmt die Beschäftigung pro Jahr um 0,5 Prozent zu.

Danach geht sie wegen der demographischen Engpässe zunächst leicht zurück und steigt bis 2040 wieder an auf ein Niveau von 38,4 Millionen Personen, 3,3 Millionen mehr als im Grundmodell. Die Bruttodurchschnittseinkommen steigen ab 2020 um 3,3 Prozent.

Allein diese Änderungen im ökonomischen Datenkranz lösen folgende Wirkungen aus:

– Wenn nicht zwei, sondern drei von vier Personen im Alter zwischen 60 und 65 Jahren tatsächlich erst mit 65 in Rente gehen, fällt der Beitragssatz im Jahr 2020 mit 24,9 Prozent um gut einen halben Prozentpunkt niedriger aus.

– Wenn zusätzlich im Jahr 2020 die Nettozuwanderung von 300 000 auf 500 000 Personen pro Jahr steigt, die Wachstumsbeschleunigung auf 2,5 Prozent vom Arbeitskräftepotential weitestgehend flankiert wird, liegt der Beitragssatz im Jahr 2040 mit 25,7 Prozent (Tabelle V-15) um 2 Prozentpunkte niedriger als in der Grundvariante.

– Niedriger liegen auch die Beitragssätze zur Kranken- und Pflegeversicherung. Sie reagieren auf die verbesserte Altersstruktur und erreichen im Jahr 2040 ein Niveau von 25,1 beziehungsweise 5,4 Prozent. In der Grundvariante hatten diese Sätze bei 25,7 sowie bei 5,8 Prozent gelegen.

Wird in diesem verbesserten ökonomischen Rahmen die Rentenversicherung durch Berücksichtigung eines demographischen Faktors sowie durch einen höheren Deckungsgrad des Bundes für die versicherungsfremden Leistungen reformiert, sind deutliche

Beitragssatzsenkungen möglich. Zunächst die Absenkung durch den demographischen Faktor (Tabelle V-15):

– Für den Fall einer vollständigen Berücksichtigung der steigenden Lebenserwartung liegen die Beitragssätze bis zum Jahr 2019 leicht unter 20 Prozent. Erst danach steigen sie an über 22,5 Prozent im Jahr 2030 auf 23,2 Prozent fünf Jahre später. Anschließend sinkt der Beitragssatz auf 22,7 Prozent im Jahr 2040.

– Für den Fall, daß Rentner und Beitragszahler sich die demographische Last der Alterung teilen, bliebe der Beitragssatz bis zum Jahr 2015 nahe bei 20 Prozent. Er würde danach bis zum Jahr 2030 auf 23,7 Prozent ansteigen, in den Jahren 2034 bis 2037 auf 24,5 Prozent steigen und bis 2040 wieder auf 24,1 Prozent sinken.

Es zeigt sich also, daß es innerhalb des Umlageverfahrens durchaus beachtliche Möglichkeiten zur Reform gibt. Aber bedingt durch die Gesamtheit der demographischen Wucht werden Grenzen deutlich. Denn das Rentenniveau sollte nicht unter 60 Prozent absinken. Die Konsequenzen der demographischen Schieflage sind ohnehin kein Mangel des Umlageverfahrens.

Wird es zusätzlich durch Herausnahme versicherungsfremder Leistungen gestärkt, sehen die Entlastungen eines tragfähigen Reformmodells so aus:

– Übernimmt der Bund bis zum Jahr 2015 einen immer größeren Teil der nicht beitragsgedeckten Ausgaben (maximal 90 Prozent) und beteiligen sich die Rentner zur Hälfte an den Folgen der steigenden Lebenserwartung, nimmt das Rentenniveau auf 64 Prozent ab. Der Beitragssatz sinkt bis zum Jahr 2013 auf 18,6 Prozent. Er überschreitet erst im Jahr 2023 die Marge von 20 Prozent wieder und erreicht im Jahr 2035 mit 22,9 Prozent

Tabelle V-15: **Beitragssätze in Reformmodellen**

	1995	2000	2010	2020	2030	2040
Grundmodell im verbesserten ökonomischen Rahmen	18,6	20,1	20,6	21,9	24,9	25,7
	Reformmodelle mit ...					
Berücksichtigung der steigenden Lebenserwartung: zur Hälfte	18,6	20,0	20,1	21,0	23,7	24,1
vollständig	18,6	19,8	19,6	20,2	22,5	22,7
zur Hälfte **plus** Erhöhung des Bundeszuschusses auf 90 Prozent der versicherungsfremden Leistungen bis 2015	18,6	19,6	18,9	19,5	22,0	22,5

Quelle: Eigene Berechnungen

den höchsten Wert. Bis 2040 geht er auf 22,5 Prozent zurück (Tabelle V-15). Die Rentenversicherung wäre mit diesem Reformmodell über den Berg.

Dies wäre eine Lösung zur Sanierung der Rentenversicherung innerhalb des Umlageverfahrens: Eine Absenkung des Rentenniveaus bis 2040 als Beitrag der Rentner und eine Erhöhung des Bundeszuschusses als Beitrag der Allgemeinheit zur Finanzierung jener Leistungen, die ohnehin mit der Solidargemeinschaft der Versicherten wenig zu tun haben. Diese sollten über Steuern finanziert werden, weil dadurch alle Einkommensarten sowie der Verbrauch herangezogen werden und nicht nur die sozialversicherungspflichtige Beschäftigung mit den daraus resultierenden Arbeitgeber- und Arbeitnehmerbeiträgen zur Rentenversicherung. Die Wirtschaftspolitik schließlich hat entschieden, die Weichen für mehr Wachstum und verbesserte Produktivitätsbedingungen zu stellen. Sie muß sich der Einwanderungsfrage stellen.

Die Versichertengemeinschaft muß wissen, daß die Mengenkomponenten der Demographie in Deutschland hart zu Buche schlagen. Aber sie sind in den Konsequenzen zu mildern. Längere Lebensarbeitszeit und gesteuerte Zuwanderung bieten Möglichkeiten. Im ökonomischen Umfeld ist es das Beschäftigungsvolumen ebenso wie die dort angesiedelten Wertkomponenten, von der Produktivität bis zum Einkommen. Die Dinge rufen nach Gestaltung. Das Prinzip des Vertrauensschutzes klagt es ein, ergänzt um die Notwendigkeit zusätzlicher, privat vereinbarter Formen der Lebensstandardsicherung im Alter für jeden einzelnen. In diesem Maßnahmenmix hätte auch ein Teilkapitaldeckungsverfahren seinen berechtigten Platz.

Bernd Hof

Literatur

Birg, Herwig/Flöthmann, E.-Jürgen, 1993, Analyse und Prognose der Fertilitätsentwicklung in den alten und neuen Bundesländern, Bielefeld

Bomsdorf, Eckart, 1996, Ansätze zur Adaption der Rentenformel – ein Beitrag zur Lösung des Rentenproblems, DRV, Seite 401

Bundesministerium der Finanzen, 1994, Perspektiven staatlicher Ausgabenpolitik. Gutachten, erstattet vom Wissenschaftlichen Beirat beim Bundesministerium der Finanzen, Schriftenreihe Heft 51, Bonn

Buttler, Günter, 1996, Konzeption eines Modells zur Prognose von Einnahmen und Ausgaben in der gesetzlichen Rentenversicherung, unveröffentlichtes Manuskript

Grohmann, Heinz, 1965, Die Entwicklung eines Bevölkerungsmodells zur Beurteilung der Finanzierung der dynamischen Rente, in: Frankfurter wirtschafts- und sozialwissenschaftliche Studien, Heft 14, hrsg. von der Wirtschafts- und Sozialwissenschaftlichen Fakultät der Johann Wolfgang Goethe-Universität, Frankfurt am Main, Berlin

Hof, Bernd, 1993, Europa im Zeichen der Migration. Szenarien zur Bevölkerungs- und Arbeitsmarktentwicklung in der Europäischen Gemeinschaft bis 2020, Köln

Hof, Bernd, 1996, Szenarien künftiger Zuwanderungen und ihre Auswirkungen auf Bevölkerungsstruktur, Arbeitsmarkt und soziale Sicherung, in: Beiträge zur Wirtschafts- und Sozialpolitik Nr. 227, hrsg. vom Institut der deutschen Wirtschaft Köln

Kommission „Fortentwicklung der Rentenversicherung", 1997, Vorschläge zur Fortentwicklung der Rentenversicherung, Manuskript, Bonn

Münz, Rainer/Ulrich, Ralf, 1994, Was wird aus den Neuen Bundesländern? Demographische Prognosen für ausgewählte Regionen und für Ostdeutschland, in: Demographie aktuell, hrsg. vom Institut für Soziologie, Berlin

Prognos AG, 1995, Gutachten. Perspektiven der gesetzlichen Rentenversicherung für Gesamtdeutschland vor dem Hintergrund veränderter politischer und ökonomischer Rahmenbedingungen, hrsg. vom Verband Deutscher Rentenversicherungsträger, Frankfurt a. M.

Rürup, Bert/Schroeter, Ingo, 1996, Perspektiven der gesetzlichen Rentenversicherung, Teil 1 und 2, Gutachten im Auftrag des Bundesministeriums für Arbeit und Sozialordnung, Darmstadt

Sachverständigenrat zur Begutachtung der gesamtwirtschaftlichen Entwicklung, 1996, Jahresgutachten 1996/97

Schäffer, Karl-August, 1996, Analyse der Männersterblichkeit in der Bundesrepublik Deutschland (alte Länder), in: Allgemeines Statistisches Archiv Nr. 4, Band 80, Göttingen

Schmähl, Winfried, 1995, Alterung der Bevölkerung, Mortalität, Morbidität, Zuwanderung und ihre Bedeutung für die Gesetzliche Rentenversicherung. Auswirkungen, Handlungsbedarf und Handlungsmöglichkeiten, in: Zeitschrift für die gesamte Versicherungswissenschaft Nr. 4, hrsg. vom Deutschen Verein für Versicherungswissenschaft e. V., Berlin

Verband Deutscher Rentenversicherungsträger (Hrsg.), 1995, Rund um die Rente. Die deutsche gesetzliche Rentenversicherung im Überblick, Frankfurt a. M.

VI. Schlußfolgerungen und Empfehlungen

Die vorliegende Analyse hat deutlich gezeigt, daß der Trend zu wachsenden Abgabenbelastungen in den Systemen der sozialen Sicherung in Zukunft noch an Dynamik gewinnt, wenn nicht grundlegende Reformen eingeleitet werden. Lediglich der Beitragssatz in der Arbeitslosenversicherung dürfte bei langfristig wieder sinkender Arbeitslosenquote zurückgehen. Aber auch dies setzt voraus, daß wir die Standortqualität verbessern, vor allem unsere strukturellen Arbeitsmarktprobleme lösen, was in einer sich weiter globalisierenden Welt mit zunehmendem internationalen Wettbewerbsdruck höhere Anforderungen an die berufliche, qualifikatorische und regionale Mobilität der Arbeitnehmer stellt. Dies setzt institutionelle Reformen am Arbeitsmarkt voraus. Aber immerhin bestehen begründete Hoffnungen, daß die angebots- und nachfrageseitigen Trends auf eine Minderung des Problemdrucks auf diesen Teilmarkt hinwirken.

Bei der Kranken-, Pflege- und Rentenversicherung wirken die sich abzeichnenden Trends hingegen in die andere Richtung. Die treibende Kraft ist dabei vor allem die demographische Entwicklung. In nach dem Umlageverfahren organisierten Systemen führt dies zwangsläufig dazu, daß die Entwicklung der Einnahmen immer weniger mit der Entwicklung der Ausgaben Schritt hält. Das Simulationsmodell des Instituts der deutschen Wirtschaft Köln (IW) zeigt dies klar auf. Ohne weitere Korrekturen im und am System (Basisvariante) steigt der Beitragssatz in der gesetzlichen Rentenversicherung bis zum Jahr 2040 auf 27,7 Prozent an, der in der Krankenversicherung auf 25,7 Prozent. Auch die Pflegeversicherung wird den Alterungsprozeß zu spüren bekommen und mit einem Anstieg des Beitragssatzes auf schließlich 5,8 Prozent reagieren. Der Beitragsrückgang in der Arbeitslosenversicherung auf 3,8 Prozent wirkt in diesem Zusammenhang wie der berühmte Tropfen auf den heißen Stein – er kann den Belastungsanstieg nicht nachhaltig verlangsamen.

1. Grenzen der Belastbarkeit

Nimmt man alle Sozialversicherungszweige zusammen, dann steigt der Gesamtbeitrag von heute knapp 42 auf dann fast 63 Prozent an. Dies ist aus mehreren Gründen eine gefährliche Belastungsdynamik und ein untragbares Belastungsniveau:

– Schon heute ist die Bundesrepublik das Land mit den weltweit höchsten Personalzusatzkosten, die maßgeblich die Wettbewerbsposition der deutschen Wirtschaft auf den Weltmärkten beeinträchtigen und Mitschuld tragen an der hohen Arbeitslosigkeit. Um wieder an frühere Erfolge auf den Weltmärkten anknüpfen zu können, sind Kostenentlastungen für die Unternehmen notwendig. Steigende Sozialbeiträge bewirken aber genau das Gegenteil.

– Bis etwa Anfang der siebziger Jahre hielten sich die Sozialleistungsquote und die gesamtwirtschaftliche Investitionsquote in etwa die Waage. Es wurde mit jeweils rund 25 Prozent des Bruttoinlandsprodukts gleich viel in das soziale Netz wie in den Sachkapitalstock der Volkswirtschaft „investiert". Seither hat sich hier ein Mißverhältnis herausgebildet (Abbildung VI-1). Die Sozialleistungsquote stieg weiter an auf bis zuletzt 34,1 Prozent; die Investitionsquote ging bis 1996 auf rund 21 Prozent zurück. Sicherlich darf man den Anstieg der Sozialleistungsquote nicht als allein ursächlich für die rückläufige Investitionstätigkeit bezeichnen. Aber ohne eine nachhaltig steigende Investitionsquote werden wir das wirtschaftliche Wachstum nicht ausreichend beschleunigen und für mehr rentable Arbeitsplätze sorgen können. Voraussetzung dafür sind bessere Renditen und Renditeerwartungen. Steigende Sozialkosten stehen dem entgegen.

Abbildung VI-1:

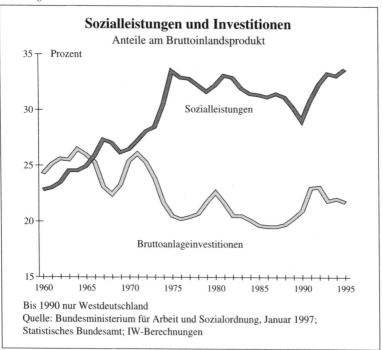

- Vor allem wachsende Sozialabgaben haben im Laufe der Zeit einen immer größeren Keil zwischen dem, was die Unternehmen für die Arbeitsleistung der Arbeitnehmer bezahlen müssen, dem Produzentenlohn, und dem, was an Nettoeinkommen beim Arbeitnehmer verbleibt, dem Konsumentenlohn, geschlagen. Bis zum Jahr 1973, dem letzten Vollbeschäftigungsjahr, entwickelten sich Produzentenlohn und Konsumentenlohn in etwa parallel. Seither hat sich die Schere immer weiter geöffnet (Abbildung VI-2). In einigen Jahren standen steigenden realen Arbeitskosten sogar sinkende reale Nettoeinkommen gegenüber. Bei unveränderten Gegebenheiten wird sich diese Abgabenschere in Zukunft weiter öffnen und den Zielkonflikt

Abbildung VI-2:

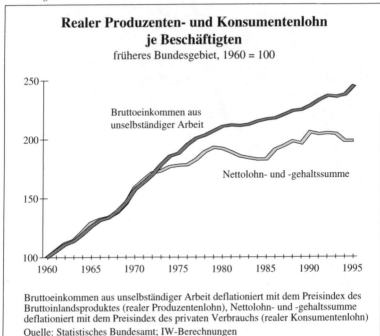

zwischen marktgerechten und beschäftigungsorientierten Arbeitskosten sowie steigenden realen Nettoeinkommen verschärfen.

- Hohe durchschnittliche und vor allem marginale Abgabenbelastungen haben negative Arbeitsanreizwirkungen. Unter Statusquo-Bedingungen werden beim Arbeitnehmer im Jahr 2040 von jeder verdienten Mark allein fast ein Drittel (ohne Arbeitgeberanteil) für Soziales abgezogen, gegenüber etwa 21 Prozent heute. Zusammen mit der marginalen Steuerbelastung dürfte die gesamte Marginalbelastung dann selbst beim Durchschnittsverdiener regelmäßig deutlich über 50 Prozent liegen. Im allgemeinen dürfte dies sogar für die Durchschnittsbelastung zutreffen. Steigende Belastungen der Arbeitseinkommen machen Freizeit relativ billiger. Der Anreiz steigt also, Arbeitszeit zugunsten von Freizeit zu tauschen. Darüber hinaus steigt der relative Vorteil schattenwirtschaftlicher Aktivitäten. Diese negativen Anreize werden auch dann wirksam, wenn trotz steigender Belastungen das Nettorealeinkommen je Beschäftigten in Zukunft noch höher sein sollte als heute. Mitunter wird mit dem Hinweis auf weiter steigende Nettoeinkommen der zukünftige Belastungsanstieg als ökonomisch noch hinnehmbar bezeichnet, da es ja trotzdem allen besser gehe als heute. Diese Argumentation übersieht, daß über die Anreizwirkungen nicht der Längs-, sondern der Querschnittsvergleich entscheidet.

Unter einzel- wie gesamtwirtschaftlichen Gesichtspunkten ist der vorgezeichnete Anstieg der Abgabenbelastungen somit sehr bedenklich. Soll er ganz oder doch zumindest teilweise verhindert werden, sind tiefgreifende Reformen unumgänglich. Angesichts des bereits erreichten hohen Belastungsniveaus und der teilweise langen Wirkungszeiten von Reformmaßnahmen ist Eile geboten. Zwar wird die volle Wucht der demographischen Entwicklung erst nach dem Jahr 2010 wirksam. Aber je früher die Systeme neu justiert werden, um so weniger schmerzlich sind die ohnehin nicht zu vermeidenden Korrekturen.

2. Für mehr Eigenverantwortung

Der Sachverständigenrat zur Begutachtung der gesamtwirtschaftlichen Entwicklung hat in seinem Jahresgutachten 1996/97 drei ordnungspolitische Grundsätze zur Reform der sozialen Sicherung formuliert:

- „In den Sozialversicherungen sollte verstärkt das Prinzip der Äquivalenz von Beitragslast und Versicherungsschutz zum

Tragen kommen. Die Bürger sollten hierdurch ihre Präferenzen gemäß ihrer Zahlungsbereitschaft und ihrer Bereitschaft, auf Gegenwartskonsum zu verzichten, besser zur Geltung bringen können.

– Eigenverantwortung und Selbstvorsorge sollten mobilisiert werden. Namentlich den jüngeren Bürgern muß klarwerden, daß sie selbst einiges tun können, um sich gegenüber Wechselfällen des Lebens zu wappnen.

– Soziale Umverteilungsaufgaben, soweit sie geboten sind, sollten außerhalb der Sozialversicherungen erfüllt werden. Da es sich um allgemeine gesellschaftspolitische Aufgaben handelt, wären sie auch von der Allgemeinheit zu tragen, das heißt, über Steuern zu finanzieren."
(Sachverständigenrat, 1996, Tz. 380).

Die Forderung nach Verringerung der Umverteilungskomponenten und der Stärkung der Selbstvorsorge ist auch vor dem Hintergrund des gewachsenen Wohlstandsniveaus der Bürger in der Bundesrepublik zu sehen. Wie im Kapitel II gezeigt wurde, sind die verfügbaren Einkommen je Einwohner im Durchschnitt heute real um den Faktor 2,2 höher als in den sechziger Jahren, das reale Volkseinkommen je Kopf ist sogar auf das 2,5fache gestiegen. Der Einkommensanstieg war dabei keineswegs auf bestimmte gesellschaftliche Gruppen begrenzt, sondern fand – wenn auch differenziert – in der Breite statt. Hinzu kommt, daß große Teile der Bevölkerung aus den gestiegenen Einkommen in erheblichem Umfang Vermögen bilden konnten. Allein das Geldvermögen der privaten Haushalte summierte sich Ende 1995 auf netto über 4 Billionen DM oder 134 000 DM pro Haushalt. Darüber hinaus verfügen die privaten Haushalte heute über Grundvermögen im Wert von netto, also nach Abzug der Bauschulden, 6 Billionen DM oder 200 000 DM je Haushalt. Das Geld- und Grundvermögen summierte sich je Haushalt somit in

Westdeutschland auf circa 335 000 DM. Auch die Verteilung dieser Vermögen ist nicht – wie vielfach behauptet – ungleicher geworden, sondern das Gegenteil trifft zu. Heute verfügt bereits mehr als jeder zweite private Haushalt über Grundvermögen, und das Nettovermögen in Finanzanlagen und Immobilien befand sich bereits 1993 zu gut 40 Prozent in den Händen von Arbeiter- und Angestelltenhaushalten.

Vergessen werden sollte darüber hinaus auch nicht, daß wir in einer Erbengeneration leben. Issing schätzt, daß jährlich rund eine viertel Billion DM an Sach- und Geldvermögen durch Erbschaft übertragen werden (Issing, 1996).

Die Expansion der Vermögen hat auch die Einkommensposition der privaten Haushalte nachhaltig beeinflußt. Die Vermögenseinkommen machen heute bereits etwa 10 Prozent ihres gesamten verfügbaren Einkommens aus, mit seit Jahren steigender Tendenz (Bundestagsdrucksache 1996).

Die Fähigkeit zur Selbstvorsorge hat somit stark zugenommen. Eigentlich hätte man also erwarten dürfen, daß die gesetzlichen Sozialsysteme Zug um Zug an Bedeutung verlieren und private Vorsorge sie mehr und mehr ersetzt. Das Gegenteil jedoch ist bekanntlich eingetreten. Die Sozialleistungsquote ist kräftig gestiegen und nicht gefallen. Zwischenzeitlich immer wieder aufgetretene Überschüsse und Kapitalansammlungen in den sozialen Sicherungssystemen in Phasen dynamischer wirtschaftlicher Entwicklung wurden nicht oder nicht in ausreichendem Umfang zur Reduktion der Beiträge verwendet, sondern von der Politik zur ständigen Ausweitung des Leistungsangebotes genutzt. Der Sozialstaat wurde so zielstrebig zum Wohlfahrtsstaat ausgeweitet.

Reformbedarf besteht in allen sozialen Sicherungssystemen, vor allem auch in der gesetzlichen Krankenversicherung. Ihr Beitragssatz hat sich schon in den vergangenen drei Dekaden vergleichsweise kräftig erhöht, und er wird sich – dies zeigt die IW-Basis-Simulation – auch zukünftig ausgesprochen dynamisch entwickeln. Reformen mit dem Ziel einer stärkeren Betonung marktwirtschaftlicher Steuerungselemente sind hier dringender denn je. Gleichwohl, im Mittelpunkt der vorliegenden Analyse stand nicht die gesetzliche Krankenversicherung, sondern die Rentenversicherung und ihre Reformmöglichkeiten.

Wie sich in der gesetzlichen Rentenversicherung die Beitragssätze, die Renten und das Rentenniveau im Zeitablauf entwickeln, hängt von einer Vielzahl von Variablen ab. Die Entwicklung auf dem Arbeitsmarkt, das Erwerbsverhalten von Frauen und Männern spielt ebenso eine Rolle wie das Ausmaß der Zuwanderung, die Bevölkerungsentwicklung und die Wachstumsbedingungen. Welche Annahmen das IW bei seiner Simulation zugrunde gelegt hat, ist im einzelnen im Kapitel V nachzulesen.

Unter den gesetzten Annahmen steigt der sogenannte Altenquotient, das ist der Anteil der 60jährigen und älteren Personen an der Altersgruppe der 20- bis 59jährigen, von derzeit 36 auf 69 im Jahr 2040 an. Bei unverändertem Nettorentenniveau von gut 70 Prozent steigt der Beitragssatz von heute 20,3 auf besagte 27,7 Prozent an. Will man andererseits den Beitragssatz in etwa konstant halten, ginge unter sonst gleichen Bedingungen das Nettorentenniveau auf unter 42 Prozent zurück. Dies steckt das Feld ab, innerhalb dessen man sich zu bewegen hat.

Zur Beeinflussung von Beitragssätzen und Rentenniveau innerhalb der gesetzlichen Rentenversicherung bei Festhalten am Umlageverfahren gibt es eine ganze Reihe von Ansatzpunkten.

Die wichtigsten zentralen Stellgrößen sind:

– die Rentenhöhe und die jährliche Rentenanpassung (also die Rentenformel)

- das Renteneintrittsalter und damit das Verhältnis aus der Zahl der Beitragsjahre und der Dauer des Rentenbezugs sowie

- der Leistungsumfang, vor allem die nicht mit der Forderung nach Beitragsäquivalenz in Einklang stehenden interpersonellen Umverteilungskomponenten (kurz: versicherungsfremde Leistungen), die grundsätzlich über den Bundeszuschuß abgedeckt werden sollten.

Bei dynamischer Betrachtungsweise sind darüber hinaus stets auch die von den verschiedenen Konstellationen der Stellgrößen induzierten Produktivitäts- und Wachstumswirkungen zu berücksichtigen.

Sinkende Beitragssätze wirken sich über geringere Kostenbelastungen der Unternehmen positiv auf ihre internationale Wettbewerbsfähigkeit aus. Gleichzeitig verschieben sich die relativen Faktorpreise zugunsten des Faktors Arbeit.

Mehr rentable Produktion und sinkende Arbeitslosigkeit sind die positiven Folgewirkungen. Der Teufelskreis aus steigenden Sozialkosten, sinkender Wettbewerbsfähigkeit, hoher Arbeitslosigkeit und erneut steigenden Sozialkosten wird gestoppt und in eine Positivspirale gewendet.

3. Eckpunkte einer Reform der Alterssicherung

Das IW hat mehrere Einzelmaßnahmen durchgerechnet. Die Ergebnisse wurden im einzelnen im Kapitel V präsentiert. Jede einzelne Maßnahme verteilt notwendigerweise die Anpassungslasten einseitig. Die Kombination mehrerer Maßnahmen bietet den Vorteil, die notwendigen Korrekturen umzusetzen und dabei alle gesellschaftlichen Gruppen gemäß ihrer Leistungsfähigkeit an der Kostenentlastung zu beteiligen. Ein solches Maßnahmenbündel sollte wie folgt aussehen:

1. Reduzierte Rentenanpassung als Beitrag der Rentner.

2. Zusätzliche private Altersvorsorge als Beitrag der Erwerbstätigen.

3. Herausnahme der versicherungsfremden Leistungen aus der Beitragsfinanzierung als Beitrag des Staates (der Steuerzahler).

Zu den drei Ansatzpunkten im einzelnen:

4. Reduzierte Rentenanpassung: Der Beitrag der Rentner

Die laufende jährliche Anpassung der Renten wird gegenüber der formelmäßigen Nettoanpassung reduziert, so daß langfristig ein zuvor definiertes Standardrentenniveau erreicht wird. Bei einer auf rund 85 Prozent reduzierten Anpassungsdynamik sinkt das Rentenniveau im Verlaufe von 45 Jahren auf 60 Prozent ab (Variante I).

Gegenüber dem heutigen Niveau wäre dies ein Abbau von etwa 10 Prozentpunkten. Das Nettorentenniveau läge im Jahr 2040 dann wieder auf dem Niveau, das in der Bundesrepublik Mitte der sechziger Jahre erreicht wurde (Abbildung VI-3). Der Beitragssatz würde statt auf 27,7 nur auf 24,8 Prozent steigen. Bei einer Reduktion der Anpassungsdynamik auf lediglich 93 Prozent sinkt das Nettorentenniveau langfristig auf 65 Prozent, ein Standardrentenniveau, wie es etwa in der zweiten Hälfte der siebziger Jahre bestand. Der Beitragssatz geht dann bis zum Jahr 2040 auf dann 26,5 Prozent (Variante 2).

Für den Weg einer allmählichen Reduktion des Nettorentenniveaus über eine generell verminderte Rentenanpassungsdynamik spricht:

Abbildung VI-3:

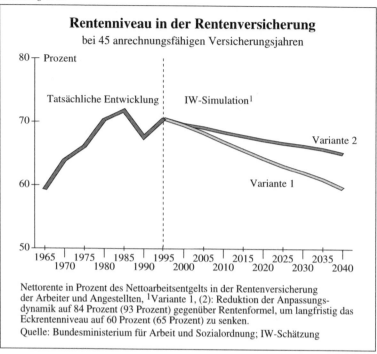

Nettorente in Prozent des Nettoarbeitsentgelts in der Rentenversicherung der Arbeiter und Angestellten, [1]Variante 1, (2): Reduktion der Anpassungsdynamik auf 84 Prozent (93 Prozent) gegenüber Rentenformel, um langfristig das Eckrentenniveau auf 60 Prozent (65 Prozent) zu senken.
Quelle: Bundesministerium für Arbeit und Sozialordnung; IW-Schätzung

- Die Renten selbst werden nicht gesenkt, sondern sie wachsen real weiter an, wenn auch geringer als die allgemeinen Einkommen.

- Beitragssatzreduzierungen setzen unmittelbar ein. Man wird damit der Forderung gerecht, die Personalzusatzkosten schnell und nachhaltig zu reduzieren. Darüber hinaus wird die Absenkung des relativen Rentenniveaus über einen langen Zeitraum gestreckt. Grundsätzlich läßt sich eine Reduktion des Renten- und Beitragsniveaus auch über den Einbau einer demographischen Komponente in die Rentenformel erreichen (Müller/Tautz, 1996; Bomsdorf, 1996). Im Kapitel V wurde gezeigt, daß eine volle Berücksichtigung der steigenden Lebenserwartung in der Rentenformel das Nettorentenniveau bis zum Jahr 2040 auf 59 Prozent senkt und den Beitragssatzanstieg auf 24,6 Prozent begrenzt. Eine hälftige Berücksichtigung liefert ein Nettorentenniveau von 64 Prozent und einen Beitragssatz von 26,1 Prozent. Für den Weg einer allgemeinen reduzierten Rentenanpassung spricht, daß vom ersten Tag an Klarheit herrscht über das künftige Rentenniveau und somit auch darüber, wieviel jeder einzelne privat absichern muß, um ein gewünschtes Versorgungsniveau im Alter zu erreichen. Eine Änderung der Rentenformel durch den Einbau einer demographischen Komponente hat demgegenüber den Vorteil, daß der Rentenanstieg systematisch mit der sich ändernden Lebenserwartung verknüpft ist.

– Die heutige Rentnergeneration ist vor allem Nutznießer der Leistungsverbesserungen in der gesetzlichen Rentenversicherung, die seinerzeit mit der Einführung der dynamischen Rente im Jahr 1957 begannen und sich auch in späteren Jahren fortsetzten. Ihre Beitragsrendite ist höher als die früherer Rentnergenerationen und liegt auch deutlich über derjenigen, die die heutigen Beitragszahler erwarten können. Die Rentabilität der gesetzlichen Rentenversicherung hat langfristig einen stark fallenden Trend (Eitenmüller, 1996). Untersuchungen von Glismann und Horn (Glismann/Horn, 1995) zeigen, daß die Beitragsrendite des '57er Rentenversicherungssystems sogar höher ist als eine Verzinsung am Kapitalmarkt. Glismann/Horn ermittelten, „daß in jedem Falle rund 134 v.H. der kapitalmarktanalogen Ansprüche ausgezahlt wurden. Damit stellte die Dynamisierung während der Rentenzeit die Rentner erheblich besser, als der Kapitalmarkt es getan hätte" (Glismann/Horn, 1995, 328). Nach dem Rentenreformgesetz 1992 haben die heute ins Erwerbsleben eintretenden Arbeitnehmer hingegen nur noch eine Beitragsrendite zu erwarten, die erheblich unterhalb der Kapitalmarktrendite anzusiedeln ist.

Bei einem Nettorentenniveau von 65 Prozent wäre man im Vergleich zur Sozialhilfe auf der sicheren Seite. Auch das reduzierte System der gesetzlichen Rentenversicherung würde seine Aufgabe als einkommens- und beitragsbezogenes Alters-Grundsicherungs-System in Zukunft grundsätzlich erfüllen. Darüber hinaus ist im Blick zu behalten, daß auch heute schon das gesamte Einkommen eines Rentnerhaushalts neben der Rente weitere Einkommensbestandteile aufweist, ihr verfügbares Einkommen also im allgemeinen höher ist als die Rente aus der gesetzlichen Rentenversicherung. Zusatzrenten aus einer betrieblichen Altersversorgung, Vermögenseinkünfte und andere Einkommensformen zeichnen hierfür verantwortlich. Die ergänzenden Einkommensbestandteile stellen heute schon rund ein Drittel des gesamten verfügbaren Einkommens eines durchschnittlichen Rentnerhaushaltes. Prognosen zeigen, daß vor allem die relative Bedeutung der Vermögenseinkommen als Einkommensquelle auch in Zukunft weiter ansteigen wird. Vor diesem Hintergrund ist also nicht zu befürchten, daß selbst bei einem auf 60 Prozent reduzierten Nettorentenniveau in der gesetzlichen Rentenversicherung die Masse der zukünftigen Altersrentner auf ergänzende Sozialhilfe angewiesen ist.

In diesem Zusammenhang sei auch daran erinnert, daß es zwischen der ersten und dritten Säule der Alterssicherung – die gesetzliche Rente und die private Vorsorge – auch noch die zweite Säule, die betriebliche Altersversorgung, gibt. Einer Ifo-Untersuchung aus dem Jahr 1993 zufolge (Ifo, 1993) gewähren rund zwei Drittel aller Industrieunternehmen eine betriebliche Zusatzrente, im Handel waren es 34 Prozent. Anspruch auf eine betriebliche Altersversorgung haben mittlerweile etwa 66 Prozent aller Arbeitnehmer in der Industrie und 28 Prozent der Arbeitnehmer im Handel. Die durchschnittliche betriebliche Altersversorgung belief sich im Jahr 1992 auf 573 DM bei Männern und 286 DM bei Frauen. Insgesamt schätzt man die im Unternehmenssektor angesammelten Deckungsmittel auf etwa 486 Milliarden DM (1994).

Diese wenigen verfügbaren Daten zeigen bereits, daß heute schon die betriebliche Altersversogung in durchaus beachtlichem Umfang zur Altersvorsorge beiträgt. Sie wird sicherlich auch künftig ein Hauptbestandteil der betrieblichen Sozialpolitik bleiben, aber unter den gegebenen Rahmenbedingungen kaum noch in größere Dimensionen hineinwachsen.

Zahlreiche Reglementierungen haben die zweite Säule zu einer kostspieligen Angelegenheit für die Wirtschaft werden lassen mit teilweise schwer kalkulierbaren Zukunftsrisiken. Die Dynamisierung der Betriebsrenten ist in diesem Zusammenhang ebenso zu nennen wie die Anhebung des Rechnungszinssatzes auf sechs Prozent im Jahr 1982 und die damit erzwungene gewinnerhöhende Auflösung von Rückstellungen sowie die mehrfache Erhöhung der Steuern auf Direktversicherungen. Der Rechnungszins liegt zur Zeit über dem Kapitalmarktzins, so daß diese Form der Unternehmensfinanzierung unter steuerlichen Gesichtspunkten unattraktiv geworden ist. Die betriebliche Altersversorgung ist somit im Laufe der Zeit für die Unternehmen relativ teurer geworden. Hinzu kommt ein kaum kalkulierbares Unsicherheitsmoment, da die zukünftige Rechtslage nicht hinreichend zuverlässig einzuschätzen ist und steigende Rentenzahlungen auf die Unternehmen zukommen. Dies beeinträchtigt die Planungssicherheit, mit der Folge eines eher vorsichtigen Umgangs mit diesem Instrument auf betrieblicher Ebene.

Angesichts der beschriebenen aktuellen und zukünftigen Probleme in der gesetzlichen Rentenversicherung wäre ein Ausbau der zweiten Säule der Alterssicherung aber wünschenswert. Von staatlicher Seite ist deshalb alles zu vermeiden, was einer Erodierung dieses Systems Vorschub leistet. Ansätze zur Steigerung der Attraktivität der betrieblichen Alterssicherung wären verbesserte steuerliche Anreize, vor allem eine Senkung des Rechnungszinsfußes, und eine Verringerung der Anpassungsverpflichtungen an die laufende Preisentwicklung.

5. Zusätzliche private Altersvorsorge: Der Beitrag der Erwerbstätigen

Die aktive Bevölkerung ist angehalten, in Ergänzung zur gesetzlichen Rentenversicherung in höherem Umfang als bisher zusätzlich private Altersvorsorge zu betreiben. Dies muß nicht, wie immer wieder kritisch angemerkt wird, zu einer untragbaren Doppelbelastung der heute Erwerbstätigen führen. Eine zusätzliche Belastung der aktiven Bevölkerung ist ohnehin nicht zu vermeiden. Es geht darum, den Belastungsanstieg so gering wie möglich zu halten. Zwei Punkte schlagen bei einer stärkeren Betonung privater Altersvorsorge belastungsmindernd zu Buche:

– Aufgrund der geringeren Rentendynamik steigen die Beitragssätze zur gesetzlichen Rentenversicherung langsamer als im Basis-Fall. Wie die IW-Simulationen zeigen, verringert sich der Anstieg des Beitragssatzes in der gesetzlichen Rentenversicherung auf lange Sicht um fast 3 Prozentpunkte, wenn das Rentenniveau auf 60 Prozent begrenzt wird. Bei einer Reduktion auf 65 Prozent sind es immerhin noch 1,2 Prozentpunkte. Die Geamtabgabenbelastung fällt somit geringer, der Anstieg der Nettoeinkommen entsprechend höher aus.

– Die privaten Ersparnisse, zum Beispiel in Form von kapitalbildenden Lebensversicherungen, erbringen am Kapitalmarkt eine höhere Rendite als eine vergleichbare „Anlage" im umlagefinanzierten Rentenversicherungssystem. Das heißt: Bei gleichem Versorgungsniveau im Alter ist die notwendige Ersparnisbildung (laufender Konsumverzicht) geringer, bei gleicher Ersparnisleistung ist die Nettoeinkommensposition im Alter entsprechend günstiger. Dies hat der Sachverständigenrat in seinem jüngsten Jahresgutachten anhand eines einfachen Beispiels vorgerechnet: Ein heute ins Berufsleben eintretender Erwerbstätiger muß im Umlageverfahren monatlich rund 820 DM (einschließlich Arbeitgeberbeiträge) zahlen, um später die heutige Standardrente zu erhalten. Im Kapitaldeckungsverfahren wären bei entsprechend höherer Rendite dafür aber nur 530 DM aufzubringen. Bei gleicher Beitragszahlung im Kapitaldeckungsverfahren wie im Umlageverfahren stünde in 45 Jahren eine monatliche Rente von rund 11000 DM einer von 5100 DM im Umlageverfahren gegenüber (Sachverständigenrat, 1996, Tz. 407).

Unter welchen Bedingungen in welchem Umfang Mehrbelastungen auf die aktive Bevölkerung zukommen, zeigen exemplarisch folgende Berechnungen für den Durchschnittsverdiener und Standardrentner. Um im Alter ein Nettoversorgungsniveau von 70 Prozent des Nettoeinkommens zu erreichen, muß ein heute durchschnittlich verdienender Erwerbstätiger bei einem auf 60 Prozent reduzierten Nettorentenniveau einen zusätzlichen Anspruch auf eine private Rente von monatlich rund 650 DM erwerben. Wie die Tabelle VI-1 zeigt, muß er dafür über 45 Jahre in einer privaten Lebensversicherung einen Kapitalstock von etwa 113 000 DM aufbauen und dafür monatlich knapp 44 DM an Prämie zahlen. Mit abgedeckt ist damit eine Hinterbliebenenversorgung, eine Berufsunfähigkeitsversicherung und eine um jährlich 2 Prozent ansteigende (dynamische) Rente (siehe Anmerkungen zur Tabelle VI-1). Dieser zusätzlichen Belastung stehen höhere Nettoeinkommen während der Erwerbsphase gegenüber, da die Beiträge zur gesetzlichen Rentenversicherung im Vergleich zum Status quo niedriger ausfallen. Der Barwert dieser positiven Nettoeinkommensdifferenzen erreicht bei einem Diskontierungszinssatz von 4 Prozent gut 10 000 DM. Dies entspricht einer Einsparungs-Annuität von 485 DM oder einer monatlichen Entlastung von etwas über 40 DM. Für den heute 20jährigen Erwerbstätigen gleichen sich somit Einsparungen und Mehrbelastungen in etwa aus, eine Doppelbelastung entsteht nicht. Folgende Punkte sind jedoch zu beachten:

– Um die Versorgungslücke ab dem Renteneintrittsalter von 65 Jahren zu schließen, hat ein 20jähriger noch 45 Jahre Zeit. Die

Tabelle VI-1: **Private Rente über Lebensversicherungen**
(Beispielrechnungen)

Private Rente	Monatsbeitrag bei einem Eintrittsalter von ... Jahren[3]			Kapitalstock im Alter von 65 Jahren Eintrittsalter von ... Jahren[2]		
DM/Monat[1,2]	20	30	40	20	30	40
100	8,48	14,61	28,07	17 353	17 085	16 610
150	11,66	20,87	41,05	26 036	25 615	24 906
200	14,85	27,12	54,03	34 719	34 146	33 202
250	18,04	33,37	67,01	43 402	42 676	41 498
300	21,22	39,63	79,98	52 085	51 207	49 794
350	24,41	45,88	92,96	60 768	59 737	58 090
400	27,60	52,14	105,94	69 451	68 268	66 386
450	30,78	58,39	118,92	78 134	76 799	74 682
500	33,97	64,64	131,90	86 817	85 329	82 978
550	37,16	70,90	144,88	95 500	93 860	91 274
600	40,34	77,15	157,85	104 183	102 390	99 570
650	43,53	83,41	170,83	112 866	110 921	107 866
700	46,72	89,66	183,81	121 549	119 452	116 162
750	49,90	95,91	196,79	130 232	127 982	124 458
800	53,09	102,17	209,77	138 915	136 513	132 754
850	56,28	108,42	222,75	147 598	145 043	141 050
900	59,47	114,67	235,72	156 281	153 574	149 346
950	62,65	120,93	248,70	164 964	162 104	157 642
1000	65,84	127,18	261,68	173 647	170 635	165 938

1 Einschließlich Bonusrente. Zusätzlich versichert sind Hinterbliebenenrente in Höhe von 60 Prozent der versicherten Rente, Waisenrente in Höhe von 20 Prozent der Hinterbliebenenrente für jedes zu versorgende Kind sowie Beitragsbefreiung und Berufsunfähigkeitsrente in Höhe von 60 Prozent der versicherten Rente. Dabei ist die versicherte Person männlich, die mitversicherte Person weiblich und um jeweils 3 Jahre jünger als die versicherte Person. Die Rente steigt jährlich um 2 Prozent.
2 Werte beinhalten Leistungen aus der Überschußbeteiligung.
3 Die Beitragszahlungsdauer beträgt 45, 35 oder 25 Jahre, das heißt, die monatlichen Beitragsraten sind jeweils bis zum (rechnungsmäßigen) Alter von 65 Jahren in gleichbleibender Höhe zu zahlen.

Wichtiger Hinweis: Die Leistungen aus der Überschußbeteiligung können nicht garantiert werden. Sie gelten nur dann, wenn die zugrunde gelegten Überschußanteile während der gesamten Versicherungsdauer unverändert bleiben. Geltendes Steuerrecht.

Quelle: Berechnungen, die freundlicherweise die Karlsruher Lebensversicherungs AG zur Verfügung gestellt hat.

Beiträge sind dementsprechend niedrig. Ein heute 30jähriger muß wegen der kürzeren Ansparzeit monatlich etwa 83 DM, ein 40jähriger sogar 170 DM aufwenden (siehe Tabelle VI-1). Darüber hinaus ist der Barwert der Einsparungen wegen der kürzeren Resterwerbsphase geringer: Der 30jährige kommt nur noch auf eine monatliche Entlastung von 27 DM, der 40jährige auf 15 DM. Der Saldo aus Belastungen und Entlastungen bleibt in diesen Fällen also positiv. Allerdings liegt das Nettoversorgungsniveau in diesen beiden Fällen längere Zeit noch über 70 Prozent, für den heute 30jährigen noch zehn, den 40jährigen sogar noch 20 Jahre. Stellt man beide so, daß sie als Rentner im Durchschnitt ein Nettoversorgungsniveau von 70 Prozent erreichen, vermindert sich entsprechend das zu Beginn des Rentenbezugs im Alter von 65 Jahren notwendige Kapital und damit auch die Prämie für die private Rente. Für den 30jährigen sinkt der Beitrag von 83 auf 78 DM, für den 40jährigen von 170 auf nur noch 137 DM (siehe Tabelle VI-2).

Tabelle VI-2: **Be- und Entlastung beim Übergang zum Mischsystem**

(Modellrechnung[1] in DM pro Monat)

	20jähriger	30jähriger	40jähriger
Belastung	44	78	137
Entlastung	40	27	15
Saldo	4	51	122

1 Annahmen: Absenkung des Rentenniveaus gemäß Variante 1 von heute gut 70 Prozent auf 60 Prozent innerhalb von 45 Jahren. Rentenbeginn im Alter von 65 Jahren.
Entlastung: positive Nettoeinkommensdifferenz aufgrund eines geringeren Anstiegs des Rentenversicherungsbeitrags in der Erwerbsphase.
Belastung: Aufwendungen für eine private Rente, um im Rentenalter im Durchschnitt ein Nettoversorgungsniveau von 70 Prozent zu erreichen.
Der Vergleich bezieht sich auf die jeweiligen Barwerte und Annuitäten unter Berücksichtigung der Zinseszinseffekte. Auf volle DM gerundet.

Quelle: Eigene Berechnungen

– Für diejenigen, die noch ein volles Erwerbsleben von 45 Jahren vor sich haben, kommt es in den ersten Jahren auf dem Weg in ein Mischsystem zu zusätzlichen Belastungen, da die Beiträge für die private Rente sofort in voller Höhe anfallen, die Einsparungen durch relativ sinkende Rentenversicherungsbeiträge erst allmählich anwachsen. Der Break-even-point wird nach der IW-Simulations-Rechnung nach etwa 20 Jahren erreicht.

– Die in der Tabelle VI-1 dargelegten Daten zur privaten Rente, zum Kapitalstock und zum Monatsbeitrag gelten einschließlich der Überschußbeteiligung, die grundsätzlich von den privaten Versicherungsunternehmen nicht garantiert werden kann. Sie orientiert sich in den Beispielrechnungen der Tabelle VI-1 an den Vergangenheitswerten (die unterstellte gesamte Verzinsung beträgt hier je nach Eintrittsalter 5,6 bis 6 Prozent). Die Verzinsung hängt grundsätzlich davon ab, wie erfolgreich die Versicherungsunternehmen mit dem ihnen überlassenen Kapital arbeiten. Daß sie dies in Zukunft weniger effizient tun als bisher, ist nicht zu erwarten. Zu bedenken ist zudem, daß es für die Vorteilhaftigkeit einer privaten Rente gegenüber der gesetzlichen nicht auf das Verzinsungsniveau, sondern auf die Differenz zwischen dem Kapitalmarktzins und der Einkommensentwicklung ankommt. Sollte die Kapitalmarktrendite langfristig sinken, weil es zum Beispiel an entsprechend rentablen Investitionsprojekten mangelt, wird dies auch die Produktivitäts- und Einkommensentwicklung dämpfen, so daß sich an der relativen Vorteilhaftigkeit nicht notwendigerweise etwas ändern muß.

Mitunter wird einer Altersversorgung, die in stärkerem Maße nach dem Kapitaldeckungsverfahren organisiert ist, eine Reihe von Kritikpunkten entgegengehalten. Wie die Diskussion dieser Einwände im Kapitel III gezeigt hat, sind sie letztlich nicht stichhaltig.

Das *Anlagerisiko* ist begrenzt: Für die Anlage der Ersparnisse steht nicht nur der inländische Kapitalmarkt zur Verfügung. Dies ist ein nicht zu unterschätzender Vorteil gegenüber dem Umlageverfahren, das grundsätzlich keine höhere Rendite erwirtschaften kann, als der heimische Standort zuläßt; die Rendite wird mit hoher Wahrscheinlichkeit somit im ergänzenden System privater Kapitalbildung höher sein als im Umlageverfahren. Darüber hinaus muß auf eine staatliche Versicherungsaufsicht, die gewisse Anlagerisiken begrenzt, auch aus ordnungspolitischen Gründen nicht verzichtet werden.

Das *Inflationsrisiko* ist ernst zu nehmen, denn auf privater Kapitalbildung basierende Altersversorgungssysteme können ihre Funktion letztlich nur bei stabilem Geldwert voll erfüllen. Der Sachverständigenrat zur Begutachtung der gesamtwirtschaftlichen Entwicklung sieht hierfür gute Voraussetzungen. Die Bedingungen für ein höheres Maß an Geldwertstabilität hätten sich allgemein verbessert. Darüber hinaus werde das Interesse der Bevölkerung an einem stabilen Geldwert bei zunehmender privater Kapitalbildung gestärkt und damit den Notenbanken ihre Aufgabe, für Preisstabilität zu sorgen, erleichtert.

Bei der Frage, wie ein reduziertes Umlageverfahren sinnvoll durch ein Kapitaldeckungsvefahren ergänzt werden könnte, sind auch Vorschläge in die Diskussion gebracht worden, innerhalb der gesetzlichen Rentenversicherung einen Kapitalstock aufzubauen. Der prominenteste Vorschlag dazu stammt von Storm und weist folgende Charakteristika auf:

– Einbau einer demographischen Komponente in die Rentenformel, um den Beitragssatz im umlagefinanzierten Teil langfristig zu reduzieren.

– Deckelung des Beitragssatzes in der gesetzlichen Rentenversicherung auf 20 Prozent ab dem Jahr 2000.

– Stufenweise Anhebung des Bundeszuschusses auf 30 Prozent zur Abdeckung der versicherungsfremden Leistungen.

Bei dieser Vorgehensweise entstünden ab dem Jahr 2000 Einnahmeüberschüsse, die über 20 Jahre angesammelt werden sollten, um sie dann zur Dämpfung der demographisch bedingten Beitragssatzsteigerungen einzusetzen. Im Grundsatz läuft dies auf ein Verfahren zur Glättung des Beitragssatzes im Zeitablauf hinaus. Das würde bedeuten, bis zum Jahr 2020 auf niedrigere Beiträge zu verzichten, um danach einen Anstieg der Beiträge zu verhindern. Unter Arbeitsmarktgesichtspunkten mag es aber geboten sein, möglichst bald die Arbeitskosten zu senken.

Die im Kapitel I geschilderte Entwicklungs„geschichte" der sozialen Sicherungssysteme läßt zudem Zweifel aufkommen, ob der Aufbau eines Kapitalstocks innerhalb des staatlichen Sicherungssystems die zukunftsweisende Lösung sein sollte. Ein solches System ist mit dem politischen Risiko behaftet, daß der Staat dieses Kapital später aufgrund von Haushaltszwängen zweckentfremdet einsetzt. Wird der Kapitalstock außerhalb der gesetzlichen Rentenversicherung auf individueller Basis aufgebaut, besteht dieses Risiko nicht. Das individuell im privaten Sektor gebildete Kapital ist eigentumsrechtlich stärker geschützt als ein Kapitalstock der Versichertengemeinschaft innerhalb der gesetzlichen Rentenversicherung. Der Vorschlag des Sachverständigenrates nach einer „staatsfernen Bereitstellung der Alterssicherung durch private Versicherungsunternehmen" (Sachverständigenrat, 1996, Tz. 414) ist deshalb voll zu unterstützen. Im anderen Fall müßte ein Kapitalfonds von einer unabhängigen Instanz – ähnlich der Bundesbank – verwaltet werden.

Der Idee, auf eine verstärkte private Zusatzversorgung zu setzen, wird mitunter entgegengehalten, daß sie nicht sicherstelle, daß die Bürger tatsächlich auf freiwilliger Basis ihre Ersparnisbildung entsprechend ausdehnten. Die Folge wäre dann, daß große

Teile der Bevölkerung im Alter mit einem auf zum Beispiel 60 Prozent reduzierten Sicherungsniveau auskommen müßten. Es gibt grundsätzlich zwei Möglichkeiten, dem vorzubeugen. Zum einen könnte man die private Zusatzversicherung obligatorisch machen, indem jeder Bürger verpflichtet wird, ein Sicherungsniveau von zum Beispiel 70 Prozent nachzuweisen, ihm aber die Wahlfreiheit darüber läßt, wie er dies erreicht. Dies könnte zum Beispiel durch eine private Lebensversicherung oder auch eine betriebliche Altersrente erfolgen. Auf diesem Weg würde zugleich sichergestellt, daß auch bei weniger als 45 Jahren Erwerbstätigkeit – was sich bei stärker individualisierenden Erwerbsbiographien abzeichnet – keine Versorgungslücken im Alter auftreten.

Der andere Weg würde statt auf Zwang auf Anreize setzen. Dies wäre zweifellos die ordnungspolitisch sauberere Lösung. Der instrumentelle Ansatzpunkt hierzu wären finanzielle Anreize, die die Ersparnisbildung gegenüber dem Konsum – oder anders ausgedrück: den Zukunftskonsum gegenüber dem Gegenwartskonsum – relativ besser stellen.

Die geplante Steuerreform 1999 scheint diesbezüglich falsche Akzente zu setzen. Im Zuge der Verbreiterung der steuerlichen Bemessungsgrundlage soll auch die gezielte Sparförderung beschnitten werden, so etwa durch die Streichung des Steuerfreibetrages von 300 DM für die Überlassung von Vermögensbeteiligungen des Arbeitgebers an seine Arbeitnehmer (§ 19a EStG), die Halbierung des Sparerfreibetrages von bisher 6000 DM auf 3000 DM (§ 20 Abs. 4 EStG), die erhöhte Rentenbesteuerung und die veränderte Besteuerung von Zinsen auf Kapitallebensversicherungen (§ 20 Abs. 1 Nr. 6 EStG). Allerdings darf dabei nicht übersehen werden, daß andererseits die drastische Senkung der Steuertarife und die angestrebte Nettoentlastung von 30 Milliarden DM die Fähigkeit zur Ersparnisbildung ganz allgemein verbessern.

6. Herausnahme versicherungsfremder Leistungen: Der Beitrag des Staates

Nach Berechnungen des IW summierten sich die versicherungsfremden Leistungen in der gesetzlichen Rentenversicherung im Jahr 1994 auf 97,9 Milliarden DM, wovon nach Abzug des Bundeszuschusses 38,1 Milliarden DM beitragsfinanziert waren. Neuere Berechnungen des Verbandes Deutscher Rentenversicherungsträger für das Jahr 1995 kommen auf einen Betrag von über 40 Milliarden DM. Nun ist die Definition versicherungsfremder Leistungen im Detail nicht unumstritten. Fest steht aber gleichwohl, daß in erheblichem Umfang Ausgaben über die Beiträge der Versicherten finanziert werden, denen allgemeine Staatsaufgaben zugrunde liegen. Würde die gesetzliche Rentenversicherung von diesen Leistungen im Umfang von gut 30 Milliarden DM entlastet, könnte der Beitragssatz um rund 2 Prozentpunkte sinken. Dabei muß keineswegs ein voller Ausgleich über einen entsprechend steigenden Bundeszuschuß erfolgen.

Einige dieser versicherungsfremden Leistungen sind bei genauer Überprüfung wohl ganz entbehrlich, wie etwa die Anrechnungszeiten für Ausbildung. Bei anderen Leistungen, die der Gesetzgeber erhalten will, wäre in Anlehnung an den Sachverständigenrat zu überlegen, ob sie nicht außerhalb des Systems der gesetzlichen Rentenversicherung bereitgestellt werden. In manchen Fällen sprechen allerdings Praktikabilitätsgründe für eine technische Abwicklung über die gesetzliche Rentenversicherung. In diesen Fällen hätte der Bund der Rentenversicherung die Kosten zu erstatten.

7. Fazit

Diese Maßnahmen zusammen sorgten bereits dafür, daß bei einem auf 60 Prozent reduzierten Nettorentenniveau der Beitragssatz in der gesetzlichen Rentenversicherung sich auf lange Sicht bei einem Niveau von etwa 22,5 Prozent einpendelt. Eine Verschiebung des Renteneintrittsalters, volle versicherungsmathematische Abschläge bei vorzeitigem Rentenbezug und die kritische Überprüfung des Aufgabenkatalogs könnten eine weitere Beitragsbegrenzung bewirken. Spielraum für weitere Entlastungen der gesetzlichen Rentenversicherung besteht zum Beispiel im Bereich der Berufs- und Erwerbsunfähigkeitsrenten. Folgt man den Vorstellungen der „Rentenkommission", würden 17 Milliarden DM eingespart; der Beitragssatz könnte um einen weiteren Prozentpunkt sinken. Auch auf lange Sicht ist es somit nicht gänzlich unmöglich, den Rentenversicherungsbeitrag trotz der großen demographischen Probleme auf dem erreichten Niveau zu halten. Kurzfristig könnte er sogar deutlich unter 20 Prozent sinken.

Das Rentenversicherungssystem der Zukunft wird dann ein *Mischsystem* sein, das mindestens aus zwei Bestandteilen besteht:

1. aus einer reduzierten, weiterhin nach dem Umlageverfahren über einkommensbezogene Beiträge finanzierten Basissicherung, die für alle Arbeitnehmer obligatorisch ist, und

2. aus einem zusätzlichen kapitalgedeckten Alterssicherungssystem außerhalb der gesetzlichen Rentenversicherung über private Versicherungsunternehmen.

Je stärker die zweite Komponente in Zukunft an Bedeutung gewinnt, um so größer werden die Chancen, daß eine weitere Entlastungskomponente hinzutritt, ein über verstärkte Kapitalbildung und Investitionstätigkeit induziertes wirtschaftliches Wachstum. Mitunter wird in diesem Zusammenhang die Befürchtung geäußert, die zusätzliche Ersparnis könne die Entwicklung der gesamtwirtschaftlichen Nachfrage beeinträchtigen. Diese Argumentation übersieht zum einen, daß zur gesamtwirtschaftlichen Nachfrage nicht nur der Konsum, sondern auch die Investitionen zählen. Zum anderen erweitern Investitionen die Produktionskapazitäten und damit auch die zukünftigen Einkommensspielräume. Damit dieses Kapital auch im Inland in produktive Investitionen fließt und auf diese Weise das Wachstum beschleunigt, bedarf es allerdings insgesamt investitionsfreundlicher Rahmenbedingungen. Die IW-Simulationsrechnung zeigte, daß eine mittelfristige Beschleunigung des Wachstums um einen Prozentpunkt den Beitragssatz um etwa zwei Prozentpunkte senken könnte.

Auf dem skizzierten Weg befände sich die Bundesrepublik nicht allein. Schon seit einiger Zeit ist international ein Trend zu Mischsystemen erkennbar (siehe hierzu Kapitel IV). Eine Reihe von Ländern stärkt in der Alterssicherung das Vorsorge- zu Lasten des Versorgungsprinzips, indem das Umlageverfahren durch Elemente des Kapitaldeckungsverfahrens in mehr oder minder starkem Umfang ergänzt wird, teils auf freiwilliger Basis, teils obligatorisch (Schmähl, 1996). Zum Kreis dieser Länder zählen zum Beispiel die Schweiz, die Niederlande und Frankreich. Vollständig auf ein obligatorisches Kapitaldeckungsverfahren umgestellt hat 1981 Chile (siehe Kapitel IV). Die grundsätzlich positiven ausländischen Erfahrungen sollten zusätzlich Anlaß bieten, auch in Deutschland diesen Weg hin zu einem Mischsystem zu beschreiten.

Rolf Kroker

Literatur

Bomsdorf, Eckart, 1996, Ansätze zur Adaption der Rentenformel – ein Beitrag zur Lösung des Rentenproblems, Nr. 7, Seite 401 bis 509

Bundestagsdrucksache 13/3885 vom 28. Februar 1996, Entwicklung der Vermögen und ihrer Verteilung

Eitenmüller, Stefan, 1996, Die Rentabilität der gesetzlichen Rentenversicherung – Kapitalmarktanaloge Renditeberechnungen für die nahe und die ferne Zukunft –, in: Deutsche Rentenversicherung, Nr. 12, Seite 784 bis 798

Glismann, Hans H./Horn, Ernst-Jürgen, 1995, Die Krise des deutschen Systems der staatlichen Alterssicherung, in: ORDO, Jahrbuch für die Ordnung von Wirtschaft und Gesellschaft, Bd. 46, Seite 309 bis 344

ifo Institut für Wirtschaftsforschung, 1993, Betriebliche Altersversorgung, Ergebnisse und Analyse einer im Juni/Juli 1993 durchgeführten Befragung in Industrie und Handel, München

Issing, Otmar, 1996, Private Altersvorsorge – auf dem Fundament stabilen Geldes, Deutsche Bundesbank, Auszüge aus Presseartikeln, Nr. 72 vom 18. November 1996

Müller, Horst-Wolf/Tautz, Roland, 1996, Ergänzung der Rentenanpassungsformel durch eine demographische oder Arbeitsmarkt-Komponente – Anmerkungen zu den Vorschlägen von Bomsdorf und Storm, in: Deutsche Rentenversicherung, Nr. 8–9, Seite 495 bis 509

Sachverständigenrat zur Begutachtung der gesamtwirtschaftlichen Entwicklung, Jahresgutachten 1996/97

Schmähl, Winfried, 1996, Alterssicherungssysteme aus gesamtwirtschaftlicher und ordnungspolitischer Sicht, in: Wirtschaftsdienst Nr. VIII, Seite 409 bis 417

Storm, Andreas, 1996, Der Generationenvertrag muß erneuert werden, Frankfurter Allgemeine Sonntagszeitung vom 26. Mai 1996